beck|sche
reihe

b sr

Nicht nur das Hören von Musik wurde seit der Antike therapeutisch eingesetzt, auch die Heilkraft des aktiven Musizierens stand immer außer Zweifel. Doch erst im 20. Jahrhundert etablierte sich das Fach Musiktherapie. Was also ist die Musiktherapie? Wie gehen die Therapeuten vor? Bei welchen psychischen Störungen und Krankheiten wird sie eingesetzt? Wird nur gesungen und gespielt oder auch über das musikalische Geschehen gesprochen? Müssen die Patienten musikalisch sein? Diese – und viele weitere – Fragen werden in den nachfolgenden Texten praxisnah und allgemeinverständlich beantwortet. Musiktherapeutinnen und -therapeuten schildern interessante Fälle, beschreiben den Therapieverlauf, mit allen Höhen und Tiefen und stellen die Heilkraft der Musik unter Beweis. Vorkenntnisse sind für den Leser nicht erforderlich. Sechs Schlaglichter bieten Einstiegsinformationen. Im zweiten Teil des Buches werden diese vertieft und geben dem Leser das theoretische Rüstzeug für die Fallbeispiele im dritten Teil. Diese reichen von der therapeutischen Arbeit mit Säuglingen sowie kleinen Kindern und seelisch Kranken bis zur Bewältigung von akuten Konflikten, lebensbedrohenden Erkrankungen, der Musiktherapie mit Krebspatienten und alten Menschen und Sterbenden. Antworten auf die Frage, wie Musik im Alltag wirkt und helfen kann, gibt der vierte Teil mit zahlreichen Anregungen, Übungen und Hörtips.

Werner Kraus, geb. 1955, ist nach einem Studium der Kunstgeschichte und Rechtswissenschaft seit 1991 Kulturreferent im Verband der bayerischen Bezirke und engagiert sich im besonders für die Kulturarbeit mit Kranken und Behinderten. Er gab bei C.H. Beck den Band ‚Die Heilkraft des Malens' (²1998) heraus.

Alle AutorInnen sind Musiktherapeuten, die über langjährige praktische Erfahrung in Klinik oder freier Praxis verfügen.

Die Heilkraft der Musik

Einführung in die Musiktherapie

*Herausgegeben von
Werner Kraus*

VERLAG C. H. BECK

Für meine Eltern

Die Deutsche Bibliothek – CIP-Einheitsaufnahme

Die Heilkraft der Musik : Einführung in die Musiktherapie / hrsg. von Werner Kraus. – München: Beck, 1998
(Beck'sche Reihe ; 1260)
ISBN 3 406 47636 8

2., aktualisierte Auflage. 2002
Originalausgabe

© Verlag C. H. Beck oHG, München 1998
Gesamtherstellung: Druckerei C. H. Beck, Nördlingen
Umschlagentwurf: + malsy, Bremen
Umschlagabbildung: Josef Albers, Violinschlüssel g–5, 1935,
Bottrop, Josef Albers Museum
© VG Bild-Kunst, Bonn 2002
Gedruckt auf säurefreiem, alterungsbeständigem Papier
(hergestellt aus chlorfrei gebleichtem Zellstoff)
Printed in Germany
ISBN 3 406 47636 8

www.beck.de

Inhalt

I. Einleitung

Von der Heilkraft der Musik
Von Werner Kraus 10

Die Macht der Musik – Gedanken eines Musikers
Von Wolfgang Lackerschmid 22

II. Wie arbeiten Musiktherapeuten?

Geschichte, Methoden und Anwendungsgebiete
der Musiktherapie
Von Monika Nöcker-Ribaupierre 30

Rezeptive und aktive Musiktherapie in der Praxis
Von Tonius Timmermann 50

Rhythmus und Klang – Wege zur Seele
Von Christian Münzberg 67

Atem und Stimme – Spiegel des Inneren
Von Gabriele Engert-Timmermann 78

III. Wer braucht Musiktherapie?

Ohne Antwort bin ich verloren – Musiktherapie mit
Schrei-Babys und ihren Müttern
Von Gisela M. Lenz 92

Ich halte dich aus – Musiktherapie mit einem verhaltens-
auffälligen Kind
Von Frauke Schwaiblmair 109

Ich bin da, du bist da – Orff-Musiktherapie mit behinderten Kindern
Von Melanie Voigt 114

Eine Maske der Ohnmacht – Musiktherapie bei Magersucht
Von Sabine Hellwig 121

Von der Verstimmung zum Wohlklang – Musiktherapie bei Depressionen
Von Ute Rentmeister 131

Wenn die Welt aus den Fugen gerät – Musiktherapie bei Schizophrenien
Von Christian Münzberg 139

Was nützt mir Musik, wenn es um Leben und Tod geht? – Musiktherapie bei Angsterkrankungen
Von Hanns-Günter Wolf 149

Ich will Nähe, dir aber nicht nahekommen Musiktherapie mit Drogenabhängigen
Von Christian Galle-Hellwig 157

Wenn der Körper schmerzt, weil die Seele leidet Musiktherapie bei psychosomatischen Erkrankungen
Von Hanns-Günter Wolf 168

Die Trauer um das Vertraute – Musiktherapie nach einem Schlaganfall
Von Christian Galle-Hellwig 178

Vergessen, wo ich bin ... – Musiktherapie mit Krebspatienten während der Chemotherapie
Von Susan Weber 186

Das Leben ist wie ein Regenbogen – Musiktherapie mit alten Menschen
Von Wolfgang Staudinger 194

Trösten, beruhigen, begleiten – Musiktherapie mit Sterbenden im Hospiz
Von Susan Weber 201

IV. Wie hilft Musik im Alltag?

Die Zukunft beginnt heute – Ein Votum für die
Prävention
Von Christian Münzberg 210

Entspannung und Spaß – Musik mit Kindern und
Jugendlichen
Von Frauke Schwaiblmair 218

Musik für den Alltag – Anregungen und Übungen
Von Tonius Timmermann 223

V. Anhang

Wer bildet aus, wer hilft weiter?
Von Werner Kraus 232

Schlußwort
Von Wilfried Anton 240

Literaturhinweise 242

Die AutorInnen 245

I.
Einleitung

Von der Heilkraft der Musik

Von Werner Kraus

Was ist Musiktherapie? Bei welchen psychischen Störungen und Krankheiten wird sie eingesetzt? Wie gehen die Therapeuten vor? Wird nur gesungen und gespielt oder auch über das musikalische Geschehen gesprochen? Müssen die Patienten musikalisch sein? Diese – und viele weitere – Fragen werden in den nachfolgenden Aufsätzen praxisnah und allgemeinverständlich beantwortet. Musiktherapeutinnen und -therapeuten schildern ihre interessantesten Fälle, beschreiben den Therapieverlauf mit allen Höhen und Tiefen und stellen die Heilkraft der Musik unter Beweis.

Vorkenntnisse sind für den Leser nicht erforderlich, manchmal freilich von Nutzen. Sechs Schlaglichter bieten nachfolgend Einstiegsinformationen. Diese werden im zweiten Teil vertieft und geben dem Leser das theoretische Rüstzeug für die Fallbeispiele im dritten Teil. Antwort auf die Frage, wie Musik im Alltag wirkt und helfen kann, gibt der vierte Teil mit zahlreichen Anregungen, Übungen und Hörtips.

Die Geschichte der Psychiatrie

In kaum einem anderen Gebiet der Medizin wird vergleichbar kontrovers argumentiert und diskutiert wie in der Psychiatrie. Dabei haben sich die meisten psychischen Erkrankungen im Laufe der Jahrhunderte nicht verändert. Verändert haben sich die zeitbedingten Auffassungen über sie, je nach dem Stand der Wissenschaft und der Einstellung der Gesellschaft. Deshalb lohnt ein kurzer Blick auf die Geschichte der modernen Psychiatrie, die am Ende des 19. Jahrhunderts beginnt und sich als ‚dritte Säule der Heilkunde' etabliert, neben der inneren Medizin und Chirurgie. Die Dimensionen des Seelischen und des Geistigen haben in Forschung und Therapie zunehmend an Bedeutung gewonnen, und der psychisch Kranke wird als eine Einheit von Körper, Seele und Geist gesehen. Parallelen zur Geschichte der Musiktherapie sind offensichtlich.

Am Anfang der modernen Psychiatriegeschichte vertritt Wilhelm Griesinger die Theorie, daß „Geisteskrankheiten Krankheiten des Gehirns" seien. Von neuroanatomischen Forschungen erhofft er sich Erkenntnisse über die Entstehung seelischer Störungen und begründet damit die naturwissenschaftlich-positivistische Schule der Psychiatrie, die bis heute bedeutsam ist. Für psychische Störungen eine systematische Ordnung mit präzis definierten Krankheitsbildern zu finden ist die Hauptaufgabe der Forschung von 1890 bis zum Beginn des Ersten Weltkriegs. Der Schweizer Eugen Bleuler und die Deutschen Emil Kraepelin, Karl Bonhoeffer sowie Karl Jaspers erarbeiten eine Systematik, die noch heute die Grundlage der klassischen Psychiatrie ist. Sie unterscheiden die exogenen Psychosen, bei denen körperlich begründbare Ursachen vorliegen, wie Vergiftungen oder Gehirnverletzungen, von den endogenen Psychosen, deren Ursache sie in der Biographie des Patienten, in dessen Anlage, aber auch in gesellschaftlichen Verhältnissen vermuten. Bei den endogenen Psychosen grenzen sie die Schizophrenien (die in drei Formen auftreten, je nachdem, ob der Bereich des Denkens, des Fühlens oder des Handelns betroffen ist) von den Zyklothymien ab, zu denen sie die (periodisch wiederkehrenden) Depressionen, die Manie und den Wechsel dieser beiden Erkrankungen zählen. Vervollständigt wird diese Systematik durch die Gruppe der Persönlichkeitsstörungen sowie die Gruppe der hirnorganischen Krankheiten, zu der insbesondere die Minderbegabungen gehören.

Fast zeitgleich zu diesen bahnbrechenden wissenschaftlichen Arbeiten begründet Sigmund Freud um 1900 in Wien die Psychoanalyse. Er lenkt den Blick auf das Unterbewußte, auf frühkindliche, traumatische Erlebnisse oder auf Konflikte, die verdrängt wurden. Erstmals geht es darum, den Sinn von Symptomen zu deuten, die bisher nur beschrieben und klassifiziert worden sind. Freud erforscht das Seelenleben und erschließt der Psychiatrie damit eine neue Dimension psychischen Seins. Von ebenso großer Bedeutung ist die intensive menschliche Begegnung zwischen Arzt und Patient im Rahmen der Psychoanalyse, die das Ziel hat, die gesamte Lebensgeschichte des Kranken zu ermitteln. In der Abgrenzung zu der Lehre Freuds, die das Sexuelle in den Mittelpunkt stellt, entstehen bald schon neue tiefenpsychologische Schulen. Alfred Adler lenkt den Blick auf die sozialen Aspekte des Seelenlebens, auf Machtstreben und Minderwertigkeitsgefühle, C. G. Jung auf das kollektive Unbewußte, in dem „Urbilder" liegen, welche die Träume, das Denken und das Handeln beeinflussen können. Tiefenpsychologische Verfahren, die von der klassischen Psychiatrie nur sehr zögerlich und vorsichtig aufgegriffen werden, eröffnen der Behandlung psychischer Erkrankungen neue Wege.

Als in der zweiten Hälfte des 19. Jahrhunderts die ersten Heil- und Pflegeanstalten sowie die ersten Universitätskliniken gegründet werden, können die Psychiater nur auf wenige Medikamente zurückgreifen: auf Opiumtinkturen, um die Stimmung der Patienten aufzuhellen, auf Bromide zur Beruhigung und auf Schlafmittel. Erst mit der Entwicklung des Chlorbromazins im Jahr 1952 beginnt der Siegeszug der Pharmakatherapie, die die Situation in den Krankenhäusern von Grund auf verändert. Mit Neuroleptika können nun akute psychotische Zustände gezielt behandelt werden. Bei regelmäßig wiederkehrenden Krankheiten ist eine Prophylaxe möglich, viele Symptome werden im Rahmen einer Medikation so gebessert, daß auch andere Verfahren, wie etwa die Kunst- oder Musiktherapie, sinnvoll sind.

Die Therapie psychischer Krankheiten erfolgt heute mehrdimensional: Es gibt die Pharmakatherapie, die Psychotherapie – mit ihren unterschiedlichen Ansätzen, von der klassischen Analyse Sigmund Freuds bis hin zur Logotherapie Viktor

Frankls –, außerdem die Verhaltens-, Gruppen- und Beschäftigungstherapie, die Kunst-, Musik-, Tanz-, Bewegungs- und Reittherapie. Keines dieser Verfahren kann als „Allheilmittel" gelten, jedes hat seine Vorzüge und Schwächen. Erst eine Kombination, die auf die Bedürfnisse des Patienten zugeschnitten ist, führt zum Erfolg.

Die Geschichte der Musiktherapie

Ein Leben ohne Musik kann sich kaum jemand vorstellen. Musik begleitet den Menschen von der vorgeburtlichen Zeit bis hin zum Sterbebett. Kulturen ohne Musik hat es nie gegeben. Funde aus der Vor- und Frühgeschichte, wie Rasseln, Trommeln oder Flöten, belegen, daß bereits damals Musik gemacht wurde, sicherlich auch zu Heilzwecken.

Einen der frühesten Hinweise auf die Heilkraft der Musik finden wir im Alten Testament, im Buch Samuel, das die Geschichte von König David erzählt: „Sooft nun der böse Geist von Gott über Saul kam, nahm David die Harfe und spielte. So wurde es Saul leichter, ... und der böse Geist wich von ihm." Durch die Jahrtausende und in allen Kulturen wußten die Menschen um die heilende Wirkung der Musik. Schamanen der Vorzeit (und z. T. noch heute bei „Naturvölkern") beeinflußten mit Rhythmen und Klängen den Verlauf von Krankheiten. Papyrusrollen belegen, daß es im alten Ägypten Musikpriesterinnen gegeben hat. Von Pythagoras, dem griechischen Philosophen der Zeit um 570 vor Christus, wird berichtet, „er habe Lieder gegen körperliche Leiden, zum Vergessen der Trauer, zum Stillen des Zornes und zur Austilgung von Leidenschaft verwendet".[1] In den Tempelkrankenhäusern von Pergamon oder Epidauros erklang Musik, und die griechischen Gelehrten hatten erkannt, daß dem Kosmos die gleichen Gesetze zugrunde liegen wie der Musik. Beim Mikrokosmos Mensch sollte die Musik deshalb geeignet sein, die Harmonie zwischen Körper und Seele, zwischen Geist und Gefühl, wiederherzustellen.

Musik wurde immer schon zur Tröstung, zur Beruhigung, zur Erholung eingesetzt. Daß auch die von Künstlern gestaltete Musik therapeutisch in das Leben von Menschen eingreifen kann, zeigt folgendes Beispiel: Farinelli, einer der berühmtesten Sänger Italiens im 18. Jahrhundert, kam im Rahmen einer Tournee nach Madrid. Dort hatte sich König Philipp V., an einer akuten Depression leidend, seit Wochen zurückgezogen und vernachlässigte alle Staatsgeschäfte. Kein Arzt, kein Medikament half. Da kam die Königin auf die Idee, Farinelli vor Philipp singen zu lassen, und was niemand geglaubt hatte, trat ein: Die Musik holte den König aus seiner Schwermut.

Nicht nur das Hören von Musik wurde therapeutisch eingesetzt, auch die Heilkraft des aktiven Musizierens stand immer außer Zweifel. Von einem englischen Arzt des 16. Jahrhunderts, der sich vor allem für geisteskranke Patienten einsetzte, ist der Satz überliefert: „Laßt sie so fröhlich wie möglich sein, und gebt ihnen Instrumente zum Singen und Musizieren."[2] Äußerst eindrucksvoll beschreibt ein Krankenbericht aus dem Jahr 1749 beide musiktherapeutischen Methoden: Ein schottischer Adeliger, der im Krieg seine beiden Söhne verloren hatte und daraufhin in ein „Nervenfieber" verfiel, aß nichts mehr und zog sich immer mehr zurück. „Als alle Heilmittel versagten, empfahl der Arzt den Freunden des Patienten, einen der fähigsten Harfen-Musiker zu engagieren. Dieser sollte ihm sanfte und feierliche Klänge vorspielen, wie sie ihm früher Freude gemacht hatten. Die Verwandten stimmten diesem Versuch ohne Zögern zu, und sobald ein oder zwei Stücke gespielt waren, erlebte der Kranke eine eigenartige Gefühlserschütterung des Körpers und der Seele. Daraufhin warf er ihnen vor, wie sie zu der Anmaßung kämen, ihn auf diese Weise in seinen Gedanken zu stören. Als dieser Punkt erreicht war, schrieb der Arzt dem Patienten vor, jeden Tag eine Weile vor Zuhörern zu spielen. Nach und nach fing der Kranke wieder an, von alltäglichen Dingen zu sprechen; bald darauf nahm er wieder Nahrung und die erforderlichen Medikamente zu sich, bis er schließlich seine ursprüngliche Gesundheit voll wiedererlangt hatte."[3]

Bis in die Mitte des 20. Jahrhunderts beschreiben alle historischen Quellen zweierlei: die Wirkungen des bewußten Hörens von Musik und die des Musizierens, sei es allein oder in einer Gruppe. Ein drittes Element, das Gespräch zwischen Therapeut und Patient über die Gefühle, die die Musik ausgelöst hat, finden wir im deutschsprachigen Raum erst am Ende der fünfziger Jahre. Damals wurde an der Musikhochschule in Wien das Fach Musikheilkunde eingerichtet. „In der Stadt Freuds und so vieler großer Musiker erscheint es fast wie eine schicksalhafte Bestimmung, daß die Tiefenpsychologie sich hier wieder mit der Musik verbinden konnte", resümiert Tonius Timmermann in seinem Buch ‚Die Musik des Menschen', das auch ein informatives Kapitel zur Geschichte der Musiktherapie enthält.[4]

Methoden der Musiktherapie

Unbestritten ist, daß sich die Musiktherapie nicht bei jedem Patienten mit den gleichen Erfolgsaussichten anwenden läßt und daß nicht jeder Therapeut sie mit der gleichen Wirksamkeit handhabt. Hinzu kommt, daß es *die* Musiktherapie ebensowenig gibt wie *die* Psychiatrie oder *die* Psychotherapie. Von dem Wiener Psychiater Viktor Frankl stammt der Satz, daß jede Therapie „eine Gleichung mit zwei Unbekannten ist, nämlich dem Therapeuten und Patienten". Beide müssen zueinander passen, die Chemie zwischen ihnen muß stimmen, erst dann kann eine Therapie wirksam werden. Gerade im ambulanten Bereich haben sich deshalb Schnupperstunden bewährt.

Jeder Therapeut, der ambulant aufgesucht wird, sollte gefragt werden, welchen Ausbildungsweg er durchlaufen hat, insbesondere ob er ein Fachhochschul- oder Hochschulstudium absolviert hat. Da kein Gesetz den Begriff „Musiktherapeut" schützt, ist dem Mißbrauch Tür und Tor geöffnet. Wer als Musiker ohne therapeutische Ausbildung in Kliniken mit psychisch Kranken musiziert oder seine Dienste in einer freien Praxis anbietet, mag vielen negativen Aspekten des Klinikalltags beziehungsweise des täglichen Lebens entgegenwirken, der Langeweile, der sozialen Isolation oder dem Fehlen von sinnvollen Freizeitangeboten. Ob allerdings die Befähigung vorliegt, auf seelische Äußerungen der Patienten angemessen, gar therapeutisch zu reagieren, steht damit noch nicht außer Frage. Wichtig ist auch zu wissen, ob der Therapeut ausschließlich nach einer bestimmten Methode arbeitet oder in seinem Vorgehen so offen für verschiedene Methoden ist, wie es *Tonius Timmermann* im zweiten Teil (siehe S. 50 ff.) beschreibt.

Einen Überblick über die verschiedenen Methoden der Musiktherapie bietet die nachfolgende tabellarische Übersicht. Sie bezieht sich auf die Gliederung des Aufsatzes von *Monika Nöcker-Ribaupierre* (siehe S. 30 ff.). Einzelheiten zu den unterschiedlichen Verfahren sind dort zu finden.

1. MusikMedizin
2. Funktionelle Musik
3. Rezeptive Musiktherapie
   Regulative Musiktherapie, Katathymes Bild-Erleben mit Musik, Guided Imagery and Music
4. Aktive Musiktherapie
   Heilpädagogisch und/oder künstlerisch orientierte Musiktherapie (Orff-Musiktherapie, Anthroposophische Musiktherapie, Schöpferische Musiktherapie nach Nordoff-Robbins), Aktive Musik-Psychotherapie

Bewußtes Hören

In dem Vorgängerband zum vorliegenden Buch, der die Kunsttherapie zum Thema hat (Die Heilkraft des Malens, Einführung in die Kunsttherapie, hrsg. von Werner Kraus, München 1996), wird dafür geworben, nicht nur während einer Krankheit oder in Krisenzeiten zu zeichnen und zu malen, sondern diese kreativen Tätigkeiten in das Alltagsleben zu integrieren. Denn jedes schöpferische Tun hat, neben dem Gewinn an Lebensfreude, eine prophylaktische Funktion, gerade in einer

Zeit, in der passiver Kulturkonsum das selbständige bildnerische Gestalten vielfach verdrängt hat.

Dieses Plädoyer für Kreativität erfolgte vor dem Hintergrund, daß durchschnittlich jeder dritte Deutsche einmal in seinem Leben psychisch krank wird und jeder zehnte deshalb einen Facharzt oder eine Fachklinik aufsucht. In der Mehrzahl der Fälle handelt es sich freilich nicht um schwere psychotische Erkrankungen, wie beispielsweise Schizophrenien, sondern um psychosomatische Störungen, Neurosen oder das krankheitswertige Gefühl der Sinnlosigkeit und Leere. Besonders bei diesen Fällen kommt der Prophylaxe mit kreativen Mitteln, mit Malerei, Musik oder Tanz, eine besondere Bedeutung zu.

Hier schließt das vorliegende Buch an. Während für die Bildnerei nur Papier und Leinwand, Stifte und Farben nötig sind, um Gefühle und Gedanken festzuhalten, erfordert die Musik mehr Aufwand. Wem es vor allem um Selbsterfahrung geht und nicht primär darum, ein Instrument perfekt zu spielen, findet in Einrichtungen wie dem Freien Musikzentrum München, teilweise auch in den Volkshochschulen, gute Angebote. Eines freilich ist ohne großen Aufwand immer möglich: das bewußte Hören von Musik.

Der Soziologe Lutz Rössner hat unsere Gesellschaft im Hinblick auf die Zahl der aktiven Musiker, der Tonträger, Konzerte oder Umsätze in der Musikindustrie als „Musikgesellschaft" bezeichnet. Doch ist zu fragen, ob die Musik auf die Mehrzahl der Hörer tatsächlich inspirierend wirkt. Handelt es sich nicht meist um einen passiven Konsum von Klängen, der allenfalls auf der körperlichen Ebene, aber kaum auf der seelischen erlebt wird? Sind es Hörerfahrungen, die Gefühle, Erinnerungen, Bilder hervorrufen oder, auf der geistigen Ebene, die Strukturprinzipien und Gesetzmäßigkeiten der Musik erfassen? Wer sich darauf einläßt, bewußt zu hören, wird auf andere Musik zurückgreifen als auf jene, die in Kaufhäusern, Restaurants oder Diskotheken vom Band läuft. Der Komponist Peter Michael Hamel hat zu diesem Themenbereich ein anregendes Buch mit dem Titel ‚Durch Musik zum

Selbst' geschrieben. Auch die Bücher von Joachim-Ernst Behrend und Tonius Timmermann (siehe S. 21) sind in diesem Zusammenhang zu nennen. Wer nach inspirierender Musik sucht, die seine Ohren neu zu öffnen mag, findet in diesen Publikationen viele Hörtips, die von Obertongesängen über Weltmusik und Klassik bis zum Jazz reichen. Mehrjährige Erfahrungen des Herausgebers bei der Organisation von Konzerten haben gezeigt, daß heutzutage viele Menschen an ruhigen Klängen, an meditativer und stiller Musik interessiert sind. Das Münchner Label „ECM" ist in diese Marktnische vorgestoßen. Seine Veröffentlichungen seien als persönlicher Hörtip genannt.

Wie wirkt Musik?

Sammeln wir Fakten: Viereinhalb Monate nach der Befruchtung ist beim menschlichen Embryo das eigentliche Hörorgan, das Labyrinth mit der Cochlea, komplett und in seiner endgültigen Größe ausgebildet; der Mensch will so schnell als möglich in der Lage sein zu hören. Die Sterbeforschung hat gezeigt, daß der Hörsinn als letzter erlischt. Fragen wir, welches Organ beim Menschen die größte Konzentration von Nervenendungen besitzt, also die größte Differenzierungsfülle ermöglicht, so ist es wiederum das Innenohr. Vergleicht man den Wahrnehmungsspielraum des Auges mit dem des Ohres auf der Grundlage eines gemeinsamen Maßstabes, dann kann festgestellt werden: Wir hören in einem Spielraum, der zehnmal größer ist als der vergleichbare des Auges. Und mehr noch: Während unsere Augen die Farben nur beschreibend einordnen können, ist das Ohr in der Lage, mit mathematischer Genauigkeit zu messen, also den gehörten Notenwert anzugeben. Weshalb sind diese Fakten in bezug auf die Musiktherapie von Interesse?

Sie machen deutlich, daß der Mensch von seiner Anatomie und Physiologie her zuallererst ein Hörender ist. Das Ohr vermittelt mehr Zugang zu Stimmungen und Gefühlen als das

Auge. Einer der führenden Naturphilosophen des 19. Jahrhunderts, Lorenz Oken, brachte diese Erkenntnisse auf den einfachen Nenner: „Das Auge führt den Menschen in die Welt, das Ohr führt die Welt in den Menschen ein." Wer taub ist, verliert den Kontakt zu seiner Umwelt. Eine Dimension des Erlebens, die seelisches Gleichgewicht und psychosomatische Harmonie ermöglicht, ist für ihn verschlossen. Dem Ohr kommt also von allen Sinnesorganen die größte Bedeutung bei der Informationsaufnahme und -verarbeitung zu. Mehr noch: Was gehört wird, dringt in „tiefere" Seelenschichten als das, was gesehen wird. Musik ist deshalb besonders geeignet, Zugang zu all dem zu schaffen, was im Unterbewußten liegt. Jeder hat die Erfahrung gemacht, daß beim intensiven Hören von Musik Bilder, Erinnerungen, Stimmungen und Gefühle zutage kommen, beglückende und beängstigende. Alles Lichte und Dunkle in uns wird angesprochen und zum Ausdruck gebracht. Daß Musik auch auf unsere Körperfunktionen Einfluß nehmen kann, auf Atmung, Puls oder Blutdruck, weiß jeder, der einen streßreichen Tag mit entspannender Musik beschließt oder auf diese Weise Energie für neue Aktivitäten gewinnt.

Fassen wir zusammen. Der Musikwissenschaftler Hermann Rauhe und sein Mitarbeiter Reinhard Flender nennen in ihrem Buch ‚Schlüssel zur Musik' folgende positiven Wirkungen von Musik:

1. Bewußtes Hören bewirkt eine Entfaltung von Wahrnehmungs- und Erlebnisfähigkeit, den Abbau von Spannungen und Angst, die Vermittlung des Gefühls der Geborgenheit.
2. Aktives Musizieren, Singen und Improvisieren unterstützen die Entfaltung der Persönlichkeit, die Entwicklung von Kreativität und Phantasie.
3. Hören und Musizieren tragen bei zur Beseitigung von Konzentrationsschwächen und Lernhemmungen, zum Abbau von Unsicherheit, Nervosität, Niedergeschlagenheit, Frustration und Aggression, beides kann vegetative Körperfunktionen positiv beeinflussen.

Zu diesem Buch

Als wir im Frühjahr 1997 eine Tagung im Bayerischen Landtag vorbereiteten, die das Ziel hatte, bei Politikern für diese relativ junge Therapieform zu werben, stellten wir fest, daß auf dem Buchmarkt zahlreiche theoretische Abhandlungen zur Musiktherapie vorhanden waren. Was aber fehlte, war ein Werk, das dem Laien den Einstieg erleichtert. Immer wieder hörten wir die Frage: „Wie arbeiten Musiktherapeuten, und was passiert in einer Therapiestunde?" Wir entschlossen uns deshalb, während der Tagung die Therapeuten von ihrer Arbeit erzählen zu lassen. Diese induktive, fallbezogene Vorgehensweise hatte Erfolg. Damit war die Idee zu dem vorliegenden Band geboren.

Aus Platzgründen können wir nicht alle Einsatzmöglichkeiten der Musiktherapie vorstellen, sondern haben den Schwerpunkt auf psychische Störungen und Erkrankungen gelegt. Ebenfalls aus Platzgründen ist es nicht möglich, die einzelnen Krankheitsbilder ausführlich zu beschreiben. Wir gehen fallbezogen vor, betonen aber, daß Erkrankungen wie Schizophrenien, Depressionen oder Angststörungen auch einen anderen Verlauf und eine andere Symptomatik als in den jeweils vorgestellten Fällen zeigen können.

Wie beim Buch über die Kunsttherapie müssen wir einen unhöflichen Stil eingestehen. Wir beschreiben die Arbeit *des* Therapeuten, die Musik *des* Patienten und wenden uns an *den* Leser ... Stehen also ausschließlich Männer im Mittelpunkt? Nur um der Lesbarkeit willen bedienen wir uns meistens der alten, maskulinen Form. Wir wissen aber, daß Frauenpersönlichkeiten die Musiktherapie wesentlich prägen.

Zu danken habe ich dem Verband der bayerischen Bezirke, der die Herausgabe dieses Buches ermöglichte. Zu danken habe ich allen Autorinnen und Autoren, die meine Anregungen und Wünsche kollegial und wohlwollend aufgegriffen haben, sowie allen Musiktherapeutinnen und -therapeuten, die meine Fragen mit großer Geduld beantwortet und mich mit Rat und

Tat unterstützt haben. Mein Dank geht an Stefanie Backes für ihre kritische Begleitung des Projektes.

Anmerkungen

1 Hamel S. 171.
2 Alvin, Juliette: Musiktherapie, München 1984, S. 44.
3 Ebd.
4 Timmermann 1994, S. 106.

Literatur

Die Literatur, die sich mit Musiktherapie und/oder der Wirkung von Musik auf den Menschen befaßt, ist sehr umfangreich (siehe S. 243 ff.). Nachfolgend sind deshalb Bücher ausgewählt, die eine gute Ergänzung zur Einführung des vorliegenden Bandes darstellen. Bei den Anmerkungen zu den einzelnen Beiträgen sind jeweils Hinweise zur spezielleren Literatur gegeben.

Berendt, Joachim Ernst: Nada Brahma – Die Welt ist Klang, Reinbek 1985.
Ders.: Das Dritte Ohr – Vom Hören der Welt, Reinbek 1988.
Decker-Voigt, Hans-Helmut: Aus der Seele gespielt. Eine Einführung in die Musiktherapie, München 1991.
Dörner, Klaus und Plog, Ursula: Irren ist menschlich. Lehrbuch der Psychiatrie/Psychotherapie, Rehburg-Loccum 1984.
Hamel, Peter Michael: Durch Musik zum Selbst, München 1980.
Klausmeier, Friedrich: Die Lust, sich musikalisch auszudrücken, Hamburg 1978.
Petzold, Hilarion und Orth, Ilse: Die neuen Kreativitätstherapien, Paderborn 1990.
Rauhe, Hermann und Flender, Reinhard: Schlüssel zur Musik, München 1990.
Timmermann, Tonius: Musik als Weg, Zürich 1987.
Ders.: Die Musik des Menschen, München 1994.
Tölle, Rainer: Psychiatrie, Berlin 1991.
Tomatis, Alfred: Der Klang des Lebens. Vorgeburtliche Kommunikation – Die Anfänge der seelischen Entwicklung, Reinbek 1987.

Die Macht der Musik
Gedanken eines Musikers

Von Wolfgang Lackerschmid

Musik bestimmt unser Leben. Inwieweit trifft dieser oft gehörte Satz tatsächlich zu? Fakt ist, daß uns mancher Einfluß der Musik gar nicht bewußt ist, da wir Klänge unbemerkt absorbieren. Selbst mir, einem Berufsmusiker, hat sich beim Schreiben dieser Zeilen die Macht der Musik noch mehr erschlossen.

Gehen wir zunächst vom durchschnittlichen Musikhörer aus. Bereits da muß man die passiv erlebte Musik in zwei Hauptgruppen unterteilen: die freiwillig und die unfreiwillig konsumierte.

Berieselung und Manipulation

Unfreiwillig ist zunächst pauschal die allgemeine Berieselung, der wir im Alltag ausgesetzt sind. Diese darf man nicht unterschätzen. Sie ist meist psychologisch gezielt eingesetzt, um uns zu einem bestimmten Gefühl und damit auch zu einem bestimmten Verhalten zu manipulieren.

Die Marktwirtschaft ist so „frei", daß jedes Forschungsergebnis der Psychologie beliebig für gewinnträchtige Zwecke eingesetzt werden kann. Die Berieselung in Kaufhäusern steigert erwiesenermaßen unsere Kaufbereitschaft, die am Arbeitsplatz entsprechend die Leistung. Geduldig gemacht werden wir von den Lautsprechern in öffentlichen Gebäuden, vom Fahrstuhl bis zur Flughafentoilette. Nach Belieben feuert man uns auch wieder an, ob bei Sportveranstaltungen, Festzügen oder politischen Kundgebungen. Bei der Werbung spielt uns die Musik die Welt vor, in der uns das Produkt am meisten beeindruckt, besonders wenn wir uns dabei noch mit einem Cowboy, einem coolen Yuppie oder gar einem Hausmitgartenautowaschpantoffelhelden identifizieren. Eine Sonderstellung haben dabei die Jingles, die kleinen gesungenen Verse, die jeder aus der Werbung kennt und zu denen er meist auch prompt das dazugehörige Produkt nennen kann. Seit der Zeit des Wirtschaftswunders leben wir mit unzähligen kleinen Melodien.

Dabei bedient sich die Industrie nur eines alten Rezeptes, das bei den Medizinmännern der „Naturvölker" genauso wie bei allen Weltreligionen zum Einsatz kommt: der Macht der Musik. Im Gospel kann man weinen und lachen und alles intensiver empfinden. Die Rhythmen bei einer Voodoozeremonie schaffen es, die Menschen zur Trance zu führen. Die Kirchenmusik des Abendlandes stimmt feierlich, kann trösten oder einschüchtern.

Musik zur Selbsttherapie

In diesem Buch wird über viele verschiedene Methoden der Musiktherapie zu lesen sein. Diese Form der Behandlung wird in weiten Kreisen immer noch oft unterschätzt. Darum mein Bestreben, durch Beispiele aus unserem „normalen" Leben zu zeigen, wie umfassend wir die Musik im Alltag einsetzen.

Die Einsätze der Musik als Selbsttherapie ordne ich nun dem freiwilligen Bereich zu. Es beginnt schon mit der richtigen Musik zum Aufwachen, für Haushaltsarbeiten oder andere Dinge, die dann „leichter von der Hand gehen". Wir benutzen die passende Musik zu einem schönen Essen, natürlich zum Tanzen, um in andere Welten einzutauchen oder zum Verführen und Lieben. Schüler hören Musik zum Teil bei den Hausaufgaben, brauchen sie vor allem auch zur Identitätsfindung. Bestimmte Gruppen uniformieren sich mit dem Musikstil, den sie favorisieren.

Ein Musikstück, das wir beispielsweise als Teenager mit einem Gefühlserlebnis verbunden haben, ruft dieses Gefühl beim Hören auch nach Jahren noch hervor.

Die Musik der Generationen ist in der Regel gegensätzlich und drückt den Zeitgeist noch deutlicher aus als Mode- oder politisches Bewußtsein. Gleichzeitig kann Musik, wie zum Beispiel der Jazz, Generationen und auch Völker unterschiedlichster Traditionen verbinden. Die Kids, die heute täglich ihre (berechtigte) Freude an Videoclips von afro-amerikanischen Rappern oder Black-Music-Schönheiten haben, dürften – zumindest außerhalb der USA – ein natürlicheres Verhältnis zu Menschen anderer Hautfarben bekommen als solche, die keine derartige Berührung haben. Oft wird auch beim Durchschnittsdeutschen die Schwärmerei für ein fremdes Land durch die entsprechende Musik hervorgerufen oder verstärkt. Musik wirbt von sich aus für das Nachvollziehen und die Faszination fremder Mentalitäten und Temperamente. Wer würde beispielsweise nach einem Flamenco-Abend oder einem „Zigeuner-Jazz"-Konzert feindselig gegen den nächsten Spanier, Sinto oder Roma sein? Friede entsteht nicht einfach durch Lehren oder Logik. Er entsteht im Gefühl – da, wo die Musik den Menschen erreicht. Somit sehe ich auch eine wichtige Aufgabe der Musik darin, die gefühlsmäßige Basis für den Frieden zu schaffen.

Für das Gegenteil ist sie via Militärmarsch schon zur Genüge mißbraucht worden. Es gibt leider zahlreiche musikalische Formen, in denen Inhalte von Aggressivität und zerstörerischer Intoleranz wirkungsvoll ausgedrückt oder auch anders: verharmlost werden.

Was die richtigen Töne im richtigen Moment in uns hervorrufen, ist leicht am Beispiel Filmmusik nachzuweisen. Ein bekanntes Experiment: Eine Person läuft in der Filmszene schnell von A nach B. Erst die Musik sagt, ob dies fröhlich geschieht oder hektisch oder ob gar etwas Bedrohliches in der Luft liegt. Wer hat noch nicht die Spannung zum Beispiel bei Hitchcock-Filmen empfunden, auch wenn objektiv nichts anderes passiert, als daß jemand durch ein altes Haus geht oder sich ein Vogelschwarm in den Bäumen versammelt, wo aber die Musik das Geschehen dramatisch steigert und in uns Angst vor dem, was noch kommt, hervorruft. Als Komponist setze ich dies bewußt ein, wenn ich beispielsweise mit Bühnenmusik im Publikum die Stimmung des Gesehenen vertiefen will, dann unmerklich in eine neue Stimmung wechsle, um es für die kommende Szene „verwundbar" zu machen.

Beeinflussung von Stimmungen

Die Kraft der Musik ist der Wirtschaft, den Werbestrategen, den unterschiedlichsten Religionen, allem, was mit Beeinflussung von Stimmungen zu tun hat, seit jeher das beliebteste und wirksamste Mittel. Somit ist es eigentlich verwunderlich, daß ausgerechnet im Gesundheitswesen die Musik bei uns so verdrängt wird. Aber angesichts der Übermacht der Wirtschaftsfaktoren „Schulmedizin" und Pharma-Industrie, derentwegen auch andere natürliche Heilmethoden sich nicht durchsetzen können, ist dieses Schattendasein (leider) erklärlich.

Daß die Musiktherapie im psychischen Bereich das sicherste Mittel ist, zu den Gefühlen der Menschen zu gelangen und diese auch therapeutisch zu beeinflussen, liegt auf der Hand. Dabei sollte das passive Musikhören noch wesentlich ausgebaut werden, um das Repertoire an Empfindungen und deren Verbindung zur Musik zu erweitern. Beim aktiven Musizieren, und sei es nur beim Hervorrufen von Klängen, werden dann Gefühle, die sich beim Hören von ähnlichen Klängen eingestellt haben, wiedererkannt. Diese Erfahrung macht neugierig auf weitere Assoziationen und bringt somit eine Motivation zum aktiven Leben. Jeder Mensch spürt eine gewisse Macht, wenn er merkt, daß er selbst durch seine Klänge Empfindungen wecken kann. Ein Patient gelangt so auf den Weg zu lernen, wie er mit seinen Gefühlen umgehen kann – und sogar aus vermeintlichen Sackgassen herausfindet.

Die Voraussetzung für aktives Musizieren ist, daß im Alltag ein Leben mit Musik stattfindet. Bereits bei Kindern ist es wichtig, deren Hörgewohnheiten so vielfältig wie möglich zu entwickeln. Die landläufige Bevorzugung von Kinderliedern schränkt das Spektrum zu stark ein und widerspricht schon allein dem kindlich natürlichen Rhythmusbedürfnis.

Rund dreißigtausend Kinder sind die gesamte Spielzeit über im Augsburger Stadttheater bei meinem ersten Märchenballett fasziniert mitgegangen, haben bei den rhythmischen Stücken schnell reagiert, haben aber ebenso bei einer Ballade von fünfeinhalb Minuten Länge, die ich noch mit Chet Baker eingespielt hatte, gebannt das dann sparsame Szenario verfolgt. Fast alle Mitwirkenden hatten bei der Probe im Jahr 1988 dafür plädiert, diese Szene zu kürzen, „weil Kinder nicht so lange ruhig bleiben, wenn nicht soviel passiert". Doch nach all der Action vorher, von der Jam Session der Zwerge bis hin zum Hexentanz mit der bösen Königin, hat Chets trauriger Trompetenton zum vermeintlichen Tod der Protagonistin (einem jungen Mädchen namens Schneewittchen) die Kinderherzen mit tiefem „blue" erfüllt.

Mittlerweile habe ich zahlreiche Märchen vertont und Songs geschrieben – bis hin zum rappenden ‚Pi pi pi nono nono cchi o'. Bei den Kindern merke ich sofort, ob das Gefühl, das ich ausdrücken wollte, auch tatsächlich so empfunden wird.

Eine amüsante Erfahrung, die ich bei der Präsentation von Kompositionen machte: Wenn ich einfach etwas „Schräges" spiele, machen viele im Publikum „zu". Sage ich aber vor dem Stück an: „Jetzt kommt etwas ganz Schreckliches", das zum Beispiel im Ballett die böse Königin darstellen soll, sind die Hörer neugierig darauf und um so aufmerksamer bereit, ungewohnte Stimmungen zuzulassen. Oft kommen nach dem Konzert Leute dann auf mich zu, um zu sagen: „Das war doch gar nicht soo schräg, das war sogar richtig schön, man konnte sich die böse Königin richtig vorstellen …"

Leben mit Musik

Wenn unterschiedliche Menschen zusammen sind, gibt es nichts, was sie so extrem und engagiert ausfechten wie die Musik, die sie gemeinsam hören wollen. Oft wird einer regelrecht gehaßt, nur weil er immer eine bestimmte Musik laufen läßt, die der Nachbar nicht leiden kann.

Es ist ein natürlicher Schutz, bestimmte Arten von Musik nicht zu mögen. Wir schützen uns damit vor Stimmungen, die wir nicht zulassen wollen. Denn wir sind der Musik, die wir hören, emotional ausgeliefert.

Mit missionarischem Enthusiasmus hatte ich einmal ein älteres Paar zu einem Jazzkonzert überredet. Ihm hat es leidlich gefallen, während seine Frau mit geröteten Wangen dasaß und vollkommen begeistert war, was für Empfindungen da auf sie einströmten. Sie hatte so etwas bis dahin nicht gekannt. Am nächsten Tag fragte ich sie, wann sie mal wieder mitgehe. Darauf die überraschende Antwort: „So etwas mache ich nie wieder. Ich konnte die ganze Nacht vor Erregung nicht schlafen." Die heile Welt wird bedroht durch das Wissen von etwas anderem, ohne das man bisher immer zufrieden war ...

Höhepunkte meiner Erlebnisse als Musiker oder Komponist sind jene Momente, in denen das Publikum extreme Gefühlsreaktionen zeigt. Wenn zum Beispiel bei einem Jazzkonzert plötzlich soviel Begeisterung überspringt, daß auch steifere Zuhörer oder gar zerstrittene Ehepaare danach mit glücklichem Lächeln nach Hause gehen. Genauso aber, wenn ich es schaffe, einen großen Teil des Publikums zum Weinen zu bringen. Das klingt für manche vielleicht absurd, ich habe dies aber häufig erlebt. Vor allem in der Zeit, in der ich mit Chet Baker Balladen spielte, aber auch bei meinem Doppelchorwerk ‚Wandlung', bei dem mir selbst, dem Komponisten und von der Kanzel der Klosterkirche Irsee aus dirigierend, die Tränen kamen.

Natürlich setzt ein solcher Erfolg voraus, daß der Musiker das Gefühl, das er zu senden beabsichtigt, auch selbst intensiv empfindet. Leider sind sich viele Interpreten gar nicht bewußt, daß es um eine abstrakte Vermittlung von Gefühlen geht. Oft wird bei Konzerten die technische Perfektion alleine in den Vordergrund gestellt. Dann bewundert das Publikum zwar das Können, Empfindungen bleiben ihnen aber vorenthalten. Ideal ist natürlich, wenn ein Musiker von hohem Niveau intensive Gefühle zu vermitteln hat. Der Bonus der Message sollte nicht nur der einfachen „Bauchmusik" vorbehalten sein (die ich als eine ehrliche Musik jeder Darbietung von antrainierten Virtuositäten vorziehe).

Bürger zweier Welten

Musik zu machen ist für mich letztlich eine Philosophie, eine Philosophie, wie sie zum Beispiel in der Propstei St. Gerold im Großen Walsertal gelebt wird. Diese Propstei ist ein Treffpunkt für Kreative aller Art und alle, die sich der Kreativität öffnen wollen. Ihre Philosophie basiert auf dem Gedanken, daß wir Bürger zweier Welten sind. Einer sichtbaren und einer unsichtbaren Welt. Die Balance zwischen beiden Welten zu erreichen ist das irdische Ideal. Die meisten Menschen leben materialistisch zu sehr in der sichtbaren Welt, ohne die unsichtbare an sich heranzulassen. Das ist bereits ein partieller Tod. Als Künstler haben wir die Aufgabe, das Unsichtbare sichtbar und das Unhörbare hörbar zu machen.

Musik, sofern sie kreativ gestaltet und sich vielleicht sogar dem Moment der Improvisation ausliefert, ist die Brücke zwischen den beiden Welten und kann somit – richtig eingesetzt – im Hinblick auf beide helfen.

Für uns alle wünsche ich mir, daß wir Musik wieder bewußter hören, vor allem auch in Konzerten, in denen das Gespielte einmalig und unwiederbringlich die Stimmung des Moments in gerade diesem Raum mit diesen Menschen ausdrückt. Als Ausgleich für den musikalischen Müll, mit dem wir ständig berieselt werden, brauchen wir den Spaziergang durch die Welt der freiwillig erlebten Sinneseindrücke.

II.

Wie arbeiten Musiktherapeuten?

Geschichte, Methoden und Anwendungsgebiete der Musiktherapie

Von Monika Nöcker-Ribaupierre

> „Die Musik hat ihre eigene Kraft in sich. Musik ist eine Notwendigkeit für den Menschen, für seinen psychischen, aber auch seinen physischen Zustand. Musik hat Heilkraft für die Seele und den Körper. Musik eliminiert das Ablenkende und das Oberflächliche."
>
> *Rafael Kubelik*

Die Geschichte der Musik ist untrennbar mit der Geschichte der Menschheit verbunden. Schon in den Darstellungen, die uns Kulturen der Frühzeit hinterlassen haben, sind Menschen mit Instrumenten zu sehen. Musik gehört von Anbeginn zur lebensnotwendigen kulturellen Umwelt, die sich der Mensch geschaffen hat. Sie steht mit den vielfältigsten Bereichen des Lebens in Verbindung: Musik ist in zeremonielle und kultische Handlungen eingebunden, in Heilungsrituale, in das Arbeitsleben, in die Politik – von der Nationalhymne bis zur Militärmusik – und in den Alltag. Es gibt Musik für bestimmte Lebensbereiche, wie Wiegenlieder oder Freizeitmusik, aktives Musizieren, den Besuch im Konzertsaal, wir erdulden sie als musikalische Reizüberflutung in Kaufhäusern oder Lokalen. Wir benutzen Musik als Stimulanz, zur Beruhigung, als Droge.

Musik begleitet den Menschen von seiner vorgeburtlichen Zeit bis zum Ende seines Lebens. Schon im Mutterleib ist das Kind vielfältigen Geräuschen und Klängen ausgesetzt. Es hört neben lauten akustischen Reizen von außen den mütterlichen

Herzschlag viele Millionen Male, die Geräusche des Bauches und die Stimme der Mutter. Das Kind kann diese gleich nach der Geburt wiedererkennen und von anderen Stimmen unterscheiden. Auch dann, wenn ein Mensch nach einem schweren Unfall im Koma liegt oder sterben wird, sind es oft nur noch die Klänge von Musik oder vertrauten Stimmen, die ihn erreichen.

Musik war und ist bei vielen Völkergemeinschaften immer schon eng mit Heilmethoden verbunden – früher und in sogenannten primitiven Kulturen mit Ritualen verknüpft, bei uns heute als Medium in einem therapeutischen Prozeß. Musik besteht aus Rhythmus, Klang, Melodie, Harmonie, Geräuschen und der Stille dazwischen. Diese Anteile stehen zueinander in Beziehung und berühren in ihrer Gesamtheit den Menschen. Dabei vermag Musik tiefste vorgeburtliche und vorsprachliche Schichten anzurühren, Vorstellungen, Bilder und Assoziationen freizusetzen, Gefühle zuzulassen und zu verändern. Die englische Musiktherapeutin Mary Priestley beschreibt dies so: „Musik vermag einerseits seelisches Chaos zu strukturieren und einer dynamisch-lebendigen, geordneten Gestalt zuzuführen, und sie vermag andrerseits, lahmgelegte Energien aus den starren Ketten des Zwanges und der Angst zu befreien und zu neuem Leben zu entbinden."[1]

Musiktherapie ist ein kommunikatives und interaktives Geschehen. Auf der Basis unterschiedlicher theoretischer Grundlagen und psychotherapeutischer Methoden gibt es verschiedenste Formen von Musiktherapie. Diese stehen im Zusammenhang mit dem jeweiligen Menschenbild des Therapeuten und seinem Verständnis von der Krankheit, der Störung und dem Leid des Patienten sowie dessen Musikverständnis.

Geschichte der Musiktherapie

Die überlieferte Geschichte der Musiktherapie beginnt im Alten Testament mit der Vertreibung des bösen Geistes, der über König Saul gekommen war, durch Davids Lautenspiel (1. Samuel 16, 16). Der Gebrauch von Musik in der Heilkunde wandelt sich mit den kulturellen Veränderungen durch die Jahrhunderte (siehe S. 13 ff.).

Ich beschränke mich auf einen Überblick über die neuere Geschichte der Musiktherapie, die in der ersten Hälfte des 20. Jahrhunderts beginnt, und auf die Methoden, die sich vor allem in den letzten vierzig Jahren in Deutschland entwickelt haben.

Gegen Ende des letzten Jahrhunderts entstand unter dem Einfluß des Positivismus eine naturwissenschaftliche Psychologie und Medizin, die allein Tatsachen beziehungsweise streng empirische Prüfungsverfahren, „das Positive", gelten läßt. Sie versuchte, die Wirkung von Musik und ihre mögliche Heilkraft über meßbare vegetative Reaktionen zu erklären. Die körperlichen Reaktionen während des Hörens wurden dabei auf bestimmte Eigenschaften eines Musikstückes wie Dynamik, Rhythmik oder Harmoniefolgen bezogen. Man analysierte Veränderungen in biologischen, chemischen und physiologischen Prozessen, wie beim Pulsschlag, Blutdruck, Sauerstoffverbrauch, Hautwiderstand oder bei der Muskelspannung. In vielen Ländern, vor allem in den USA, kamen diese Ergebnisse in der medizinischen Versorgung zur Anwendung,[2] und es entwickelte sich der heute sehr ausgedehnte Bereich der MusikMedizin. In Deutschland, wo nach dem Zweiten Weltkrieg das Interesse an Musiktherapie wuchs, standen zunächst auch hier die meßbaren körperlichen Reaktionen auf Musik im Vordergrund.

Die MusikMedizin (oder auch: Musik in der Medizin beziehungsweise Musik und Medizin) beruht auf der funktionalen Wirkung von Musik. Sie wurde bis in die siebziger Jahre als *die* Musiktherapie bezeichnet. Bei der MusikMedizin leitet die Musik den Patienten beziehungsweise wirkt auf ihn, nicht aber der Therapeut als Person. Der Patient hört je nach Indikation entsprechende Musik, liegend, sitzend oder in Bewegung. Die Musik wirkt entspannend, anregend, aktivierend oder beruhigend. Sie wird angestellt und nach der vorgesehenen Zeit wieder abgestellt. Eine psychotherapeutische Begleitung, etwa in Form eines anschließenden Gespräches, gibt es nicht.

Die naturwissenschaftliche Erforschung der Wirkungen von Musik zeitigte aber auch sehr widersprüchliche Ergebnisse. Sie stellte ganz unterschiedliche Reaktionen beim Hören desselben Musikstücks fest. Erklärbar wurde dies erst, als man die gemessenen Daten in Beziehung zur Stimmungslage beziehungsweise zum psychisch-emotionalen Erleben und zur Lebensgeschichte der Probanten setzte. So entstand ein neuer Bereich, die sogenannte Musik-Rezeptionsforschung, die psychotherapeutisches Vorgehen mit den Ergebnissen der funktionalen Wirkung von Musik verband.

Seit den siebziger Jahren entwickelte sich daraus eine erweiterte Sichtweise der Musiktherapie, auf der Grundlage eines ganzheitlichen Menschenbildes im Gesundheitswesen. Der Weg, den die Psychotherapie, ausgehend von Sigmund Freud und C. G. Jung, aufgezeigt hatte, wurde von vielen (nichtmedizinischen) Pionieren der Musiktherapie in ihr Behandlungskonzept übernommen. Der Mensch wird nun als psychosomatische Einheit, als Ganzes, unter Einbeziehung seines persönlichen Lebenskonzeptes gesehen. Der Therapeut achtet auf die emotionale Qualität des individuellen Erlebens bei seinem Patienten während des Musikhörens oder der Improvisation. Er nimmt diese als Grundlage, um mit dem Patienten dessen Biographie zu verstehen und krankmachende Erlebnisse zu bearbeiten.

Diese neue, explizit psychotherapeutische Musiktherapie arbeitet mit den emotionalen Reaktionen von Menschen auf Musik, also mit qualitativen Aussagen: Wie erlebt der Mensch welche Musik, mit welchen Assoziationen und Erinnerungen an Situationen, an bestimmte Zeiten, an Menschen, an Gefühle? Welcher Bezug besteht zu früheren kränkenden oder traumatischen Ereignissen oder auch zu Gefühlen und Stimmungen, die mit guten oder traurigen, präsenten oder halb vergessenen Erinnerungen zusammenhängen.

Aus meiner Sicht vernachlässigte die moderne Musiktherapie zunächst die Musik zugunsten der Zweierbeziehung zwischen Therapeut und Patient. In den neunziger Jahren wird eine Position zwischen diesen Polen eingenommen, zwischen der Qualität der Beziehung von Patient und Therapeut einerseits und der Besonderheit und Kraft des Mediums Musik andererseits.

Was wir heute unter Musiktherapie verstehen, ist angewandte Psychotherapie mit Musik. Sie arbeitet als rezeptive und/oder als aktive therapeutische Methode, mit dem Hören und/oder der Improvisation. Wenn irgend möglich, soll der Patient anschließend das Erlebte in Worte fassen, damit es über das Gespräch verstanden und bearbeitet werden kann.

Die Vereinigung der deutschen musiktherapeutischen Verbände hat sich 1997 in der sogenannten Kasseler Konferenz auf folgende Definition von Musiktherapie geeinigt:

Musiktherapie ist eine praxisorientierte Wissenschaftsdisziplin, die in enger Wechselbeziehung zu verschiedenen Wissenschaftsbereichen steht, insbesondere der Medizin, den Geisteswissenschaften, der Psychologie, der Musikwissenschaft und der Pädagogik. Der Begriff „Musiktherapie" ist eine summarische Bezeichnung für unterschiedliche musiktherapeutische Konzeptionen, die ihrem Wesen nach als psychotherapeutische zu charakterisieren sind, in Abgrenzung zu pharmakologischer und physikalischer Therapie. Musiktherapeutische Methoden folgen gleichberechtigt tiefenpsychologischen, verhaltenstherapeutisch-lerntheoretischen, systemischen, anthroposophischen und ganzheitlich-humanistischen Konzepten.[3]

Methoden und Anwendungsgebiete

Die drei wesentlichen methodischen Richtungen der Musiktherapie sind: die funktionelle Musik, die rezeptive und die aktive Musiktherapie. Die Inhalte der rezeptiven und aktiven Musiktherapie beschreibt *Tonius Timmermann* im nächsten Beitrag, ich beschränke mich hier auf einen Überblick und das Formale.

Die einzelnen Arbeitsweisen sind in diesem Buch unterschiedlich gewichtet. Da nur ein Teil der musiktherapeutischen Arbeitsweisen in Fallbeispielen ausführlich dargestellt wird, lege ich den Schwerpunkt auf die zu einer Gesamtübersicht notwendigen Ergänzungen.

1. MusikMedizin

Im Bereich der MusikMedizin wird heute „das gegenwärtige Wissen um die eigenständige Wirkung und Funktion der Musik auf die Gesundheit genutzt und wie diese zur Milderung von körperlichen und psychischen Störungen beiträgt".[4] Im Mittelpunkt steht die Effizienz des Verfahrens auf neurovegetativer Ebene. Die MusikMedizin beziehungsweise der funktionale Einsatz von Musik unterstützt die klinische, medikamentöse Behandlung. Grundlage dieses Einsatzes von Musik ist deren medizinisch nutzbare Wirkung, wie zum Beispiel bei der Senkung des Streßhormonspiegels und des Sauerstoffverbrauchs, der Harmonisierung des Atemrhythmus oder der Senkung von Stoffwechsel, Herzfrequenz und Blutdruck, der Reduzierung des Schmerzempfindens oder der Angst. Diese therapeutischen Ergebnisse sind wissenschaftlich erwiesen, entsprechend den Standards zur klinischen Prüfung von Arzneimitteln. Wichtig ist, daß sich diese Effekte nur dann erzielen lassen, „wenn der Einsatz von Musik mit situationsspezifischer Methodik und unter Beachtung entsprechender Indikationen, Kontraindikationen und Wirkungsweisen erfolgt", so der Arzt Dr. Ralph Spintge.[5]

Die größte Rolle spielt ein solcher Einsatz von Musik in der Anästhesie und bei der Behandlung von Schmerzpatienten, besonders bei Krebserkrankungen (siehe S. 186 ff.). So nutzen viele Kliniken gezielt Musik, um Narkose- und Schmerzmittel zu reduzieren oder um Patienten in Angstzuständen zu entkrampfen. In der Geburtshilfe dient Musik zur Verbesserung der Atmosphäre im Kreißsaal und der Linderung von Schmerzen.

Außerdem gibt es eine Vielzahl von musikalischen Trainingsprogrammen, die zum Teil auch nach den Wünschen des Patienten ausgerichtet werden. Die wichtigsten Anwendungsgebiete sind hier die Aktivierung und Antriebsförderung nach einem Schlaganfall oder die Begleitung in der Physiotherapie.

2. Funktionelle Musik

Die Funktionelle Musik läßt sich in einigen Bereichen von der MusikMedizin abgrenzen, wenngleich es weitgehende Überschneidungen gibt. So hängen hier zum einen Behandlungsziel und Musik ähnlich eng zusammen, zum anderen wird jedoch die Kommunikation mit dem Therapeuten wichtig. Man kann die Funktionelle Musik als eine Art Übergangsbereich zur Musiktherapie sehen. Was hier noch nicht gefordert wird, ist die therapeutische Beziehung, die für das Besprechen beziehungsweise Bearbeiten emotionaler und psychischer Probleme notwendig ist.

Zur Funktionellen Musiktherapie zählen demnach die Bereiche, in denen sich kommunikationstherapeutische Arbeitsweisen mit dem funktionalen Einsatz von Musik mischen, etwa das gemeinsame Singen und Musizieren in der Psychosomatik, in Rehabilitations- und Kurkliniken, der Langzeitpsychiatrie, der Geriatrie – wenn es sich nicht explizit bereits um rezeptive oder aktive Musiktherapie handelt, bei denen das psychotherapeutische Vorgehen im Mittelpunkt steht (siehe S. 194 ff.).

In der Rehabilitation wird Herz- und Kreislaufpatienten ein unter medizinisch-psychologischen Gesichtspunkten ausgewähltes Musikrepertoire zusammen mit klassischen Entspannungsübungen angeboten, damit sie lernen, Streß beziehungsweise Angst abzubauen. In manchen Fällen bekommen die Patienten ihr musikalisches Entspannungsprogramm mit nach Hause, um die Behandlungserfolge durch weiteres Üben zu stabilisieren.[6] Für Patienten mit Stimm- und Sprachstörungen gibt es Rhythmustherapien, für aggressive oder hyperaktive Jugendliche Trommeltherapien. Auch in der heilpädagogischen Betreuung geistig behinderter Menschen wird Funktionelle Musik angewendet.

Die Funktionelle Musik, ebenso wie der Bereich MusikMedizin, ist keine selbständige Therapie, sondern sie wird in Kliniken und ambulant zur Unterstützung oder Ergänzung anderer, vor allem verbaler und physikalischer Therapien eingesetzt oder als sinnvolle Erweiterung in die Behandlung integriert.[7]

Sobald im Rahmen einer solchen Behandlung beim einzelnen Patienten oder in der Gruppe psychische Probleme auftauchen, muß der Therapeut in der Lage sein, adäquat einzugreifen. Deshalb gehört jede Behandlung mit Musik, gemäß der Kasseler Definition (siehe S. 34), in die Hand eines ausgebildeten Musiktherapeuten. Zu dieser Forderung nach musiktherapeutischer Kompetenz ein paar Worte der Erklärung:

Musik berührt das Seelenleben jedes Menschen und wirkt auf die Dynamik seines Erlebens. Deshalb ist der Einsatz von Musik mit therapeutischer Begleitung auf jeden Fall Psychotherapie, gleichgültig, ob er so bezeichnet wird oder nicht. In dem Begriff Musiktherapie kommt das Wort „Psycho" nicht vor. Dies läßt offen, ob und wie weit die psychischen Probleme verbal angegangen werden, die durch die Musik entstanden sind, oder ob sie nonverbal mit Hilfe von Musik bearbeitet werden. So gesehen ist Musiktherapie psychotherapeutisch unverdächtig: Viele Patienten, die sich nicht psychisch erkrankt fühlen (auch wenn sie wissen, daß sie psychische Probleme haben), sind oft eher bereit, sich einer solchen, nicht expliziten „Psycho"-Therapie zu unterziehen. So kann Musiktherapie unterstützend bei krankheits-, alltagsbezogenen und biographischen Problemen, bei Schmerzpatienten oder bei lebensbedrohlich oder chronisch Erkrankten wirken.[8] Auch in der Frühförderung, in der Arbeit mit behinderten Menschen, die psychische Belastungen oder Erkrankungen erst sekundär, also als Folge der Behinderung bekommen, ist dieser Einstieg äußerst hilfreich.

Musik ist Bedeutungsträger für persönliche Erfahrungen. Das Hören von Musik löst deshalb bei jedem Patienten Gedanken und Erinnerungen aus; er wird an Situationen erinnert, die mit Menschen, Orten und Zeiten verbunden sind. Diese Erinnerungen sind mit Gefühlen verbunden, die er beschreiben und/oder körperlich spüren kann. Die auftauchenden Wünsche, Sehnsüchte, Widerstände, Abneigungen, auch die Wahrnehmung von Konflikten, können im anschließenden Gespräch bewußtgemacht und in Verbindung zur aktuellen Situation besprochen werden; neue Strategien zur Problemlösung werden gefördert oder alte, bewährte Muster wiederentdeckt.

Bei den eigentlichen psychotherapeutischen Musiktherapieverfahren unterscheiden wir zunächst die sogenannte rezeptive Musiktherapie, die mit vorgespielter Musik arbeitet, und die sogenannte aktive Musiktherapie, in der Patient und Therapeut zusammen improvisieren.

3. Rezeptive Musiktherapie

In der rezeptiven Musiktherapie steht das Hören von Musik im Mittelpunkt. Sie ist die traditionelle Art der Musiktherapie, wie sie uns in den historischen Beispielen überliefert ist: Menschen werden durch Klänge angerührt, bewegt und geheilt, indem Musik ihre „bösen Geister" vertreibt und sie wieder zu ihrer Lebendigkeit, zu neuer Lebensfreude finden. (siehe S. 13 ff.)

Nach den vierziger Jahren verlor die rezeptive Musiktherapie zunächst an Bedeutung gegenüber den vielfältigen neuen Formen von aktiver Musiktherapie. Nur Christoph Schwabe konzentrierte sich auf die rezeptive Arbeitsweise. Er entwickelte in der damaligen DDR seit den sechziger Jahren, neben Methoden der aktiven Musiktherapie, seine Regulative Musiktherapie (RMT), ein rezeptives Verfahren, das, wissenschaftlich fundiert, im stationären und ambulanten Bereich des Gesundheitswesens der ehemaligen DDR anerkannt war. Musiktherapeuten waren dort in ihrer Position den Psychologen gleichgestellt – ein Status, der zum Leidwesen der Musiktherapeuten und zum Schaden der Musiktherapie der Wiedervereinigung zum Opfer fiel.

Seit den achtziger Jahren steigt das Interesse an rezeptiver Musiktherapie wieder. In den angloamerikanischen Ländern mehren sich die Veröffentlichungen zur rezeptiven Musiktherapie.[9] In Deutschland, wo nun auch in den alten Bundesländern der Einsatz von RMT wächst, geht das Interesse an „Klangtherapien" aber oft auch in eher spirituelle Richtungen; man strebt danach, das Wissen und die Heilkunde-Traditionen außereuropäischer Kulturen in hiesige Arbeitsweisen einzubeziehen. Das geschieht über den Einsatz von Instrumenten mit monochromen Klängen (Monochord, Gongs, speziellen Blasinstrumenten und Trommeln), mit denen zum Beispiel Klangreisen zu Bildern oder zur Vertiefung seelischer Zustände versucht werden. So gibt es vermehrt in Selbsterfahrungsseminaren, in ambulanten Praxen und im klinischen Bereich (Psychiatrie und Psychosomatik) Musiktherapeuten und Ärzte, die solche Instrumente beispielsweise zusammen mit Hypnose benutzen, um mit veränderten Wachbewußtseins- oder auch Trance-Zuständen zu arbeiten.[10]

In der Praxis der rezeptiven Musiktherapie hören Patienten komponierte Musik von einer Kassette oder CD. Manchmal spielt der Therapeut für den Patienten auf Klavier, Geige, Flöte oder auf einem Instrument, das eher archaische und meditative Klänge erzeugt, wie Gong oder Monochord. Diese Musik kann für den Patienten bekannt oder unbekannt sein, je nach Intention des Therapeuten beruhigend bis provozierend; sie ist bisweilen auch von nur momentaner persönlicher Bedeutung.

Die rezeptive Musiktherapie gibt es entweder als eigenständiges Verfahren oder kombiniert mit aktiver Musiktherapie. Wenn kombiniert, dann wird sie als Vorstufe beziehungsweise Einstieg in die Arbeit mit aktiver Improvisation angeboten oder im Wechsel mit dieser eingesetzt.

Im Bereich der rezeptiven Musiktherapie gibt es drei Methoden: die Regulative Musiktherapie, das Katathyme Bilderleben mit Musik und Guided Imagery and Music.

a) Die *Regulative Musiktherapie* (RMT) nach Christoph Schwabe ist ein strukturiertes Wahrnehmungstraining mit psychotherapeutischem Charakter. Sie verläuft in mehreren definierten Schritten mit vorab festgelegter, dem jeweiligen Entwicklungsschritt angepaßter Musik. Diese Schritte sind: wahrnehmen – beeinflussen – abbauen.[11]

Schwabe lehrt eine zunehmende Differenzierung von zu „akzeptierenden und nicht zu akzeptierenden Wahrnehmungsinhalten". Die Musik dient dabei der Wahrnehmungserweiterung, sowohl im Hinblick auf die persönlichen Reaktionen als auch auf die Struktur der Musik. Der Patient lernt, konzentriert und ohne Willensanstrengung – in sogenannter Aufmerksamkeitshaltung – seine Gedanken, Gefühle, seinen Körper und gleichzeitig die Musik möglichst genau wahrzunehmen und zu beschreiben. Und er lernt zwischen innerer und äußerer (= akustischer) Realität und nicht erfüllbaren Erwartungen zu unterscheiden. Die Kompositionen, die für die einzelnen Lernschritte verwendet werden, sind klassische Musik vom Barock bis zur Moderne.

Das Ziel der RMT ist es, das Symptom über die Wahrnehmung zu beeinflussen. Sie führt beispielsweise den Patienten unmittelbar an das Erleben des Schmerzes heran, damit er den Schmerz und die damit verbundenen physischen und psychischen „Fehlspannungen" bewußt spüren und zu beeinflussen lernt.

Die Anwendungsbereiche (nach Schwabe) sind nach syndrom-orientierter Indikation: vegetative Dysregulation (z.B. Herz-, Kreislauf-, Magenbeschwerden ohne nachweisbare organische Ursachen), Einengung und Reduzierung der Erlebnis- und Wahrnehmungsfähigkeit, Probleme, die mit der Bewältigung von Krankheit zusammenhängen (wie Angst, depressive, aggressive, hypochondrische Reaktionen) und anderes mehr. Bei schweren autoaggressiven beziehungsweise suizidalen sowie bei akuten depressiven oder psychotischen Zuständen und schwerer Beziehungs- und Konfliktproblematik ist die RMT jedoch kontraindiziert, weil die Patienten bei diesen Erkrankungen psychisch zu instabil sind.

Die beiden weiteren rezeptiven Arbeitsweisen kann man unter den Begriff „Musik und Imagination" zusammenfassen.

b) Das *Katathyme Bilderleben mit Musik* ist ein psychotherapeutisches Verfahren, das Hanscarl Leuner entwickelt hat.[12] Die Bezeichnung kommt von griechisch *katathymios* = erwünscht. Leuner entwickelte zunächst ein kunsttherapeutisches Verfahren, das auf der Fähigkeit des Menschen aufbaut, in Bildern zu denken: Der Therapeut initiiert beim Patienten sogenannte Tagträume, zunächst nach vorgegebenen Motiven wie Wiese, Blume, Baum oder Haus. Zu Beginn jeder Einheit finden Entspannungsübungen statt, um die Phantasie, die Erinnerungsbilder anzuregen. Die entstehenden Bilder und Bildgeschichten sind mit Stimmungen und Affekten verbunden, die als Material für die therapeutische Begleitung dienen. Das Verfahren bietet dem Patienten die Möglichkeit, durch seine Bilder Zugang zu unbewußtem Erleben, zu seinen Ängsten, zu Verdrängtem zu finden und in Symbolen auszudrücken, was im bewußten Denken nicht mehr zugänglich ist. Der Therapeut begleitet den Patienten, er lenkt die Reise.

In den sechziger Jahren erweiterte Leuner, infolge seiner Erfahrungen mit LSD, diese Methode durch Musik. Der Musik, die eine erhöhte Stimulierung und eine Intensivierung der Bildassoziationen erreichen läßt, kommt in dieser Kombination seitdem die Führungsrolle zu.

Das Katathyme Bilderleben mit Musik ist eine non-direktive halbaufdeckende Kurzzeittherapie auf tiefenpsychologischer Grundlage, die zwischen den übenden und stützenden Methoden angesiedelt ist, also zwischen Autogenem Training, Hypnose und Psychoanalyse. Sie wird auch als Ergänzung oder Einleitung einer verbalen Therapie eingesetzt. Nach Leuner hat diese Methode eine eigenständige Bedeutung in der Arbeit mit neurotischen Patienten, in der Psychosomatik, bei funktional-vegetativen Erkrankungen und organischen Krankheiten. Außerdem bietet sie auch „gesunden" Menschen eine Möglichkeit zu einer tiefgreifenden Selbsterfahrung.

c) Das dritte Verfahren ist *Guided Imagery and Music (G.I.M.)*, ein rezeptives Musik-Psychotherapieverfahren, das Helen Bonny in den siebziger Jahren in den USA entwickelt hat.[13] Als psychologische Grundlagen dienten ihr die Tiefenpsychologie von C.G. Jung und die Arbeiten von Leuner. G.I.M. wird vorwiegend in Einzelbehandlung durchgeführt: Nach einer Entspannungsübung hört der Patient klassische Musik, die nach einer ausführlichen Anamnese für ihn ausgewählt wurde, und teilt die dabei entstehenden inneren Bilder, Körperempfindungen, Gedanken und Gefühle dem Musiktherapeuten mit. Die Aufgabe des Therapeuten besteht darin, durch Fragen die dynamische Entwicklung der Bilder zu unterstützen, aber auch die Grenzen zu respektieren, die der Patient setzt, wenn er nicht sprechen kann oder will. Die so geleiteten Bilder werden als Ausdruck des unbewußten Erlebens verstanden.

Die Rolle der Musik beruht auf ihrer Dynamik und ihrer symbolischen Struktur, mit der sie Einfluß auf die entstehenden psychischen Prozesse beim hörenden Patienten nimmt. Die Musik unterstützt den Prozeß, der Therapeut leitet ihn.

Sinn dieser Methode ist, Konflikte bewußt werden zu lassen, aber auch innere Ressourcen freizusetzen und damit einen Selbstheilungsprozeß zu ermöglichen. G.I.M. ist eine sehr tiefgreifende psychotherapeutische Methode, die sowohl als ambulante als auch als stationäre Kurzzeittherapie eingesetzt wird. Sie ist jedoch nur indiziert bei Patienten mit ausreichender Ich-Struktur, kontraindiziert dagegen bei Psychose- und Borderline-Patienten, bei Menschen, die sich in einer akuten Krise befinden oder unter dem Einfluß von Drogen stehen.

4. Aktive Musiktherapie

Aktive Musiktherapie ist ein Sammelbegriff für alle Methoden der Musiktherapie, bei denen der Patient aktiv mit Instrument und/oder Stimme beteiligt ist. Im Laufe der letzten fünfzig Jahre wurden zahlreiche Formen entwickelt, die auf unterschiedlichen psychotherapeutischen Theorien und zum Teil auch auf verschiedenen ethischen und gesellschaftlichen Menschenbildern aufbauen (z.B. früher Ost-West) und deshalb sehr eng mit der Persönlichkeit des Therapeuten verbunden sind. Unter den Begriff aktive Musiktherapie fallen jedoch auch die grundlegend anderen Formen der heilpädagogisch beziehungsweise künstlerisch orientierten Musiktherapie.

Zum Bereich der *heilpädagogisch beziehungsweise künstlerisch orientierten Musiktherapie* zählen die Orff-Musiktherapie, die sowohl heilpädagogisch als auch künstlerisch arbeitet, die anthroposophische Musiktherapie, eine in der anthroposophischen Medizin verankerte Heilmethode, und die Schöpferische Musiktherapie nach Nordoff/Robbins.

a) Die *Orff-Musiktherapie* wurde von Gertrud Orff entwickelt. Im Gegensatz zu allen anderen musiktherapeutischen Verfahren baut sie auf einem vorab klar umrissenen Konzept auf: Sie beschränkt sich auf eine bestimmte Klientel, nämlich Kinder mit Entwicklungsproblemen. Näher beschrieben wird diese Methode im Beitrag von *Melanie Voigt* (S. 114 ff.).

b) In Kürze über die *anthroposophische Musiktherapie* zu schreiben ist nicht möglich, denn sie setzt das Verständnis der Philosophie und der Menschenkunde von Rudolf Steiner voraus. Ich kann in diesem Rahmen nicht darstellen, was sie ist,[14] sondern sie nur grundsätzlich von den anderen Musiktherapiemethoden abgrenzen.

Im Mittelpunkt dieser Therapie stehen die Wesensart der Musik und die vom Musikalischen ausgehenden Wirkungen auf den Menschen. Die Grundlage für den therapeutischen Einsatz von Musik ist die musikalisch-phänomenologische Forschung der anthroposophischen Lehre. Der wesentliche Unterschied zu den anderen Verfahren ist, daß die Musik hier nicht als ein Medium verstanden wird, das individuelle seelische und emotionale Reaktionen auslöst, sondern daß sie eigenen, über-individuellen und damit objektiven Gesetzmäßigkeiten folgt. Diese Gesetzmäßigkeiten gilt es für den einzelnen Therapeuten phänomenologisch (von griech. *phänomenon* = das Erscheinende) zu erfahren und immer wieder neu aufzuspüren. Das bedeutet, daß der Therapeut um eigene Erkenntnisse ringen muß, indem er sich spirituell-übend betätigt. Die phänomenologisch-morphologische (von griech. *morphe* = Gestalt/Form) Beschreibung eines Krankheitsbildes wird in Bezug zu diesen Erkenntnissen aus der Musik gesetzt. Aus der Zuordnung wird eine geeignete Behandlungsform entwickelt, die zu einem Ausgleich der in der Krankheit verschobenen Kräfte führen soll.

Die verschiedenen Elemente der Musik, wie zum Beispiel bestimmte Intervallfolgen oder harmonische Ordnungen, sowie die verschiedenen Musikinstrumente werden vom Therapeuten differenziert, entsprechend dem Krankheitsbild, verwendet. Eine typische Auswahl von Instrumenten kommt dadurch in der Therapie zum Einsatz: Leier, Chrotta (ein kleines Cello), Krummhorn, Flöten und Klangspiele aus Kupfer, Glocken und Gongs.

Die Musiktherapie erfolgt immer ergänzend zur ärztlichen Behandlung. Aufgrund einer nun schon siebzigjährigen Tradition und Forschung ist die Musiktherapie in den weltweit verbreiteten anthroposophischen heilpädagogischen Einrichtungen und Kliniken fester Bestandteil der therapeutischen Versorgung.

c) Die *Schöpferische Musiktherapie nach Nordoff/Robbins*[15] ist die künstlerisch-kreative Methode schlechthin, denn hier ist das gemeinsame Improvisieren von zentraler Bedeutung. Manchmal wird auch ein Lied für eine Situation beziehungsweise einen Patienten komponiert und dann aufgeschrieben, damit es wiederholbar ist.

Der Komponist und Pianist Paul Nordoff und der Sonderpädagoge Clive Robbins begannen ihre gemeinsame Arbeit Ende der fünfziger Jahre in England mit mehrfach behinderten und autistischen Kindern, die in Kommunikation und Ausdruck stark eingeschränkt waren. Sie erkannten in der Musik das Kommunikationsmittel, mit dem jeder Mensch in seinem Wesen unmittelbar zu erreichen ist. Beide dokumentierten von Anfang an ihre Arbeit und werteten sie unter phänomenologischen Gesichtspunkten aus.

Die Grundlage ihrer Therapie sind die natürlichen künstlerischen Potentiale des Menschen. Im musiktherapeutischen Prozeß entsteht die Musik durch gemeinsames Improvisieren von Therapeut und Patient. Ausgangsbasis ist immer die musikalische Äußerung des Patienten, die sowohl diagnostisch als auch dialogisch, also kommunikativ, genutzt wird. Der Patient kann sich über seine musikalischen Äußerungen mitteilen, sich darüber erleben – daraus erwächst ihm die Chance, aktiv in einen Prozeß einzugreifen und etwas zu verändern. Die Musik hat keine vorhersehbare allgemeingültige Wirkung und wird deshalb nicht verordnet, sondern sie entsteht, wandelt und entwickelt sich durch den Prozeß des Improvisierens. Die künstlerische Kommunikation wirkt als solche heilend. Diese

Arbeitsweise setzt beim Therapeuten besondere musikalische Fertigkeiten am Klavier voraus.

Anwendungsgebiete der Schöpferischen Musiktherapie gibt es heute neben der Arbeit mit Behinderten in der Psychiatrie, der Inneren Medizin und der Psychosomatik, der Geriatrie, in der Intensivmedizin und der Rehabilitation.

d) *Aktive Musik-Psychotherapie* bedeutet sowohl gemeinsames Musizieren, das heißt Kommunizieren von Patient und Therapeut in freier Improvisation, als auch das Bewußtmachen und die verbale Aufarbeitung des Erlebten.

Die freie musikalische Improvisation ist eine Tätigkeit, in der die Wirklichkeit des Patienten gestaltet, dadurch hörbar und erlebbar wird und in der Folge analysiert und behandelt werden kann. Beim Improvisieren geht es dabei nicht um das Ausdrücken, das Ausagieren oder Abreagieren von Gefühlen, die schon definiert sind, wie Trauer oder Wut. Der Hamburger Musiktherapeut Eckhard Weymann sagt dazu: „Im Spiel stellt sich wie von selbst eine Art musikalischer Szenerie ein. Diese Szene ist in den Klängen und Rhythmen sinnlich wahrzunehmen und in der Wirkung in Affekten und Gefühlsbewegungen zu spüren."[16]

Es gibt unterschiedliche psychotherapeutische Musiktherapie-Methoden: tiefenpsychologisch orientierte, psychoanalytische, morphologische, gestalttherapeutische, um nur die wesentlichen zu nennen. Alle arbeiten nach der Freudschen Grundformel: erinnern – wiederholen – durcharbeiten. Sie setzen entweder beim gegenwärtigen Leben, dem Lebenskonzept, der Lebenssituation, an oder beim momentanen Erleben während des Hörens oder in der Improvisation.

Wie gearbeitet wird, hängt vom Menschenbild der Methode beziehungsweise des Therapeuten ab, vom theoretischen Verständnis dessen, was in der Therapie geschieht und wie damit umzugehen ist. Fast alle folgenden Beiträge dieses Buches stellen die praktische Arbeit aus den unterschiedlichen klinischen Psychotherapie-Bereichen vor.

Daher genügt hier ein Überblick über die vielfältigen Anwendungsgebiete der Aktiven Musiktherapie. Sie wird in folgenden klinischen Bereichen eingesetzt: in der Psychosomatik, der Psychiatrie, der Onkologie, mit chronisch kranken Patienten, in der Rehabilitation, der Geriatrie, in der Arbeit mit Behinderten – jeweils mit Patienten jeder Altersstufe. Im ambulanten Bereich findet sie Anwendung bei psychoneurotischen Störungen – die sich ausdrücken in gestörter Erlebnisverarbeitung, Wahrnehmungsstörungen, Wahrnehmungsverzerrungen, bei Interaktionsstörungen – sowie in der Nachsorge, der Rehabilitation und in der Frühförderung.

Es ist kein klinischer Bereich bekannt, in dem Musiktherapie kontraindiziert wäre – es gibt freilich immer wieder einzelne Patienten, die mit dem Medium Musik nicht zurechtkommen; dies gilt es im Einzelfall abzuklären. Mit Sicherheit gibt es jedoch viele Patienten, für die Musiktherapie sinnvoller, weil effektiver ist als andere therapeutische Maßnahmen, da Klänge tiefere Schichten des Seelenlebens erreichen, Schichten, die anderen Wahrnehmungen noch nicht, nicht oder nicht mehr, die schwer oder gar nicht zugänglich sind. Solche Fälle sind schwere Arten sensorischer Behinderung, Autismus oder auch Krankheitsbilder in der Intensivmedizin, bei frühgeborenen Kindern und Patienten mit einem Schädel-Hirn-Trauma.

Um die Erreichbarkeit des Menschen über Klänge und damit die besondere Wirksamkeit von Musik zu erklären, ist ein Exkurs zur Entwicklung des Hörens nötig. Sowohl in der Phylogenese, also der Entwicklung der Arten, als auch in der Ontogenese, also der persönlichen Entwicklung des Menschen, spielt das Gehör eine herausragende Rolle.[17]

Die Fähigkeit zu hören ist bei allen Säugern seit vielen Millionen Jahren mit der Fähigkeit zum Überleben verbunden. Im Laufe der Evolution haben sich die meisten Gehirnzentren, die Wahrnehmungen verarbeiten, in den Bereich der sich entwickelnden Großhirnrinde verschoben, etwa der Seh-, der Geruchs- und der Tastsinn. Das Hören (nicht aber die Sprache und das Sprachverständnis) hat diesen Umbau nicht mit vollzogen: Sein Zentrum ist in den älteren, tieferen Schichten des Gehirns geblieben. Einen Menschen, der schwer verletzt nach einem Unfall im Koma liegt, dessen Großhirn also nicht arbeitet, können akustische Informationen deshalb noch erreichen.

In der embryonalen Entwicklung des Menschen ist das Gehör als erstes Organ, nämlich schon im fünften Schwangerschaftsmonat, so weit ausgebildet, daß es auf Laute reagiert. Infolge dieser frühen Ausbildung des Sinnesorgans und der tiefen Lokalisierung im Gehirn kann ein Kind hören, auch wenn es unter- und fehlentwickelt mit einer Behinderung auf die Welt kommt (außer natürlich bei Schäden, die das Hörsystem selbst betreffen).

Dies erklärt die Tiefenwirksamkeit von Musik, und es begründet, weshalb in vielen Bereichen musiktherapeutische Methoden (zunächst oder überhaupt) erfolgversprechender eingesetzt werden können als andere therapeutische Maßnahmen.

Der wesentliche Unterschied zu verbalen Psychotherapieverfahren besteht darin, daß in der Musiktherapie auch der Therapeut selbst aktiv ist. Was er tut, ist hörbar und spürbar, er ist damit ein handelndes Gegenüber. In der verbalen Therapie spricht einer nach dem anderen, in der Improvisation wird miteinander gespielt. Dieses Miteinander ermöglicht ganz andere Arten des Erlebens als das Gespräch; sie beinhalten Gemeinsames, Stützen, Halten, Verstärken, Überspielen, Verschwinden, Aushalten ... Über diese Themen des Miteinanders, der Wirkung und Bedeutung der erlebten Interaktion wird anschließend gesprochen.

Die Musiktherapie ist heute ein eigenständiges tiefenpsychologisches Therapieverfahren, dessen Effizienz durch zahlreiche qualitative und quantitative wissenschaftliche Forschungen und Dokumentationen belegt ist.[18] Das Spektrum reicht von der klinischen Arbeit bis zur Hilfe bei Veränderungen des individuellen Lebenskonzepts, von der Unterstützung bei der Bewältigung von Krankheiten bis hin zur Prävention. Die Fallbeschreibungen in diesem Buch werden die Bandbreite musiktherapeutischen Arbeitens aufzeigen.

Zum Schluß noch eine Anmerkung zu einer Entwicklung, die sich die Tiefenwirksamkeit der Musik zunutze macht und kommerziell verwertet, nämlich zu dem äußerst lukrativen Markt der Hintergrunds-, Entspannungs- und Meditationsmusik: Die Selbstheilungsangebote, die es früher nur als eine esoterische Erscheinung gab, haben jetzt Medizin- und sogar Musiktherapiekongresse erreicht, obwohl sie nichts mit Therapie zu tun haben. Sie mögen therapeutische Effekte haben, beispielsweise entspannen helfen – auf den Forschungsergebnissen der MusikMedizin sind sie ja aufgebaut. Aber daraus eine „medizinische Hausapotheke" für ernste Krankheiten und Probleme zu machen, halte ich für sehr problematisch. Denn Musik wirkt bei unterschiedlichen Menschen sehr verschieden, so kann ein Musikstück den einen beruhigen, den anderen jedoch in Unruhe versetzen oder sogar Angst auslösen. Psychotherapeutisch und auch medizinisch ausgebildete Musiktherapeuten haben längst von der Vorstellung Abschied genommen, daß der Mensch nach einem mechanischen Ursache-Wirkungs-Prinzip funktioniert. Sowohl beim rezeptiven als auch beim aktiven Einsatz von Musik ist die Begleitung des Patienten durch einen ausgebildeten Musiktherapeuten deshalb unverzichtbar.

Anmerkungen

1 Priestley, Mary: Analytische Musiktherapie, Stuttgart 1983.
2 Strobl, Wolfgang und Huppmann, Gernot: Musiktherapie, Göttingen 1978.
3 Der Druck der Kasseler Konferenz ist in Vorbereitung.
4 Decker-Voigt, Hans-Helmut, in: Herz-/Kreislaufbeschwerden. Musik und Gesundsein. Das medizinisch-wissenschaftliche Musikprogramm, 1997. S. 33 ff.
5 Spintge, R., in: Herz-/Kreislaufbeschwerden (s. Anm. 4), S. 32.
6 Vgl. ebd.
7 Decker-Voigt, Hans-Helmut: Aus der Seele gespielt, München 1991.
8 Karambadzakis, Duna und Muthesius, D.: Bewältigung lebensbedrohlicher Krankheiten am Beispiel einer ambulanten Krebspatientin, in: Musiktherapeutische Umschau 18/1997, S. 297-307.
9 Brucia, K.: Case Studies in Music Therapy, Phoenixville 1990; Wigram, T., Saperston, B. und West, R.: The Art & Science of Music Therapy. A Handbook, Chur 1995.
10 Hess, P. und Rittner, S.: Verändertes Wachbewußtsein, in: Decker-Voigt, H.-H., Knill, P. und Weymann, E.: Lexikon Musiktherapie, Göttingen 1996, S. 398–403.

11 Schwabe, Christoph: Regulative Musiktherapie, Stuttgart 1987.
12 Leuner, Hanscarl: Katathymes Bilderleben. Grundstufe, Stuttgart 1981.
13 Metzner, S.: Guided Imagery and Music, in: Decker-Voigt u. a. 1996 (s. Anm. 10), S. 122–123.
14 Florschütz, T. M.: Anthroposophische Musiktherapie, in: Decker-Voigt u. a. 1996 (s. Anm. 10), S. 15–23.
15 Gustorff, D.: Schöpferische Musiktherapie, in: Decker-Voigt u. a. 1996 (s. Anm. 10), S. 274–277.
16 Weymann, E.: Abbilder seelischen Geschehens, in: Decker-Voigt (s. Anm. 7), S. 299 ff.
17 Nöcker-Ribaupierre, Monika: Hörorgan. Entwicklung und Bedeutung, in: Decker-Voigt u. a. 1996 (s. Anm. 10), S.130–133.
18 Siehe dazu die Fachzeitschrift ‚Musiktherapeutische Umschau' und die Heidelberger Schriftenreihen zur Musiktherapie im G. Fischer-Verlag.

Rezeptive und aktive Musiktherapie in der Praxis

Von Tonius Timmermann

Wenn ein Mensch zu mir in die musiktherapeutische Behandlung kommt, ist die Ausgangssituation jedesmal wieder neu, so wie jeder Menschen eben verschieden ist: Ein junges Mädchen stürzt nach kürzestmöglicher Begrüßung und Vorstellung mit einem „Oh" zum großen Gong. Ein Mittvierziger berichtet ausführlich über seine Probleme und fragt dann, was er in der Musiktherapie zu tun habe. Eine dreißigjährige Frau, die unter schweren Angstzuständen leidet, hat eine derartige Panik angesichts der Instrumente, daß wir erst einmal zusammen eine CD mit klassischer Musik hören und uns schließlich langsam dazu bewegen. Ein zehnjähriger Junge haut ausgiebig auf alles, was Krach macht. Eine ältere Dame mit Depressionen hat Angst vor den lauten Instrumenten und streichelt zart eine kleine Leier. Ein junger Mann mit Eßstörungen liebt das Klavier, traut sich aber noch nicht, selbst zu spielen, und bittet mich, es für ihn zu tun ...

Diese sechs Eingangsszenen veranschaulichen, daß rezeptive und aktive Musiktherapie nicht unbedingt zwei methodisch und personell getrennte Welten sind, sondern daß Musikhören und Musikmachen je nach Situation vom Therapeuten eingesetzt beziehungsweise ermöglicht werden. In der modernen Musiktherapie als einer Form von Psychotherapie darf sich zunächst inszenieren, was aus dem Patienten im Zusammentreffen mit dem Therapeuten entsteht. Der Therapeut nimmt aktiv, meist spielend, an dieser Inszenierung teil und ist gleichzeitig wacher Beobachter. In dem Spielraum, den der Therapeut als möglichst freien Raum zur Verfügung stellt und wo er nur aufmerksam Rückmeldungen gibt, kommen die Probleme des Patienten zur Darstellung und können auch schon Lösungswege auftauchen. Gezielte Angebote aus dem musiktherapeutischen Repertoire (siehe die Angebote im Teil IV, S. 210ff.) helfen, neue Erfahrungs- und Verhaltensmöglichkeiten in Form eines „Probehandelns" zu gewinnen und zu vertiefen.

Um die Elemente musiktherapeutischer Arbeit detaillierter beschreiben zu können, werden sie im folgenden getrennt dargestellt – zunächst die rezeptiven, dann die aktiven. Alle Vorgehensweisen aus diesen beiden Bereichen sind dabei als zur Verfügung stehende Möglichkeiten zu betrachten, die in Übereinstimmung mit der jeweiligen Situation therapeutisch sinnvoll werden können.

Musik wirkt

In den Heilungsritualen aller ursprünglichen Kulturen spielt Musik eine wesentliche Rolle. Wäre sie nicht in irgendeiner Form im Rahmen therapeutischer Prozesse wirksam gewesen, hätte der Mensch es sicherlich irgendwann aufgegeben, sie zu diesem Zweck einzusetzen. Auch innerhalb der Entwicklung unserer modernen Kultur und Wissenschaft hat die Frage nach therapeutischen Möglichkeiten des Musikeinsatzes über die Jahrhunderte hinweg Interesse gefunden.[1] Von Medizinern durchgeführte physiologische Messungen an Probanden ergaben, daß man von sehr unterschiedlichen individuellen Reaktionsweisen auf ein und dieselbe Musik ausgehen kann. Daher wird beim Einsatz von Musik in der Medizin der persönliche Geschmack des Patienten berücksichtigt. Auch Musikpsychologen haben Untersuchungen darüber angestellt, wie bestimmte Musikstücke auf Menschen wirken. Die Ergebnisse differieren so stark, daß sie ebenfalls nicht objektivierbar sind. Dies liegt an der hohen Komplexität sowohl der Musik (meist großer Werke klassischer Komponisten) als auch der sie hörenden Menschen (musikalische Sozialisation, Versuchsumstände, Tagesstimmung usw.). Kassetten oder CDs mit ausgewählter Musik, die auf bestimmte Krankheitsbilder einen gezielten

Einfluß haben soll (und hierfür gibt es mittlerweile einen gewinnträchtigen Markt), werden von seriösen Musiktherapeuten im allgemeinen sehr skeptisch betrachtet. Sie wissen, daß die Umstände, unter denen eine Musik gehört wird, letztlich mindestens genauso wirkungsvoll sind wie die Musik selbst.[2]

In der Therapiesituation interessieren den Therapeuten primär die subjektiven Faktoren, die persönlichen Gefühle des Patienten. Diese gilt es zu erkunden und zu bearbeiten. Wie die Psychotherapieforschung belegt, ist die Beziehung zwischen Patient und Therapeut entscheidend für Fortschritte in der Behandlung. Ohne diese Tatsache zu berücksichtigen, kann man auch keine tragfähigen Aussagen über die Rolle der Musik in der Musiktherapie machen.

Die Musik in der Rezeptiven Musiktherapie

In den vierziger Jahren wurden in den USA und Schweden erste moderne musiktherapeutische Ansätze entwickelt. In den USA wurden dabei vor allem Werke der klassischen Musik vorgespielt, in Schweden experimentierte man vorwiegend mit musikalischen Elementen wie beispielsweise Intervallen. Später kam in England das Musizieren des Therapeuten für den Patienten hinzu; meist verwendete man hierfür klassische Klaviermusik. Diese Ansätze wurden in den fünfziger Jahren in Wien und ab den sechziger Jahren auch im übrigen deutschsprachigen Raum und in anderen europäischen Ländern weiterentwickelt. Ergänzend kamen Elemente aus Körperwahrnehmung und Bewegung beziehungsweise Tanz hinzu sowie die Beachtung oder das Hinführen zur Welt der inneren Bilder.

In den siebziger Jahren begannen Psychotherapeuten, die mit der herkömmlichen Methodik unzufrieden waren, verstärkt mit aktivem Ausdruck zu experimentieren. Hieraus entwickelten sich beispielsweise die heute mehr oder weniger etablierten Verfahren der Gestalttherapie, des Psychodramas und verschiedenste Formen körperorientierter und künstlerischer Therapie. Während das „Agieren" des Patienten in der klassischen Psychoanalyse noch negativ als Abwehr begriffen wird, darf er bei diesen neuen Therapieformen handeln. In der Musiktherapie der deutschsprachigen Länder setzte sich weitgehend die aktive Form durch, die später noch beschrieben werden wird.

Als methodisches Element ist mir eine Vorgehensweise wichtig, die ich als „Für-Spielen" (im Unterschied zum Vorspielen) bezeichne. Damit meine ich ein spontanes, improvisiertes Musizieren des Therapeuten für den Patienten. Sowohl das Instrument als auch die Art und Weise des Spiels werden vom Therapeuten durch Einfühlung in die Situation gewählt und entwickelt. Dies ist ein sehr persönlicher Vorgang. Der Therapeut läßt sich auf eine momentane subjektive Gestaltung ein, die sich wesentlich unterscheidet von der Interpretation eines Stückes, das ein anderer Mensch komponiert hat. Eine solche Gestaltung bietet viel weniger Schutz und mutet mehr unmittelbare Offenbarung zu. Gleichwohl ist die geforderte therapeutische Abstinenz erfüllt: Sie ergibt sich daraus, daß der Therapeut nicht um seiner selbst willen „von sich" spielt, sondern *für* den Patienten.

Erst seit den achtziger Jahren fanden die Möglichkeiten der Musikrezeption wieder in verstärktem Maße Eingang in die Musiktherapie. Es waren vor allem elementare Klänge und Rhythmen aus den verschiedensten Kulturen der Welt, die an das Ohr von Musiktherapeuten drangen und sie zum Einsatz in der Musiktherapie inspirierten: das alte pythagoräische Monochord, ein mittlerweile dreizehnsaitiger Klangkörper mit immens obertonreichem Klang, der chinesische Gong oder auch das australische Didgeridoo, nicht zuletzt die gute alte Schamanentrommel – um nur einige zu nennen. Diese Instrumente faszinieren mit ihrem intensiven Klang, bieten ein weites Projektionsfeld, das ziemlich unbeeinflußt von unserer musikalischen Sozialisation ist, und können unter Umständen tiefe Schichten des Unbewußten erreichen. Das macht sie therapeutisch interessant. Die Handhabung dessen, was man damit auslösen kann, will allerdings gelernt sein.

Eine Geschichte des Hörens

Die Tiefe des Musikerlebens hängt ab von den momentanen Möglichkeiten des Hörenden, sich auf diese Erfahrung einzulassen. Manchmal richten sich die Assoziationen mehr auf Alltäglichkeiten: Gedanken an Unerledigtes, Phantasien über Straßengeräusche und ähnliches. Wenn wir Geschichte als eine Abfolge von Schichten betrachten, in der das Unbewußte wie ein Sammelbecken alles derzeit dem Bewußtsein nicht präsente Erlebte und Ererbte strukturiert, wäre dies die oberste Schicht.

Darunter liegt eine breite biographische Dimension, die durch Klangerfahrungen bis in frühkindliche, ja vorgeburtliche Schichten hinein aktiviert werden kann. Das Gehör ist eines der am frühesten entwickelten Sinnesorgane. Das ungeborene Kind hört bereits differenziert Musik und natürlich auch andere Klänge, Geräusche, Stimmen. Dies ist eine primäre Orientierung in der embryonalen Welt und individuell prägend. An der akustischen Atmosphäre bilden sich grundlegende Strukturen der Persönlichkeit und damit auch grundlegende Gefühle darüber, was für ein Ort die erlebte Welt ist und inwieweit man sich dort geborgen und angenommen fühlen kann. Nach der Geburt setzt sich diese Entwicklung fort. Vor allem in der ersten vorsprachlichen Phase, in der sich das Sehen erst allmählich ausbildet, bleiben Stimmklang und die im weiteren Sinne akustische Atmosphäre des Elternhauses von wesentlicher Bedeutung für die Orientierung des Kindes.

Später kommt die weitere akustische und musikalische Enkulturation dazu, das Hineinwachsen in die jeweilige Kultur. Lieder und andere Klangerfahrungen, die „Musik der (Mutter-)Sprache", Musik als gestalteter Klang, begleiten den Menschen durch seine Lebensgeschichte. Bestimmte Lieder und Musikstücke können darin erhebliche Bedeutung besitzen und zeitlebens emotional stark besetzt bleiben: das Lied, mit dem die Mutter einen immer in den Schlaf sang; der Schlager, bei dem es mit der ersten großen Liebe funkte, oder auch der, der im Hintergrund lief, als sie beendet wurde; die Symphonien, die man sich an langweiligen Sonntagnachmittagen anhören mußte, anstatt... Wenn eine solche Musik in der Therapiesituation auftaucht, wird auch das dazugehörige Gefühl, unter Umständen eine traumatische Erfahrung, aktiviert, dem Bewußtsein zugänglich gemacht und kann therapeutisch bearbeitet werden.

Auf der anderen Seite gibt es die spezifische Qualität einer Musik beziehungsweise ihrer Strukturen, ein Stück Objektivität, die allerdings wegen der Subjektivität des einzelnen Menschen nicht schematisch-mechanistisch angewendet werden kann. Dennoch sind für den Musiktherapeuten die Kenntnisse über musikalische Symbolik und die Analogien zwischen menschlichem Fühlen und musikalischen Strukturen, wie sie beispielsweise in der Komposition von Filmmusik angewendet werden, von Interesse. Auch die von dem Schweizer Psychologen C. G. Jung entdeckte und beschriebene archetypische Dimension des Unbewußten, als eines ererbten Menschheitserlebens, die durch Klang oder Musik aktiviert werden kann, spielt dabei eine Rolle. Eine akustische beziehungsweise musikalische Archetypenlehre existiert erst in Ansätzen[3] und ist ein noch zu entwickelndes Forschungsgebiet. Die musikalischen Strukturen, die hierfür in Frage kommen, können uns als Orientierung dienen bei der Gliederung der Möglichkeiten Rezeptiver Musiktherapie.

Musikalische Strukturen

Keimzelle der Musik ist der *Grundton mit seinen Obertönen*. Aus der Spektrierung eines einzelnen Tones ergibt sich die Oberton- oder Naturtonreihe, die sich auf der ganzzahlig potenzierten Schwingung des Grundtones aufbaut, in der Reihenfolge der ganzen Zahlen. Die Dominanz beziehungsweise das Zurücktreten einzelner Obertöne, wie es durch die Instrumente in ihrer Verschiedenartigkeit bewirkt wird, formt die *Klangfarbe* eines Tones. Beim Anhören der oben erwähnten elementaren (monotonalen, d.h. eintönigen) Klänge steht diese im Zentrum der Aufmerksamkeit.

Das Gebilde der Naturtonreihe ist gleichzeitig die Ordnung der *Intervalle* in der Reihenfolge ihres Konsonanzgrades. Je komplizierter die Zahlenverhältnisse der Schwingungen, desto dissonanter empfindet das Gehör ein Intervall. Alle Intervalle, die auf Ganzzahligkeit beruhen und interkulturell gebräuchlich sind (von dieser Regel gibt es nur wenige Ausnahmen), kommen in der Obertonreihe vor und sind prinzipiell in einem einzigen Ton bereits vorhanden. Der Begriff „Archetypus", der für die Lehre C. G. Jungs so wichtig ist, stammt übrigens von Johannes Kepler und meint bei ihm eine der Seele eingeborene Intervallstruktur. Intervalle finden in der schwedischen Schule der Musiktherapie und bei den Anthroposophen gezielt Verwendung.

Aus den Intervallen lassen sich die vielen *Skalen* bilden, die in den verschiedenen Musikkulturen entwickelt wurden und sie charakterisieren. Eine Systematisierung solcher Skalentypen wurde verschiedentlich versucht, beispielsweise in der griechischen Antike, bei den Kirchentonarten, bei den indischen Ragas und in der traditionellen altorientalischen Musiktherapie. Innerhalb von einzelnen Kulturen macht dies auch durchaus Sinn, bei einer vergleichenden Analyse treten jedoch zum Teil erhebliche Widersprüche bei den Zuordnungen auf.

Das musikalische Element des *Rhythmus* stellt sich weltweit in einer großen Vielfalt dar. Jeder kann jedoch nachvollziehen, daß man beim Tanzen zu ganz unterschiedlichen Bewegungsformen gelangt, je nachdem, ob so einfache rhythmische Grundgegebenheiten wie Vierviertel-, Dreiviertel- oder Sechsachteltakt gespielt werden, wobei die Spielweise (Tempo, Lautstärke, Dynamik usw.) natürlich stark mitwirkt. In der Therapiesituation können der Rhythmus und seine Spielweise einiges über die Befindlichkeit des Patienten oder auch über die Intention des Therapeuten aussagen.

Hier die musikalischen Strukturen noch einmal im Überblick:

1. Einzelton mit dem Obertonspektrum;

2. Intervalle, wie sie sich in der Obertonreihe entfalten;
3. Skalen, die sich aus den Intervallen ergeben und die melodische Möglichkeiten eröffnen;
4. Rhythmus, die vielen geraden und ungeraden Rhythmen.

Zur Methodik der Rezeptiven Musiktherapie

Aus dem bisher Gesagten lassen sich für die Gegenwart drei Erscheinungsformen Rezeptiver Musiktherapie darstellen:
1. Elementare Klang-Rhythmus-Rezeptionen;
2. Livemusikspiel des Therapeuten für den Patienten: a) auf einem vom Therapeuten gewählten oder vom Patienten gewünschten Instrument in freier Improvisation oder gebunden an eines der oben genannten Strukturelemente, je nach Situation, oder b) eines gewünschten oder situativ gewählten Stückes der musikalischen Literatur;
3. therapeutisch begründetes Vorspielen eines Musikstückes von Kassette oder Schallplatte/CD.

Die Wirkung der musikalischen Inhalte kann je nach der Form des sogenannten Settings in der Rezeptiven Musiktherapie sehr verschieden sein. Dabei gibt es drei Grundformen:
1. Liegen am Boden,
2. Sitzen auf dem Hocker oder Sessel,
3. Stehen – Bewegung – Tanz.

Zum Setting gehört aber auch die Art und Weise, wie der Therapeut den Patienten auf das Hören einstimmt. Das können Angebote zur Wahrnehmung des Körpers sein, Hinweise, darauf zu achten, wie er vom inneren seelischen Leben bewegt wird. Im Äußeren drückt sich dies in der Atmung, dem Spannungszustand der Muskulatur, Körperhaltung, Gestik, Mimik und anderem mehr aus. Nach der Musik-Rezeption wird die Aufmerksamkeit nochmals auf diese Wahrnehmung gelenkt, um Veränderungen in der Befindlichkeit registrieren zu können. Angebote zur akustischen Wahrnehmung nehmen dann die spezifische Aufmerksamkeit auf die Hörerfahrung mit hinein und ermöglichen so eine größere Öffnung auf dieser Ebene.

Die Musik in der Aktiven Musiktherapie

Igor Strawinsky bezeichnete Komposition einmal als „gefrorene Improvisation". Er meinte damit wohl, daß spontane Kreativität die Basis künstlerischen Schaffens sei. Idee und Realisation sind in einer solchen Sichtweise kaum voneinander zu unterscheiden. Sie unterscheiden sich aber gerade darin, daß der Künstler an seiner ersten Idee weiterarbeitet, sie immer weiter durchgestaltet bis hin zum letzten Schliff. An diesem Prozeß könnte man den künstlerischen Akt zu definieren versuchen.[4] Doch so einfach ist es leider nicht, wie das folgende Beispiel zeigt: In England sandte ein Vater das Bild seiner vierjährigen Tochter als das seine ein und gewann damit einen Kunstpreis; die Experten bescheinigten eine reife gestalterische Qualität, wo die Qualität spontaner kindlicher Kreativität vorlag.

Ähnliches geschieht immer wieder in der Musiktherapie: Menschen, die nie ein Instrument gelernt haben, lassen sich unter dem Schutz der Therapiesituation und im Rahmen einer gelungenen Vertrauensbeziehung in einer Weise auf den spontanen Ausdruck mit einfachen Instrumenten und Stimme ein, daß eine bewegende Musik entsteht. Diese ist manchmal für den Nichtbeteiligten unverständlich bis unangenehm, manchmal kann sie jedoch auch für außenstehende Zuhörer eine hohe ästhetische Qualität besitzen. Wenngleich es nicht erklärtes Ziel von Psychotherapie mit künstlerischen Medien ist, „Werke" hervorzubringen, kann im Rahmen eines therapeutischen Prozesses im improvisierten Ausdruck doch eine Einheit von Symbolik und Ästhetik entstehen, wenn verschiedene Faktoren wie Authentizität oder Vertrauen zusammenwirken. Das „kann" bezieht sich dabei auf das Unvorhersehbare (lat. *improvisus*) der Improvisation.

Den Begriff Musik auf kompositorisch gestalteten Klang zu reduzieren ist sicher einseitig und ignoriert vor allem das Improvisatorische in anderen Musikkulturen der Welt. Anthopologisch und historisch ist Improvisation die ältere und weiter verbreitete Form des Musizierens. Das Fehlen dieser Fähigkeit ist ein echter Mangel in der heutigen Musikerausbildung. Für die Musiktherapeuten ist Improvisieren das tägliche Brot. Spontan, intuitiv, begleitend, stützend, aber auch provokativ mit dem Patienten zu musizieren gehört zu seinem Handwerkszeug, dem in jeder guten Musiktherapie-Ausbildung ausreichend Platz eingeräumt wird. Die Musik, die in Einzel- oder Gruppen-Musiktherapiesitzungen entsteht, ist so unterschiedlich, daß man sie nicht generell beschreiben, sondern nur im Einzelfall dokumentieren und auswerten kann. Was Musik im Rahmen der Musiktherapie bedeutet, versuche ich im nächsten Abschnitt weiter zu erhellen.

Inneres Erleben und äußere Inszenierung

In der klassischen Psychoanalyse liegen die Patienten auf der Couch, sie sind ohne ein direktes Gegenüber und sollen frei assoziieren, das heißt alles aussprechen, was ihnen einfällt. Jegliche andere Aktivität gilt als „Agieren", als ein unerwünschtes Verhalten, denn bei dieser Methode soll sich alles auf der inneren Bühne abspielen, das innere Erleben in Form einer freien verbalen Improvisation ausgedrückt werden. In der Musiktherapie wird das Handeln auf einer äußeren Bühne positiv bewertet; als negativ gilt allenfalls ein nichtauthentisches Verhalten. Der Therapieraum mit seinen Bewegungsmöglichkeiten, Instrumenten, bereitliegenden Decken und sonstigen Utensilien steht als Aktionsfeld beziehungsweise als Interaktionsfeld (Therapeut/Patient/Gruppe) zur Verfügung. Es handelt sich im allgemeinen um Instrumente, bei denen die Tonerzeugung keiner längeren Vorübung bedarf. In diesem Sinn ist auch das Klavier ein leicht spielbares Instrument. Natürlich werden häufig sogenannte Orff-Instrumente verwendet, mittlerweile auch die ethnischen Originale. Kreative Instrumentenbauer haben in den letzten zwei Jahrzehnten außerdem eine Reihe interessanter neuer elementarer Instrumente hervorgebracht, die in pädagogischen und therapeutischen Bereichen sehr sinnvoll eingesetzt werden können. Auch die Stimme ist in diesem Zusammenhang zu nennen, denn sie kann – über das Wort hinaus – als ursprünglichstes Lautierungsorgan erfahren werden. Dies ermöglicht manchmal eine tiefe Regression, so daß erwachsene Menschen sich wieder wie Kinder fühlen und lustvoll herumalbern, aber auch Verletzungen aus dieser Zeit schmerzvoll spüren können. Neben dem Singen von Liedern bietet die Musiktherapie also vor allem ein Tönen mit der Stimme aus dem Atem heraus an, ohne daß es „schön" klingen muß. Dies erlaubt oft einen ganz neuen Zugang zur eigenen Stimme, die ja letztlich eine akustische Manifestation der Persönlichkeit ist. (Näheres hierzu finden Sie im Beitrag von Gabriele Engert-Timmermann auf S. 79 ff.)

In unterschiedlichen Klängen soll das innere Erleben des Patienten seinen symbolischen und konkreten Ausdruck finden. Schon die Wahl des Instrumentes ist Teil dieser Inszenierung. Welche Form, Größe, Farbe und Klangfarbe zieht den Patienten an? Wie spielt er darauf? Die konventionelle Spielweise ist ihm ja häufig nicht bekannt, und sie interessiert zunächst auch gar nicht. Die Klanggestalten, die er ertönen läßt, werden angenommen, wie sie sind, als persönlicher Ausdruck dessen, was ist, und als Ausdruck der Suche nach dem, was sich entfalten möchte. Das gesamte Verhalten des Patienten im musiktherapeutischen Setting gibt Aufschluß über seine Persönlichkeit, ihre Stärken und Schwächen – und ist somit Teil der musiktherapeutischen Diagnostik.

Improvisieren erfordert den Mut, sich auf ein Spiel einzulassen, bei dem der nächste Ton jeweils unbekannt ist. Auf der seelischen Ebene bedeutet dies für die meisten Menschen eine große Angstüberwindung: Das Unbekannte, Nichtkontrollierbare könnte sie über die Welt hinausführen, in der sie sich auskennen, in der sie sich zu Hause fühlen – auch wenn sie eine Quelle des Leides ist.

Freiheit und Regel in der musikalischen Improvisation

Die Tiefenpsychologie geht von einer Einschränkung der Freiheit des Menschen durch die unbewußte Inszenierung des Schicksals aus, die durch ihre tief eingeprägten Muster die Formen des Erlebens und Verhaltens begrenzt. Dies kann in der freien Improvisation der Musiktherapie bewußt werden; dies wäre dann ihr quasi diagnostischer Anteil. Der nächste Schritt für den Patienten wäre eine Art Übung ohne Leistungsanspruch, die nicht darauf abzielt, die Vorgaben anderer zu erfüllen, sondern das Eigene zu entfalten. Im musiktherapeutischen Prozeß geht es dabei darum, daß der Patient die gewohnten Muster verläßt und sowohl im Erleben als auch im Verhalten Neuland betritt. Der geschützte Rahmen der therapeutischen Situation bietet die Möglichkeit, in vertrauensvoller Atmosphäre Neues auszuprobieren. Statt von Üben spricht man hier lieber von Probehandeln oder experimentellem Handeln. Bisher nicht zugelassene Gefühle wie Wut und Trauer, wenn sie im Rahmen der freien Improvisation oder auch während einer Musikrezeption auftauchen, dürfen im Spiel gezeigt und ausgedrückt werden. Indem sie vom Therapeuten oder auch von der Gruppe als echter Ausdruck des jeweiligen Menschen akzeptiert werden, lernt dieser, sie schließlich auch außerhalb der geschützten Therapiesituation, im Alltag, stückweise zuzulassen (Transfer).

Die freieste Form der Improvisation ist die ohne jegliche Vorgabe. Jeder kann spielen, wie es für ihn gerade stimmt, ob sich nun ein Zusammenspiel ergibt oder nicht. Instrumentalspiel, Tönen mit der Stimme, Bewegung, Berührung, dramatische Elemente oder auch Nichtstun – alles ist möglich. Diese Form setzt allerdings eine gewisse Belastbarkeit der Teilnehmer voraus.

In der Einzeltherapie, aber auch in der Gruppe, können intensive Begegnungen zwischen zwei Menschen auf *einem* Instrument stattfinden, zum Beispiel am Klavier oder an einer großen Trommel. Bei dieser Art des gemeinsamen Handelns spielt Nähe und Distanz eine wichtige Rolle. Verhaltensweisen in der Beziehung werden deutlich: Wer überläßt wem die Führung? Wieviel Raum nehme ich mir, und wieviel Raum lasse ich dem anderen? Kann ich mich bei Bedarf abgrenzen? Wie geht das Schlußmachen, und was passiert dabei?

Eine noch immer sehr freie Möglichkeit, einer Improvisation Orientierung und Richtung zu geben, ist die Formulierung eines Themas. Auch dies ergibt sich normalerweise aus dem therapeutischen Kontext. Beispiele für solche Themen sind: Geburt, Tod, Ankunft, Abschied, Atmosphäre in meinem Elternhaus, mein Kinderzimmer, Porträts verschiedener Familienmitglieder oder auch meine Sonnen- und meine Schattenseite ...

Nicht jeder Mensch ist in der Lage, mit der relativen Freiheit der freien Improvisation als Selbstinszenierung umzugehen. Menschen mit einer zu schwachen Ich-Struktur brauchen zunächst Orientierung und Halt, sonst verlieren sie sich nur noch mehr, ziehen sich zurück oder klagen durch Agieren Grenzsetzungen ein. Dies ist häufig bei Kindern und psychotischen Menschen der Fall. Hier sind Spielregeln, Vorgaben, Themen hilfreich, die jeweils abgestimmt auf den therapeutischen Kontext angeboten werden. Aber auch sonst wird am Umgang des Patienten mit Spielregeln manches deutlich, was in der freien Improvisation nicht so zum Ausdruck kommen kann oder sich auch allzuleicht vermeiden läßt. Einige solch konkreter Spielangebote seien im folgenden aufgezeigt:

Beim „Wandernden Duett" gibt es zwei Varianten. Bei der einen beginnt ein Spieler allein und sucht sich, wenn er zu seinem Spiel gefunden hat, durch Blickkontakt einen Partner. Die beiden spielen eine Weile zusammen. Dann zieht sich der erste Spieler zurück, und der zweite bleibt allein, findet sich dabei neu in seinem Spiel und sucht per Blickkontakt einen anderen Partner. Dies geht so lange, bis alle an der Reihe waren. Bei der anderen Variante wählt nicht der Spieler, sondern er wird gewählt. „Wandernde Duette" kann man auch im buchstäblichen Wortsinn so anbieten, daß zwei Spieler mit mobilen Instrumenten sich im Raum bewegen, als ein tönendes Spiel mit bewegter Nähe und Distanz. Vielleicht wollen die Spieler auch nicht gleichzeitig agieren, sondern, wie in der Wort-Sprache, sich nacheinander musikalisch etwas mitteilen.

An freie oder regelgebundene Partnerspiele schließt sich, in der einfachsten Erweiterung, die Dreiecksbeziehung an. Wenn drei Spieler miteinander spielen, können die Probleme der Triangulierung (ein Begriff aus der Tiefenpsychologie, der das Beziehungsfeld zwischen Kind und beiden Elternteilen beschreibt) deutlich werden. Dabei kann man so vorgehen, daß zunächst zwei miteinander spielen und dann ein Dritter versucht dazuzukommen. Oder alle drei spielen von vornherein miteinander. Es gibt auch die Möglichkeit, daß ein Gruppenmitglied zunächst den wählt, der ihm von allen anderen am nächsten steht, dann den, zu dem er die meiste Distanz verspürt.

Wenn die Situation es erfordert, wählt sich ein Spieler, in der Rolle des Kindes, zwei Gruppenmitglieder als Eltern, stattet sie mit entsprechenden Instrumenten aus und positioniert sie im Verhältnis zu sich selbst im Raum. Weitere Gruppenmitglieder können zusätzlich die restlichen Familienmitglieder vertreten. Was wird sich in der freien Improvisation inszenieren? Dies im voraus abzuschätzen kann dem Therapeuten nur aufgrund des aktuellen Kenntnisstandes der systemischen Therapie gelingen.

Ein Wechselspiel zwischen Solo und Tutti in der Gruppenimprovisation läßt sich beispielsweise so anregen: Ein einzelnes Gruppenmitglied spielt mit Instrumenten seiner Wahl, wie er sich gerade fühlt. Die restliche Gruppe gibt ihm darauf ein musikalisches Echo. Dieses enthält oft eine reiche Vielfalt an Aspekten seiner Selbstdarstellung, die den Solisten überraschen. Im Gespräch darüber kann dies aufgearbeitet und bewußt werden.

Im Mittelpunkt zu stehen und auf harmlose Weise Macht auszuüben erlaubt das Dirigentenspiel. Ein Spieler steht vor der Gruppe, die mit Instrumenten ausgerüstet ist und auf seine dirigistischen Signale wartet. Der Dirigent erfährt, daß alle sich (improvisatorisch) nach ihm richten, er kann den Gruppenklang gestalten und ein Ende setzen. Intensive Selbstdarstellung und Selbsterfahrung bedeutet es auch, wenn der „Dirigent" sich gestisch-mimisch-tänzerisch vor der Gruppe bewegt und die Gruppe die Bewegungen seines Körpers in eine musikalische Improvisation umsetzt. Umgekehrt kann auch die Gruppe dirigierend eine tragende Musik für einen einzelnen spielen, der sich in der Mitte dazu bewegt.

Eine andere Spielsituation mit der Möglichkeit, intensive Zuwendung zu erhalten oder zu geben, entsteht, wenn ein gerade sehr bedürftiges Gruppenmitglied von allen anderen in die Mitte genommen wird und alle für diesen einzelnen summen und/oder tönen. Die Erfahrung einer solchen Geborgenheit ist für manche Menschen ein Schlüsselerlebnis.

Um seine Position in der Gruppe näher zu bestimmen, kann ein Mitglied die anderen entsprechend seinem jeweiligen Nähe-Distanz-Gefühl um sich herum gruppieren und für sich spielen lassen. Dabei kann sich diese Formation im Prozeß des Miteinanderspielens durchaus verändern.

Spiele im Raum sind auch mit einer Gruppe möglich: Jeder bewegt sich mit einem Instrument im Raum und begegnet dabei den anderen. Jeder bewegt sich mit einem gesummten oder gesungenen Ton im Raum und begegnet dabei den anderen (besonders intensiv mit geschlossenen Augen). In den nicht vorhersehbaren Beziehungen und Situationen stellen sich Fragen wie: Wer bleibt bei wem, was für Untergruppen bilden sich, wer bleibt allein?

Für das „musikalische Porträt" sucht sich ein Gruppenmitglied Instrumente und spielt, wie es einen anderen erlebt. Ein sensibler Spieler erfaßt dabei oft Nuancen der Persönlichkeit des anderen, die über das Reden nicht erreicht werden. Im Rahmen eines Gruppenprozesses kann ein solches Spiel etwa in der Form durchgeführt werden, daß jedes Mitglied von seinem rechten und linken Nachbarn porträtiert wird. Die Gruppenmitglieder sollten sich dabei schon eine Weile kennen.

In der Musiktherapie wird aus dem Repertoire solcher Angebote, oft in modifizierter Form, das im jeweiligen Prozeßmoment therapeutisch Sinnvolle ausgewählt.

Methodische Realisation

Die gebräuchliche Unterscheidung zwischen tiefenpsychologischen und übenden Verfahren in der Psychotherapie erweist sich in der Musiktherapie nicht als zwingend. Hier können sich anhand der freien Improvisation oder auch im Umgang mit Spielregeln unbewußte Muster inszenieren und dadurch bewußt, erkennbar und benennbar werden. Das Erfahren neuer Verhaltensweisen im experimentellen Handeln und die damit verbundenen Erlebnisse und Erkenntnisse setzen einen Prozeß in Gang, in dessen Verlauf die Persönlichkeit sich umstrukturieren kann. Vor allem sollen sich natürlich die sich ständig wiederholenden, leidvollen Erfahrungen wandeln, aber auch die unentdeckten Potentiale an Energie, Lebensfreude und Kreativität entwickelt werden.

Hier schließt sich der Kreis. Die unterschiedlichen Möglichkeiten der Anfangssituation bleiben nicht auf diese beschränkt, der gesamte therapeutische Prozeß ist vielmehr ein situativ bedingtes Spiel mit den aktiven und rezeptiven methodischen Möglichkeiten. Das Wesen der Musiktherapie entspricht in gewisser Weise dem Wesen der Musik: ihrem fließenden Gestalten und Umgestalten. Nicht ein starres methodisches Schema, sondern eine empathische Flexibilität kennzeichnen sie. Doch kann auch methodische Beharrlichkeit da angebracht sein, wo Flexibilität das „Ausweichen" vor einem Konflikt nahelegen würde. Wie eine solche Musiktherapie aussieht, wird an den Fallbeispielen von Teil III deutlich werden.

Anmerkungen

1 Vgl. Kümmel 1977.
2 Vgl. Gembris 1996.
3 Vgl. Timmermann 1987.
4 Vgl. Timmermann 1994.

Literatur

Gembris, Heiner: Rezeptionsforschung, in: Decker-Voigt, Hans-Helmut, u. a.: Lexikon Musiktherapie, Göttingen/Bern/Toronto/Seattle 1996, S. 312 ff.

Kümmel, Werner F.: Musik und Medizin. Ihre Wechselbeziehungen in Theorie und Praxis von 800 bis 1800, Freiburg i. Br./München 1977.

Timmermann, Tonius: Musik als Weg, Zürich 1987.

Ders.: Die Musik des Menschen, München 1994.

Rhythmus und Klang – Wege zur Seele

Von Christian Münzberg

„Dieser Ton war die Hölle", berichtet eine Patientin in der Nachbesprechung einer Gruppenimprovisation, die sie kurz nach einem einzelnen, kräftigen Gong-Schlag einer anderen Patientin abgebrochen hatte. Frau P. steht einen Moment wie unter Schock von der Wucht, die sie in diesem Klang empfunden hat. Die anderen TeilnehmerInnen können dies kaum nachvollziehen – sie haben den Gong-Ton als sehr kraftvoll und spontan erlebt und ihn eher als Ausdruck für den Wunsch nach Veränderung verstanden. Die Spielerin des Gongs zieht sich sofort mit Schuldgefühlen zurück, während die restliche Gruppe auf die erschreckte Patientin zunächst mit Unverständnis reagiert.

In der darauffolgenden Einzelstunde gehe ich mit der Patientin diesem Ton noch einmal nach. Sie erzählt, daß sie als Kind oft maßlos von ihrer Stiefmutter verprügelt worden war und „ihren" Rohrstock sogar selbst vom Schrank holen mußte. Auch ins Gesicht war sie oft geschlagen worden, wobei sie die Hände an die Hosennaht legen mußte. Sie war damals sieben Jahre alt.

Ein Traum aus dieser Zeit verfolgt sie heute noch. Sie sitzt darin auf einem Kinderkarussell, um das die Erwachsenen herumstehen und zuschauen. „Ich sehe, während ich auf dem Karussell sitze, wie meine Mutter in den Spalt zwischen der kreisenden Bodenscheibe mit den Kindern und dem Holzrand, auf dem die Zuschauer stehen, hineingezogen wird und in der Hölle verschwindet. Ich weiß nicht, wie es da unten aussieht, aber ich habe Angst vor diesem Schlund, in dem meine Mutter verschwindet." Frau P. sitzt tränenüberströmt da, und ich bin tief ergriffen. Ich erinnere mich und sie an die Gruppensitzung, in der mir aufgefallen war, wie sie bereits beim Ausholen der

Mitpatientin zum Gong-Schlag zusammengezuckt war. Sie bestätigt meinen Eindruck und meint: „In diesem Ton habe ich den Höllenschlund gesehen, er hat mir richtig weh getan." In der nächsten Gruppensitzung kann sie davon berichten und die jetzt spürbare und ehrliche Betroffenheit der anderen annehmen.

Brücke zum Unbewußten

Frau P. erlebte einen Vorgang, dessen Schilderung zum Kern der musiktherapeutischen Psychotherapie führt. Über Klänge, Rhythmen und dynamische Bewegungen, wie der Lautstärke oder der Intensität der Töne, werden Erinnerungen angesprochen. Ereignisse aus unserer Kindheit oder auch spätere Erfahrungen, die in uns wie in einem Computer gespeichert sind, werden durch einen Ton oder eine Klangbewegung abgerufen, ohne daß wir in diesem Moment etwas aktiv dafür tun müssen. Der Klang oder der Rhythmus dient als Brücke zum Unbewußten und den gesammelten Aufzeichnungen unserer Seele.

Klang und Rhythmus sind reale Lebenserfahrungen des Menschen, in denen sich in einem solchen Moment die ganze Szenerie einer früheren Situation, alle Beziehungsmuster und Einzelheiten des damaligen Ablaufs verdichten. Dieser eine Ton repräsentiert wie ein Stenogramm den Extrakt einer Geschichte, ein Stück Biographie, eine Episode unseres Lebens, die wir mit allen Gefühlen und Sinneswahrnehmungen wiedererleben.

Der „Klang des Lebens" (A. Tomatis) führt zurück in jedes Lebensalter bis hin zu den ersten Erfahrungen unserer Existenz im Mutterleib. Die frühe Verständigung von Mutter und Kind wird über Laute und Geräusche bis zur Sprache entwickelt. Die Aussage der gesprochenen Worte ist ihrerseits wieder über den Klang der Stimme auf ihre Echtheit zu überprüfen. „Der Ton macht die Musik", sagt eine Volksweisheit und meint damit eben diesen Zusammenhang. Der psychologische Begriff des sogenannten Double-bind geht von dem gleichen

Zusammenhang aus: Er bedeutet, daß eine Aussage nicht mit dem Gefühl übereinstimmt, das gleichzeitig übermittelt wird. Bis vor kurzem dachte man in der Psychiatrie, daß sogar Schizophrenien entstehen können, wenn ein Kind fortwährend solchen Double-bind-Aussagen der Eltern ausgesetzt ist. Nach heutiger Lehrmeinung ist es vielmehr die grundlegende Art der Beziehung, die sich in der fehlenden Übereinstimmung von Aussage und Gefühl ausdrückt und die letztlich eine der entscheidenden Bedingungen für eine psychische Erkrankung ist.

Eine Patientin hat mir einmal ein Tonband mitgebracht. Darauf war die Stimme der Mutter zu hören, die, wie jeden Tag, etwa zwei Stunden in völlig betrunkenem Zustand vor der Kinderzimmertür wüsteste Beschimpfungen auf die zwei Kinder im abgeschlossenen Zimmer ausstieß. Die Tür war aus Stahl, da die Mutter als extreme Alkoholikerin die Kinder oft mißhandelt hatte. In der Stimme der Mutter lag ein grenzenloser Haß auf Gott und die Welt, für meine Ohren aber auch eine unendliche Einsamkeit. Es lief mir kalt den Rücken hinunter, und ich mußte das Band nach zehn Minuten abschalten, weil sogar ich als Therapeut es kaum ertragen konnte. Der Klang der Stimme war so fern, so matt und gleichzeitig so hart und entrückt, daß ich mich fragte, ob die Mutter innerlich nicht schon völlig abgestorben war. Diese Frau kam mit 38 Jahren in ein Altenpflegeheim, wo sie nun seit über 15 Jahren lebt.

Meine Patientin schien indes kaum berührt vom Anhören des Bandes. Für sie war es Alltag gewesen, unter dem sie zwar entsetzlich gelitten hatte, der ihr aber auch vertraut war und in dem sie ihre eigenen Überlebensstrategien entwickelt hatte. Diese Strategien waren ein Teil ihrer Persönlichkeit geworden und hatten sie nun selbst mit ihrem derzeitigen Partner und ihren eigenen zwei kleinen Kindern in seelische Schwierigkeiten gebracht. Sie war ihrer Mutter sogar in manchem ähnlich, was sie innerlich fast zerriß.

Das gemeinsame Improvisieren in der therapeutischen Gruppe hatte in ihr gleich in der ersten Stunde größte Ängste ausgelöst, weil sie „das Chaos hier" an das Geschrei ihrer

Mutter erinnert hatte. Sie kannte sich jedoch auch selbst so, wenn sie sich überfordert fühlte, und das erschreckte sie noch viel mehr. Im Gespräch darüber wurden ihr die Zusammenhänge erstmals klarer, was sie spürbar entlastete und für die weitere Therapie motivierte.

Die Entwicklung unserer Persönlichkeit ist eng verknüpft mit einer Vielzahl von Ereignissen, die alle als kleine Episoden im Gedächtnis gespeichert sind. Einige davon bleiben unbewußt, andere liegen mehr an der Oberfläche und sind dem Bewußtsein bei bestimmten Auslösereizen zugänglich, nur wenige der früheren Erfahrungen werden wirklich bewußt zur Bewältigung im Alltag verwendet. Die Struktur unserer Seele, die „Software" unserer Gefühle, baut jedoch vom ersten Tag an auf all diesen Erfahrungen auf. Unser Empfinden für eine eigene Existenz und für das, was wir ein „Selbst" nennen oder als „so bin ich" fühlen, setzt sich daraus zusammen. Der Klang eines Instrumentes kann eine Kette solcher Episoden ins gegenwärtige Bewußtsein heben und aktiviert alle damit verbundenen alten Gefühle. In der Improvisation versuchen die Patienten, dem „Chaos" mit ihren vertrauten Strategien zu begegnen, und zeigen dadurch, wie sie sich auch im Beruf oder im Zusammenleben mit ihren Freunden und Partnern verhalten. Die Instrumente sind wie ein akustischer Spiegel oder ein „Resonanzkörper" (M. Langenberg) der Seele.

Wieso sich Musik mit den Elementen Klang und Rhythmus besonders für das Erkennen seelischer Strukturen eignet, ist vielleicht deutlich geworden. Wie aber unterscheiden sich nun im einzelnen Klang von Rhythmus oder Melodien von Harmonien, und was erkennen wir daraus?

Klang

Dazu ist eine kleine Übung hilfreich. Stellen Sie sich vor, Sie liegen an einem kiesigen Strand, haben die Augen geschlossen und dösen vor sich hin. Sie hören das sanfte Rauschen der

Wellen, das Klickern der Kieselsteine, wenn das Wasser zurückfließt, oder vielleicht das Glucksen von Luftblasen an den Felsen. Der Klang des Meeres umhüllt Sie, trägt Ihre Gedanken fort und läßt Sie Zeit und Raum vergessen.

Der Klang hat in der Musik eine ähnliche Qualität. Klang wird oft als gefühlshaft, grenzenlos, aber auch als tragend oder sogar als nährend beschrieben. Er verändert sich ständig, entspricht mehr einer Atmosphäre oder etwas Schwebendem. Der Klang eines Instruments berührt uns bis in die feinsten Ebenen des Bewußtseins. Unser Gehirn benötigt die akustischen Reize als Stimulus für den biologischen Energiehaushalt. Klänge können andererseits Angst erzeugen und als zerstörerisch empfunden werden. Unser Ohr ist nach der Nase (die wegen der Lebensnotwendigkeit einer ungiftigen Atemluft noch unwillkürlicher reagiert) das zweitwichtigste Organ zum Warnen vor Gefahr. Ein menschlicher Schrei, ein Pistolenschuß oder das plötzliche Quietschen von Autoreifen lassen uns unwillkürlich zusammenzucken. Kurze, abgehackte Klänge lösen also oft viel bedrohlichere Gefühle aus als lange, weiche, wiegende Töne. Sind solche Klänge oder Geräusche „an der Tagesordnung", stellen wir uns freilich darauf ein und reagieren langsamer bis gar nicht mehr.

Neben dem Atmosphärischen hat Klang jedoch auch sehr klare Strukturen. Mathematisch genaue Bestandteile jeden Klanges sind die sogenannten Obertöne, die seinen Charakter und die Klangfarbe ausmachen. Ein Klang kann einerseits ein Gefühl von Unbegrenztheit erzeugen, er kann sich aber andererseits entsprechend den Obertönen zu Intervallen und Harmonien ordnen. Ein Dreiklang hat eine ganz eindeutige Struktur, Dur und Moll drücken sehr direkt eine heitere oder traurige Stimmung aus. Die Klangfarbe gibt also durch die Obertöne und den harmonischen Aufbau auch einen Halt in der unendlichen „Suppe" von Geräuschen. In der Therapie können wir im Mitfühlen über die Ebene des Klangs eine Vorstellung von den Gefühlen und Affekten bekommen, die die Patienten bewegen.

Rhythmus

Rhythmus weist demgegenüber auf eine andere psychische Qualität hin. Er ist direkter mit dem körperlichen Empfinden verbunden. Rhythmus geht „ins Blut" oder „in die Beine" und regt uns zur Bewegung an. Unser Körper ist rhythmisch organisiert: im Schlaf-Wach-Rhythmus, im Herzschlag, dem Atemrhythmus, bestimmten Hormonzyklen und viele anderen solcher Abläufe. Unser Sinn für Ordnung wird hier unmittelbarer angesprochen.

Rhythmus ordnet in der Musik die Zeit in „sinnlich faßbare Teile" (T. Timmermann). Andererseits ergibt gerade das stetige Wiederholen eines Rhythmus eine Art Kontinuum, das heißt ein Gefühl von immer weiter werdender Räumlichkeit, in der auch die Zeit ihre Grenzen verliert, was letztlich zu Ekstase und Trance führt. Die schamanistischen Rituale verwenden den gleichmäßigen Trommelschlag als „Gefährt" für die Reise in erweiterte Bewußtseinszustände. Oft wird in der Ebene des Rhythmus die symbolische Darstellung von Gegenpolen gesehen: Nähe und Distanz, Chaos und Zwang, Freiheit im Gesetz der Ordnung (G. K. Loos). Begriffe wie „Taktgefühl" und „Taktlosigkeit" beschreiben Umgangsformen mit anderen Menschen und weisen auf den engen Zusammenhang zu Interaktionen und Beziehungen hin. Rhythmus wird daher oft zur Strukturierung von Beziehungssituationen genutzt.

Viele Therapeuten geben rhythmische Spielvorschläge, um Patienten, die keine Grenzen finden, eine Strukturhilfe anzubieten. So wenden sie beispielsweise das Prinzip Schlag und Gegenschlag *(beat/off-beat)* an, um einerseits das Gefühl für Kraft, Selbstvertrauen, Stabilität und den „Boden unter den Füßen" zu stärken *(beat)*, andererseits aber auch die Leichtigkeit und das Loslassen-Können *(off-beat)* und den wichtigen Wechsel dieser Polaritäten zu üben. Auch die Patienten setzen in der Improvisation das rhythmische Spielen an Trommeln ein, wenn sie anderen Mitspielern zeigen wollen: „Jetzt machst Du mir zuviel Durcheinander", oder auch: „Hast Du Lust, mit mir zusammen zu spielen?" Ein Rhythmus entsteht häufig dann, wenn die Gruppe eine Gemeinsamkeit, Kontakt und Kommunikation sucht und etwas miteinander erleben will.

Auch hier ist wieder ein Alltagsbeispiel hilfreich: Stellen Sie sich vor, Sie sitzen in einer Sportveranstaltung und wollen Ihre Mannschaft und die anderen Zuschauer anfeuern. Wie machen Sie das? Vermutlich werden Sie ein einfaches rhythmisches Muster mit den Händen klatschen oder pfeifen, um den Kontakt untereinander herzustellen. In der Therapie passiert etwas Ähnliches, und wir können daran erkennen, wie hart und zwanghaft oder wie weich und flexibel dieser Kontakt aufgenommen wird. Auch die Art der Rhythmen, die in einer Improvisation entstehen, sagt etwas aus. Der schwingende Dreiertakt eines Walzers zeugt von einem beschwingteren Lebensgefühl als der Vierviertakt eines Marsch-Rhythmus. Ein gerades Metrum kann Sicherheit und Halt vermitteln, aber auch steif und unnahbar wirken, während ein fliegender Sambarhythmus Leichtigkeit, jedoch ebenso die Gefahr des Abhebens ausdrücken kann.

In der therapeutischen Arbeit mit Schädel-Hirn-Verletzten kommen häufig rhythmische Elemente zum Tragen. Ein Beispiel: Herr B., ein erfolgreicher Rechtsanwalt, war nach einem Schlaganfall rechtsseitig gelähmt. Er hatte schwere Sprachstörungen und deutliche Ausfälle im Denken. Wir fanden schnell Kontakt, weil Herr B. früher viel zur Gitarre gesungen hatte. Er wollte zum Spielen meist an ein großes Xylophon, auf dem er mit der linken Hand Tonleitern spielte, wobei er sich angestrengt um die immergleiche rhythmische Abfolge der Töne bemühte. Dieses starre, monotone Spiel hielt ihn jedoch von einem lebendigen Kontakt mit mir ab. Daher versuchte ich, ihn nach einer Weile durch kleine rhythmische Abweichungen und Gegenschläge zu irritieren. Zuerst reagierte er unwillig auf die Störung, dann fand er Spaß daran und antwortete, indem er seine Abfolge veränderte und schließlich unterbrach. Unser Spiel endete in einem kleinen Fechtkampf mit den Xylophonklöppeln jenseits des Instrumentes, in dem wir beide herzhaft lachten und zu einem lebendigen Austausch fanden.

Rhythmus und Klang sind die elementarsten Ebenen von Musik. Zwischen beiden muß ein ausgewogenes Verhältnis bestehen, damit wir Musik als angenehm empfinden. So achten wir selbst in einem reinen Trommelsolo im Grunde auf die Melodie der klangreicheren Trommeltöne. In der seelischen Struktur benötigen wir eine ähnliche Ausgewogenheit zwischen Fühlen und Denken, zwischen Leistung und Entspannung oder zwischen der Verbundenheit mit anderen und dem Für-sich-sein-Können, zwischen Nähe und Distanz. Die seelische Struktur kann sich also bis zu einem bestimmten Maß in der musikalischen Struktur abbilden und damit auch in der musikalisch-symbolischen Darstellung beeinflußt und verändert werden.

Harmonie

Neben den elementaren Ebenen Klang und Rhythmus gehören zur Musik auch Harmonie, Melodie und die dynamischen Komponenten von Lautstärke, Tempo und Intensität. Harmonie wird in der Musiktherapie von Patienten häufig gleichgesetzt mit wohltuender Entspannung, Friedlichkeit beziehungsweise der Sicherheit, daß kein Streit entsteht, und manchmal mit dem Wunsch, daß die Therapiesitzung möglichst ohne große Anforderungen an sie vorübergehen möge. Diese Einstellung der Patienten wird enttäuscht, wenn sie merken, daß in der Therapie zunächst die schmerzhaften Gefühle und Erinnerungen im Vordergrund stehen, bevor sich die erhoffte Zufriedenheit einstellen kann.

Fritz Hegi (1986), der sich besonders mit den therapeutisch wirksamen Komponenten von Musik befaßt hat, hat den Begriff der Harmonie deshalb als „Übereinstimmung von Gefühl und Ausdruck" charakterisiert. Dem Gefühl von Trauer kann ein weiches, sanftes oder aber ein zornig-enttäuschtes, eruptives Spiel angemessen sein und steht dann dazu in Harmonie, während in einer streitlustigen Auseinandersetzung vielleicht der polternde Trommeldonner ebenso wie der ängstliche Rückzug auf eine Triangel zu dem inneren Gefühl passen können. Ein solcher erweiterter Harmoniebegriff bezieht also die psychologische Dimension mit ein und erlaubt auch schrille, heftige Töne, was die Patienten im Verlauf der Therapie meist als angenehm befreiend erleben.

Melodie

Die musikalische Komponente der Melodie wird therapeutisch sehr unterschiedlich eingesetzt. Fritz Hegi sieht darin eine Ähnlichkeit zu den Bewegungen der Sprachmelodie, dem Ausdruckswillen einer Person oder inneren Motiven, die individuell gestaltet und variiert werden. Auch Daniel Stern (1992) sieht in der Melodie eine Analogie zur Sprache, die in der Entwicklung des sprachlichen Selbstempfindens begründet ist. Die frühe Verständigung zwischen Mutter und Kind verläuft über Sprachmelodien und dynamische Tonfolgen, die vom Kind als charakteristischer Ausdruck von Gefühlen wahrgenommen werden. Solche Konturen werden später in Melodien wiedererkannt.

Dieser Wiedererkennungswert von Melodien kann methodisch in der therapeutischen Arbeit genutzt werden, z.B. mit geistig abgebauten Patienten, die sich aber oft noch an Melodien aus ihrer Kindheit erinnern und diese trotz eingeschränkten Sprachvermögens noch mit Texten singen können. Dies gilt auch für die Patienten mit Schädel-Hirn-Trauma, die ebenfalls oft nicht mehr sprechen, unter Umständen aber noch Liedtexte fehlerfrei singen können, da hierfür im Gehirn ein anderes Zentrum als für die Sprache aktiviert wird. In Einzelfällen gelingt es solchen Patienten, Mitteilungen über ihr alltägliches Leben spontan in freien Melodien zu singen und sich auf diese Weise wieder – wenigstens teilweise – zu verständigen.

Für die Patienten in psychotherapeutischer Musiktherapie sind Melodien oft wichtig, da sie sie in dem offenen Raum der Improvisation gut verfolgen können. Eine Melodie gibt Halt und Sicherheit. Ein Kinderlied schützt vor der als Chaos empfundenen Freiheit, wenn sich die gesamte Konzentration darauf richten kann. Ich habe es häufig erlebt, daß Patienten in der ersten Sitzung die Tonfolge eines Kinderlieds gesucht haben und diese Melodie dann stolz wie vor den Eltern präsentierten: „Schau, ich habe da was ganz Tolles gemacht! Bitte (be)achte mich!" In späteren Improvisationen löst das Interesse an der Gemeinsamkeit meist die Vorliebe für Melodien ab. Nur in therapeutischen Krisen wird die Melodie noch als Rückzugsort aufgesucht. Nicht zuletzt ist die Art der Melodie, ihre Ausgestaltung mit Wendungen, Brüchen, rapiden Sprüngen oder gleichmäßigen auf- und abwärtsstrebenden Strukturen, ein Ausdruck der inneren Spannungsbögen, unserer seelischen Haltekräfte, Toleranzen und Bindungsfähigkeiten.

Dynamik

Als letzte Ebene seien die dynamischen Parameter der Musik angesprochen: Lautstärke, Öffnung oder Verdichtung, Tempo und Intensität. Diese dynamischen Faktoren sind im besonderen Ausdruck von Kräfteverhältnissen. Sie verweisen auf Entscheidungsfähigkeit, auf Trotz- und Autonomiekräfte, den Willen zum Festhalten oder Verändern oder auch auf das Durchhaltevermögen. Nach meiner Erfahrung gibt die Dynamik des Spiels auch einen Eindruck davon, wie ausgereift die Beziehungsfähigkeit eines Patienten ist und wie er Beziehungen überhaupt gestaltet. Eine Spielweise, die ständig wechselt und zusammenhanglos neue Ideen produziert, läßt wenig Vertrauen und Sicherheit entstehen. Sie gibt keine Möglichkeit, ein Gefühl für Verbundenheit oder Kontakt zu entwickeln, statt dessen werden eingefahrene Muster leichter in Frage gestellt. Borderline-Patienten oder Psychotiker zeigen manchmal eine solch aufgerissene Spielweise. Ein chronisch schizophrener und hospitalisierter Patient spielte zum Beispiel lange Zeit am Klavier eine völlig abstrakte Aneinanderreihung von Einzeltönen und frei aufeinanderfolgenden Intervallen, die sich wie die Formen eines kubistischen Bildes ineinander verschachtelten.

Sein Spiel hatte eine ganz eigene Aura, ein Fluidum von Abgeschiedenheit in einer eigenen Welt, aus der er nur wenig herausdringen ließ. Ein Kontakt war kaum möglich; der Patient hatte in diesem Spiel ein Zuhause, das er im Grunde nicht aufgeben wollte.

Ein anderer, ebenfalls chronifiziert schizophrener Patient ließ in einer Improvisation immer wieder ein Stück Kollophonium, das für den Cellobogen bereitlag, auf einen Klavierdeckel fallen und schuf damit ein leises, aber sehr auffälliges Gegengewicht zu einer beflissen am zweiten Klavier das Stück ‚Entertainer' übenden Mitpatientin. Sie hatte sich hinter dieser Melodie wie hinter einem Zaun versteckt, was ihn zu seiner dezenten, aber sehr wirksamen Provokation veranlaßte.

Die Dynamik erst macht die Musik ausdrucksstark. Wenn ein Ton bis zum Bersten anschwillt oder plötzlich nach dem Orchesterklang völlige Stille eintritt, dann zeigen sich Empfindungen wie Naturgewalten in ihrer ganzen Kraft. Ziel ist der Ausgleich zwischen diesen Kräften. Eine Balance soll entstehen, die Schwingungen in die eine oder andere Richtung ermöglicht, ohne daß das Gleichgewicht zu sehr verlorengeht. Vergleichbares gilt hinsichtlich unseres seelischen Gleichgewichts. Der Ausgleich zwischen den Extremen unserer Gefühle, zwischen Denken und Fühlen, Handeln und Begreifen, Rationalität und Intuition ist das Ziel jeder – nicht nur der musiktherapeutischen – Psychotherapie.

Literatur

Decker-Voigt, Hans-Helmut, Knill, P. J. und Weymann, E.: Lexikon Musiktherapie, Göttingen 1996.
Hegi, Fritz: Improvisation und Musiktherapie, Paderborn 1988.
Langenberg, Mechthild: Vom Handeln zum Behandeln. Darstellung besonderer Merkmale der musiktherapeutischen Behandlungssituation im Zusammenhang mit der freien Improvisation, Stuttgart 1988.
Loos, Gertrud: Spiel-Räume, Stuttgart 1986.
Stern, Daniel: Die Lebenserfahrung des Säuglings, Stuttgart 1992.
Timmermann, Tonius: Musik als Weg, Zürich 1987.
Tomatis, Alfred: Der Klang des Lebens, Reinbek 1987.

Atem und Stimme – Spiegel des Inneren

Von Gabriele Engert-Timmermann

Musiktherapie ist ein modernes psychotherapeutisches Verfahren, in das verschiedene aktive und rezeptive Vorgehensweisen integriert sind. Basis für diese Arbeit ist der Körper, mit und in dem wir Klänge und Rhythmen wahrnehmen und gestalten. Musik bewegt ihn, und die innere Bewegung läßt wiederum Musik entstehen, sei es direkt über die Stimme oder über Körperklänge wie Klatschen, Stampfen, Pfeifen oder eben mittelbar über ein dazu verwendetes Musikinstrument. Immer kommt die Lebendigkeit über den Atem und sein Fließen. Körper und Atem bilden somit die Grundlage des musiktherapeutischen Tuns.

In besonderer Weise wird dies in der Stimme deutlich. Der Körper wird über den tönenden Atem selbst zum klingenden Instrument. Sowohl in der Sprech- als auch in der Singstimme manifestiert sich der momentane Zustand der Persönlichkeit und ihre Gesamtheit oder Stimmung. Es werden dabei Stärken, aber auch Defizite akustisch wahrnehmbar, die dann therapeutisch bearbeitet werden können. Sensibilität für solche Wahrnehmungen gehört zum Handwerkszeug von MusiktherapeutInnen.

Die Basis für die Stimme und ihren Klang ist der Atem an sich. Daher verdient seine therapeutische Dimension eine nähere Betrachtung. Berührung, Atem und präverbale Stimmäußerungen gehören zu den grundlegenden Erfahrungen in der frühkindlichen Entwicklung. Diese Elemente kommen in der Atemtherapie zur Anwendung: Behandlung durch Berührung, Erfahrungen mit dem eigenen Atem in verschiedenen Körperpositionen und das Tönenlassen des Atems werden von den meisten Schulen gelehrt.

In der Arbeit mit Vokalräumen, dem Tönen von Vokalen und den verschiedensten Stimmlauten in freien Stimm-Improvisationen durchdringen sich Atem- und Musiktherapie. Einstimmung, Vokalimprovisation und das Singen von Liedern sind klassische Vorgehensweisen in der Musiktherapie. Sie basieren darauf, daß die Patienten die Verbindung von Atem und Stimme erfahren.

Tradition und Entwicklung

Der bewußte Umgang sowohl mit dem Atem als auch mit der Musik eröffnete in den verschiedensten Kulturen seit jeher Wege zu tiefer Selbsterfahrung und Heilung. Das Wort „Atem" ist verwandt mit dem indogermanischen „*atman*", welches Hauch, Seele, Selbst bedeutet. Atemübungen und Atemtherapie waren bereits im Altertum in vielen Hochkulturen bekannt, etwa in Ägypten, China, Tibet, Japan und Indien. Bei Meditation und Yoga spielt der Atem eine zentrale Rolle. In vielen Geschichten und Gleichnissen symbolisiert er die seelische Lebenskraft, die aus einer transpersonalen Quelle gespeist wird. Auch im biblischen, für das Abendland zentralen Mythos haucht Gott dem ersten Menschen seinen Atem ein.

Künstlerisch-musikalische, tänzerisch-gymnastische, tiefenpsychologische und medizinisch-naturheilkundliche Strömungen befruchteten zu Beginn dieses Jahrhunderts die Entwicklung der nicht-funktionalen Atemtherapie. Cornelis Veening, einer ihrer Begründung, war Sänger und durchlief eine Jungsche Analyse. Aus dieser Erfahrung entwickelte er seine Atem- und Tonarbeit und vermittelte sie weiter an Persönlichkeiten wie Gustav Richard Heyer, Ilse Middendorf, Herta Richter, die für die Entwicklung der Atemtherapie bedeutend waren. Veening selbst nannte seinen methodischen Ansatz „atempsychologische Arbeit". Er interessierte sich vor allem für das seelische Erleben des Menschen: „Es geht um die Kunst, unbewußtes Körper- und Atemgeschehen bewußt wahrzunehmen, ohne es dadurch zu stören. Nicht Konzentration, sondern Hingabe ist gemeint."[1]

Eine atempädagogische Methode entwickelten Clara Schlaffhorst und Hedwig Andersen, die als Sängerinnen über die Beseitigung von Problemen mit der Stimme geforscht hatten. Sie vermittelten ihre Erfahrungen an Gymnastikschulen weiter und beeinflußten Elsa Gindler und Lucy Heyer-Grote. 1924 gründeten sie eine eigene Schule, die 1982 als Berufsfachschule für Atem-, Stimm- und Sprachlehrer staatlich anerkannt wurde.

In Abgrenzung von suggestiven Verfahren wie dem Autogenen Training nach J. H. Schultz („Es atmet mich"), aber auch von der Psychotherapie, legte der Münchner Arzt Dr. Ludwig Schmitt den Grundstein für eine ganzheitliche Betrachtung des Atemgeschehens. Ab 1925 leitete er in München eine Klinik für biologische Heilweisen und wurde durch seine Atemmassagen und die dadurch erzielten Heilerfolge wegweisend in der Natur- und Atemheilkunde.

Einer breiten Öffentlichkeit bekanntgemacht hat Professor Ilse Middendorf die Atemtherapie 1987 durch ihre Methode des „Erfahrbaren Atems". Sie war es auch, die die Vokalraumarbeit weiterentwickelte. Ausgehend von ihrer künstlerischen Ausbildung als Sängerin und einer Heilpraktikerausbildung führte Herta Richter die Atemarbeit auf der Basis ihrer langjährigen Erfahrungen mit Schmitt und Veening weiter. Sie integrierte dabei viele andere Impulse. Anfang der neunziger Jahre gründete sie in München das Atemhaus, ein Aus- und Weiterbildungsinstitut für Atemtherapeuten. Mein Ansatz ist von ihr geprägt.

Die entwicklungspsychologische Forschung hat speziell durch Erkenntnisse über die vorgeburtliche Phase und die frühe Interaktion zwischen Säugling und Mutter beziehungsweise anderen Pflegepersonen in den letzten Jahren einen enormen Schub bekommen. Das bereitete in allen therapeutischen Verfahren, welche die psychische Befindlichkeit des Menschen zum Gegenstand haben, neue Wege. Die Atemtherapie wie auch die Musiktherapie gehören zu den Behandlungs- und

Heilweisen, die an die Basis der Persönlichkeitsentwicklung zurückführen. Das körperliche Erleben des Menschen wurzelt in der Zeit vor der Geburt und ist eine seiner elementarsten Erfahrungen. Der Fötus erlebt beispielsweise den mütterlichen Herzschlag nicht als ein gesondertes akustisches Phänomen, sondern er schwingt darin. Ebenso entwickelt er sich in der Empfindung eines permanenten rhythmischen Druckwechsels durch das Schwingen des Zwerchfells im mütterlichen Atem. Während mit der Geburt der individuelle Atem beginnt, wirkt in der Zeit davor die Teilhabe an der Atembewegung der Mutter. „Sind wir ein Spiel von jedem Druck der Luft?" fragte Goethe. Als Embryo werden wir jedenfalls in ständigem Wechsel „gepreßt" und „entlassen".

Die ersten deutlichen Lebensäußerungen eines Menschen bei der Geburt kommen durch den Atem und die Stimme. Zum ersten Mal einatmen, zum ersten Mal ausatmen gegen die Widerstände des Körpers, der Stimmbänder – der erste Ausdruck ist meist ein Schrei, Reaktion auf die neue Umwelt. Erst allmählich entfalten sich die Lungen; dabei helfen die spontanen Lautäußerungen. Sie signalisieren Hunger, Unwohlsein, Langeweile, Sehnsucht. Weiche, zarte Töne des Behagens, später das Lallen und Lautieren kommen hinzu, wenn der Säugling sich in die neue Welt eingewöhnt hat. Indem der kleine Mensch sich so ausdrückt, bekommt er normalerweise von außen Zuwendung, gleichzeitig wächst seine innere Kraft. Körper und Seele wachsen zusammen, im Wechselspiel von Einatmen und Ausatmen.

Ein starker Wirkfaktor in der frühen Kindheit ist die Art und Weise des Körperkontaktes, den die Mutter und andere Personen dem Kind anbieten. Berührung ist eine Form von „Sprache" und dient gemeinsam mit den stimmlichen Äußerungen der Mitteilung wesentlicher Inhalte: Du bist willkommen! Du bist geliebt! Ich (die Mutter, hier auch als Symbol für die Welt) genieße dein Dasein! Andernfalls bekommt das Kind den Eindruck: Dies ist eine Welt des Verdrusses, der Angst, des Leidens. Wenngleich der Säugling natürlich nicht in unserer Weise „denkt", breiten sich diese elementaren Botschaften dennoch deutlich als Empfindungen an den Wurzeln seiner Persönlichkeit aus und beeinflussen nachhaltig seine Entwicklung. Der stimmliche Anteil der Sprache ist der ursprüngliche und für die gefühlsmäßige Seite der Kommunikation ausschlaggebende. Das Kind erkennt schon früh am Stimmklang, wie Erwachsene zu ihm stehen. Selbst dann noch, wenn Wortbedeutungen schon verstanden werden, wirkt mehr der Ton als der Wortsinn („der Ton macht die Musik"). Dies ist für Therapeuten aller Richtungen relevant.

Aus dem bisher Gesagten ergibt sich: Körper- und Klangerfahrung, Tastsinn und Gleichgewichtssinn, Körperhaltung und Hören wirken ursprünglich zusammen. Gleichgewicht ist die Balance der Teile in der Ganzheit in Bezug zur Schwerkraft. Körperwahrnehmung und Klangwahrnehmung sind nicht getrennt. Insofern regt die therapeutische Arbeit mit Atem und Stimme ganzheitliches Erleben wieder an.

Vom stillen zum tönenden Atem

Durch die Atmung kann Unbewußtes mit dem Bewußtsein verbunden werden. Die selbsttätige Rhythmik des Atemvorgangs wird über den Kohlensäuredruck im Blut sowie über andere Faktoren gesteuert, sie kann aber auch willkürlich beeinflußt werden. Darin liegen Chance und Gefahr jeder Beschäftigung mit dem Atem.

In der hier vorgestellten therapeutischen Arbeit geht es nicht um willensbetontes, forciertes Atmen, wie es beispielsweise im sogenannten Rebirthing eingestellt wird oder in der holotropen Therapie nach Stanislav Grof, bei der sich die Klienten per Hyperventilation in einen veränderten Bewußtseinszustand versetzen, in dem dann verschiedene Arten von Musik eingespielt werden.[2] Im Vordergrund steht das anfangs vielleicht verunsichernde Gewahrwerden des eigenen Atems, so wie er im Moment ist. Gezielte Atemübungen dienen jedoch nicht nur dem bewußten Erleben, sondern ermöglichen auch korrigierende Neuerfahrung. Dieser Zugang bringt den Menschen allmählich in Kontakt mit seiner Fähigkeit, zu vertrauen und sich zu vertiefen, aber auch mit Ängsten und verschiedensten psychosomatischen Nöten. Indem diese besprochen und bearbeitet werden, kommt ein Transformationsprozeß in Gang, der sich wachstumsfördernd und stärkend auf die Gesamtpersönlichkeit auswirkt. Hier wird die Nähe zur tiefenpsychologisch orientierten Psychotherapie deutlich.

Sich selbst begreifen

Dazu ein Beispiel aus der Praxis: Frau A. kommt zu mir wegen Angstzuständen und Hyperventilation. Die Ängste äußern sich auch körperlich in Form von Engegefühl im Hals und im Brustbereich, starker Anspannung im Nacken und in den Schultern. Im Laufe der Therapie tritt das Körperempfinden der Patientin deutlich in den Vordergrund und kann, über den Atem angesprochen, mehr und mehr gelöst werden. Füße, Beine und Gesäß erfahren Belebung durch Behandlung: Massieren, Klopfen, sanftes Bewegtwerden im Atemrhythmus, Atemmassage. Die Aufmerksamkeit wird vom Verspanntsein im oberen Raum auf die tragenden Bereiche des Körpers gelenkt, auf gesunde, potente Anteile, die erlauben, daß die Last, die auf Schultern und Nacken liegt, nach unten sinken kann. Auch durch eigenes Tun, beispielsweise elementare Atemübungen wie das Schwingen um die Sitzbeinhöcker, Summen und Tönen und Selbstbehandlung im Sinne von „sich selbst Begreifen", kann Frau A. diese Beziehung zu den tragfähigen „Säulen" und der Basis ihres Körpers weiter ausbauen. Im Nachwirkenlassen, einem wichtigen Element der Arbeit, erlebt sie, die sonst sehr aktive, beruflich erfolgreiche Frau, die Wirkung der Stille und ihre Empfindungen als noch nie in den Sinn gekommene Möglichkeiten.

Die Angst (lat. *angustus* = eng) löst sich im Seelischen in dem Maße, wie sie im Körperlichen angenommen wird. Enge kann sich über das Atemerlebnis wandeln: Der Ein-Atem bringt Weite, Elastizität und Schwingungsmöglichkeiten; der

Aus-Atem löst und vertieft sich zum Beispiel durch Summen und Tönen; dies bewirkt wiederum mehr Freiheit im Einatmen. Warme, prickelnde Lebendigkeit und Ruhe kann sich ausbreiten, immer wieder kommt es zu tiefen Aufseufzern. Am Ende unserer Zusammenarbeit zeigt sich, daß Frau A. mehr „auf eigenen Füßen" steht und ihr Leben eigenständiger weiterführen kann.

Der Atem ist natürlicherweise dreiteilig gegliedert in Einatem, Ausatem und Atempause. Ein wichtiges Moment bei allem Umgang mit dem Atem ist das bewußte, aber absichtslose Innesein in diesem jeweils individuellen Rhythmus, insbesondere in der Atempause, die ohne ein „Wegsacken" und ohne Überspannung ein wirkliches Innehalten ist. Der Ausatem kehrt zurück zum Ursprung, und die Qualität des Ausatems und der Pause stehen in Beziehung zum erneuten Einatem-Impuls.

Stimme und Persönlichkeit

Diese Gesetzmäßigkeit findet ihren hörbaren Ausdruck in der Stimme. Sie ist Ausdruck der Persönlichkeit des Menschen und seiner momentanen Gestimmtheit. „*Per sonum*" heißt im Lateinischen „durch Klang". Das bedeutet: Die Persönlichkeit offenbart sich im Klang der Stimme, die Stimme ist ihre akustische Manifestation. So wie der Charakter des Menschen durch Umwelteinflüsse geprägt und geformt wird, spiegelt auch seine Stimme die Art der Beziehung, in der er zu seiner Umwelt, mit den sprechenden Vorbildern, der Muttersprache, sogar der Landschaft seiner Herkunft steht. In der Stimme drückt sich aber auch die Stimmung des Menschen aus: ob er verstimmt oder stimmig mit sich selbst ist, ob oberflächlich oder tief bewegt, gebrochen oder heiter. Die Stimme stimmt immer, so wie der Atem, insofern sie authentischer Ausdruck der momentanen Gefühlslage ist.

Das Wort „Stimme" hat neben dem mittelhochdeutschen *stimmen* = die Stimme betätigen, mit ihr wirken noch eine zweite Wurzel in dem althochdeutschen *gistimnitum* = in

Harmonie versetzen, einer Saite die richtige Tonhöhe geben, jemanden in die richtige Gemütslage versetzen, nicht im Widerspruch sein, richtig sein. So beeinflußt die seelische Gestimmtheit die Funktion der Stimm- und Atmungsorgane, und umgekehrt kann Atem- und Stimmarbeit für den Menschen sein wie das Stimmen für ein Instrument. Wie bei einer Saite bringt Unterspannung keinen Ton, Überspannung zerreißt sie. Entscheidend für den „guten Ton" ist der „*eutonus*", eine spannungsvolle Mittellage.

Die Diagnose- und Therapiemöglichkeiten aus dem Stimmklang verlangen ein aufmerksames Hinhören und empathisches Mitschwingen des Therapeuten. Aufgrund seiner Erfahrung wählt er Angebote, die zuerst die elementaren Stimmäußerungen fördern. Dazu gehören Körperbewegungen wie Dehnen und Strecken, Schwingen und Schütteln, die zu Brummen, Stöhnen, Seufzen und vor allem Gähnen einladen. Des weiteren läßt sich beim Summen (ganz frei oder auf „m") erleben, vom eigenen, tönenden Atem durchvibriert zu werden. Liegen die Hände dabei auf dem Körper, wird das innere Schwingen im Atem noch deutlicher. Wenn, davon ausgehend, der Mund sich öffnet, erklingt ein Vokal (z.B. m – a, m – u).

Die Vokalraumarbeit macht spürbar: Jeder Vokal ruft, bereits in der bloßen Vorstellung oder „stillschweigend gesungen", eine charakteristische Atembewegung hervor. Beim Tönen der Vokale entsteht eine stärkere Schwingung, deren Resonanz sich noch über den im Einatem entstandenen Vokalraum und seine Konturen hinweg ausbreitet. Die Vokalräume sind im ganzen Körper lokalisiert, und im Laufe der Zeit wird sich jeder Vokal deutlich einen Raum schaffen. Individuellen Erfahrungen ist gegenüber systematischen Zuordnungen der Vorrang zu geben, denn sie machen persönliche Entdeckungen vor dem Hintergrund der Grundgesetzlichkeit des Atems möglich.

Beim Tönen in der Gruppe zeigt sich die ordnende Kraft von Atem und Klang in besonderer Weise. Denn mit der innerlichen Entfaltung des Vokalatemraums entwickelt sich äußerlich ein sehr dynamisches Gruppengeschehen. Dieses fließt wiederum über Atem und Stimme, als eine Art klanglicher Spiegel der Stimmung(en), in den musikalischen Gruppenprozeß ein.

Einstimmung, Vokalimprovisation, Liedersingen

Woran denken Sie zuerst, wenn Sie das Wort Liedersingen hören? An ‚Hänschen klein‘, Volkslieder, Schlager oder unseren abendländischen klassischen Kunstgesang? An Mutter, Jugendgruppe, Kirche, Schule? Ist dies für Sie eine angenehme Vorstellung?

Vielleicht fällt es Ihnen leichter, sich diesem Thema sozusagen auf dem Umweg über andere Kulturen zu nähern. Es gibt auf der ganzen Welt Gesänge, die andere Lebensweisen als die unseren widerspiegeln. Aber die menschlichen Gefühle sind überall die gleichen. Daher gibt es auch überall archetypische Liedformen wie Liebeslieder, Kriegsgesänge, Schlaf- und Wiegenlieder. In unserer Kultur haben wir leider keinen so selbstverständlichen Umgang mehr damit. Beispielsweise ist die Totenklage in Europa nur noch vereinzelt erhalten; dabei stellt sie eine gute Möglichkeit dar, den Schmerz über den Abschied von einem geliebten Menschen zu gestalten.

Die Bewertung der Stimme („Du singst aber nicht schön") hat viele Menschen verunsichert. Bei den Gesängen der Afroamerikaner und deren modernen Ausprägungen wie Blues und *soul music* (= Seelen-Musik) dagegen kommt es gerade nicht auf den *belcanto*, den stimmtechnisch und ästhetisch schönen Kunstgesang, an, sondern den authentischen stimmlichen Ausdruck einer Seelenstimmung: Stimmung und Stimme sind eins.

In den Liedern sogenannter primitiver Volksstämme stellt sich Musik am ursprünglichsten dar. Da gibt es rhythmisch schwingende Rasseln, gefertigt aus Materialien der Gegend, etwa Nüssen oder Muscheln, dazu singen Frauen und Männer im Chor oder einzeln. Haben wir solche Musik nicht schon im Mutterleib gehört? Rhythmisches Rauschen, Rascheln, Klopfen, dazu die Stimme der Mutter und andere Stimmen und Geräusche. Archaische Musik ist nicht primitiv, sondern noch in direktem Kontakt mit dem menschlichen Ursprung, während wir in unserer hochentwickelten Musikkultur leicht aus dem Grundmaß, dem Grundschwingen, herausfallen, ihm nicht mehr angehören. Entsprechend sind bei uns oder in Kulturen, die gerade ihre Wurzeln verlieren (wie z. B. die australischen Ureinwohner), alle pathologischen Probleme mit dem „Maß" anzutreffen: Alkoholismus, Krebs als ausuferndes Zellwachstum, Eßstörungen und anderes mehr.

Noch einmal zurück zur Totenklage am Beispiel der Frauen in Ozeanien: Eine Frau steht an der Bahre eines nahen Verwandten und betrauert dessen Tod. Ihre Stimme wird von Schluchzern geschüttelt, aber sie singt immer weiter. Der Schmerz überwältigt sie nicht, da sie ihm eine Form geben kann. Die Trauer ihrer Seele ist der Inhalt des Liedes, das durch den Atem phrasiert wird. Andere Frauen stimmen ein, auch sie sehr ergriffen, dann endet das Schluchzen allmählich, der Gesang wird ruhiger und klingt aus.

Wo Trauer oder andere tiefe Gefühle ausgedrückt werden, wirken sie nicht mehr überwältigend und bedrohlich, sondern ihre Energie wird aufgenommen und umgewandelt. Der Ausdruck des Gefühls, seine Umsetzung in rhythmischen, phrasierten Gesang, ist wohl die einfachste Form von Psychohygiene. Daran knüpft die Arbeit mit Atem und Stimme an. Gefühle steigen auf, fließen in den Atem ein und formen ihn. Im Tönen finden sie Ausdruck und Widerhall. So können sie integriert werden.

Gemeinsame Stimm-Improvisationen

In der Arbeit mit einer Gruppe sieht das so aus: Nach einer Phase stillen Atemübens lade ich ein, tönen zu lassen, was kommt, das heißt, dem Ausdruck zu geben, was im Moment an Empfindungen und Stimmungen da ist. Dabei können alle Vokale oder auch Konsonanten wie das „m" oder „sch", „s" oder sonstige Laute auftauchen. Vielerlei Themen werden beim gemeinsamen Tönen deutlich: Welche Tonlage ist mir angenehm? Wie stehe ich zu meinem Ton? Lasse ich mich leicht wegziehen zu den Tönen anderer? Kann ich mit den anderen mitschwingen, oder stimmt für mich eher ein „Dagegen"? Möchte ich mich reiben? Ich empfinde immer wieder, daß das Sichüben im Atem wie ein stiller Gesang ist, der auf besondere Weise in Fluß kommt, wenn die Stimme sich dazu einschwingen darf.

Bei all diesen Stimm-Improvisationen geht es um ein Tönen, welches absichtslos von selbst kommt. Das erscheint uns bekannt als Geisteshaltung des östlichen Menschen, dem *„wuwei"* des Taoismus ähnlich, es wirkt wie ein Nichtstun, Nichthandeln, Nichteingreifen. Paradoxerweise führt das Tönen-Lassen aber eben nicht zu völliger Passivität, sondern kann auch im aktiven Gestalten präsent sein. Der Mensch stellt sich selbst als Instrument zur Verfügung für das, was da durchtönen will. Dafür bedarf es der Vertrautheit mit dem eigenen Körperempfinden und dem Atem sowie mit den sogenannten drei Segeln für die Stimme: Stimmbändern, Zwerchfell, Bekkenboden. Durch wiederholtes Tun entsteht darüber hinaus Zutrauen zu sich selbst und Vertrauen zu denjenigen, denen man sich mit seinen Lautäußerungen offenbart und vielleicht auch manchmal zumutet. So können langsam auch alte Wunden verheilen aus einer Zeit – wer hat das nicht in der einen oder anderen Weise erlebt –, als man beim Vorsingen in der Schule verlacht oder als unmusikalisch abgestempelt und „mundtot" gemacht wurde.

In der Praxis der Musiktherapie hat die vokale Improvisation traditionell ihren festen Platz. Als Einstimmung auf das Hören und Improvisieren wurde sie in der Wiener Musiktherapie viel verwendet. Auch im Rahmen instrumentaler Improvisationen kommen Stimme und Bewegung mit ins Spiel. Es gibt jedoch Situationen, in denen es angezeigt ist, statt dessen mit Liedern zu arbeiten. Bei Kindern etwa oder in der Geriatrie, also mit alten Menschen, oder bei der Arbeit mit Psychotikern können haltgebende Angebote aus dem tradierten Liedgut Mittel der Wahl sein. Aber auch in anderen Gruppen taucht bisweilen der Wunsch auf, ein bekanntes Lied zu singen. So erinnere ich mich gern an den abendlichen Ausklang einer Fortbildungsgruppe zum Thema „Atem und Stimme". Eine Teilnehmerin hatte sich ‚Der Mond ist aufgegangen' gewünscht. Spontan erklang das Lied mehrstimmig und vielstrophig und ließ uns sehr berührt auseinandergehen.

Unabhängig davon, welche der hier aufgezeigten Möglichkeiten gewählt werden, immer werden Freude und Lust an Körper, Atem und Stimme wegweisend sein.

Anmerkungen

1 Zitiert nach Dietrich, Stefan: Atemrhythmus und Psychotherapie. Ein Beitrag zur Geschichte der Psychosomatik und ihrer Therapien (Diss.), Bonn 1995, S. 73.
2 Vgl. Grof, Stanislav: Das Abenteuer der Selbstentdeckung. Heilung durch veränderte Bewußtseinszustände, München 1987, S. 201 ff.

Literatur

Fischer, Ursula: Vom Wesen der Stimme, in: Atem 4/1970, Bad Homburg.
Middendorf, Ilse: Der erfahrbare Atem. Eine Atemlehre, Paderborn 1987.

III.

Wer braucht Musiktherapie?

Ohne Antwort bin ich verloren – Musiktherapie mit Schrei-Babys und ihren Müttern

Von Gisela M. Lenz

Das Baby schreit ..., schon seit über einer Stunde ..., es biegt sich vom Körper der Mutter weg, kann aber auch nicht alleine liegen ..., es braucht Nähe und kann sich doch nicht niederlassen, wohlfühlen ... Frau F. gerät in Panik, sie ist schweißgebadet; was soll sie tun, nichts paßt dem Baby, sie kann es nicht beruhigen ... Ihr Mann kommt nach Hause, er hatte einen anstrengenden Tag. Jeden Abend fürchtet sie sich vor diesem Augenblick, wenn er zur Türe hereinkommt und seinen Unmut über diesen Empfang äußert. Auch diesmal ist es nicht anders, schlimmer noch: Nach einer weiteren halben Stunde vergeblicher Beruhigungsversuche platzt ihm der Kragen, und er schreit das Baby an: „Wenn du nicht sofort ruhig bist, kommst du ins Heim ..." Die Mutter bricht in Tränen aus, birgt das Baby in ihrem Arm und sagt zu ihm: „Nein, das lasse ich nicht zu, du bleibst bei mir." Auf einmal ist das Kind ruhig. Die Spannung hat sich gelöst.

„Du bis nicht allein"

Wie ist es dazu gekommen? Hat die laute Stimme des Vaters das Baby so erschreckt, daß es nicht anders konnte, als aufmerksam zu werden? Oder war es die Stimme seiner Mutter, die ihm voller Mitleid begegnete? Es kann durchaus sein, daß die laute Stimme des Vaters die Isolation des Babys durchbrochen hat; hätte sich aber das Verhalten der Mutter nicht verändert, wäre wahrscheinlich alles wieder von vorne losgegangen. Die Mutter löste sich selbst aus einem Zustand von enormer

Anspannung in die weichere Gestimmtheit des Mitleids und signalisiert: „Du bist nicht allein." Jetzt kann das Baby ihre Wärme spüren, ihre Berührung wahrnehmen, ihre Stimme hören – seine Sinne sind angesprochen; jetzt kommt es ins Gleichgewicht. Herzschlag, Magensäuresekretion, Atmung verändern sich. Es ist Friede eingekehrt.

Säuglinge erleben die Begegnung mit der Welt über ihre Sinne. Sinnliches Erleben ist ganzheitlich und schwer zu benennen, auch für uns Erwachsene. Es geht mehr darum, *wie* sich etwas anfühlt, als darum, *was* es ist. Der Säuglingsforscher Daniel Stern spricht hier von Vitalitätsaffekten, die die innere Kontur eines Gefühls erfassen. Vitalitätsaffekte bezeichnen nicht einen speziellen Gefühlsinhalt, sondern eine Art des Fühlens. Unterschiedliche Gefühle wie Wut und Begeisterung können sich in der Art und Stärke des Fühlens durchaus sehr ähnlich sein. Vitalitätsaffekte stellen die Beziehungen zwischen Menschen dar und dienen dem Baby auch dazu, die verschiedenen Personen seiner Umwelt zu erkennen. *So* fühlt sich das Zusammensein mit seiner Mutter an, *so* fühlt es sich mit seinem Vater an, und wieder anders mit seinem Bruder, seinem Onkel ...

Vitalitätsaffekte beschreiben die Dynamik des Erlebens und sind musikalischem Geschehen sehr verwandt. Daniel Stern beschreibt in ‚Tagebuch eines Babys',[1] wie ein kleiner Junge in seinem Gitterbettchen liegt und den Raum um sich herum wahrnimmt: „Auf einmal springt ein Stück Raum hervor. Eine dünne aufrechte Säule. Sie steht regungslos und singt eine strahlende Melodie. Jetzt kommen ganz aus der Nähe andere Töne hinzu. Daneben steht eine weitere Raumsäule. Sie singt auch, und ihr Lied paßt zu dem der ersten Säule. Ihrer beider Melodien verflechten sich zu einem Zwiegesang, eine Melodie tönt laut, die andere leise. Ganz weit weg zeichnen sich jetzt weite, weiche Formen ab. Sie pulsieren in einem langsameren, tieferen Rhythmus. Das nahe, helle Duett läuft in den fernen, langsamen Rhythmus hinein und wieder heraus. Beide Formen verweben sich zu einem einzigen Lied, das die Welt erfüllt. Dann kommt von irgendwoher ein anderer Ton. Eine Sternschnuppe: sie blitzt vorbei und ist schon verschwunden."

Diese musikalische Beschreibung ist ein schönes Beispiel, wie Säuglinge alles als Beziehung erleben: ein Miteinander von Stimmen, die sich nähern, entfernen, miteinander verflochten sind, plötzlich auftauchen und sich wieder auflösen. Säuglingsforscher bevorzugen musikalische Begriffe, um ihre Erkenntnisse zu beschreiben; dies war für mich der Anlaß, darüber nachzudenken, ob Musiktherapie bei einer Behandlung von schwierigen Babys hilfreich sein könnte.

Was sind Schrei-Babys?

Als Schrei-Babys werden Säuglinge bezeichnet, die mehr als drei Stunden an mehr als drei Tagen in der Woche quengeln oder schreien und das drei Wochen lang. Studien gehen davon aus, daß jeder fünfte Säugling ein Schrei-Baby ist. Allgemein kann man sagen, Schrei-Babys sind sehr irritabel, unruhig, brauchen viel Ansprache und Abwechslung. Sie befinden sich permanent auf einem hohen Erregungsniveau. Schrei-Störungen bringen die Eltern an den Rand ihrer Kräfte und konfrontieren sie oft mit existentiellen Versagensängsten.

Meine erste Begegnung mit einem Schrei-Baby fand in einem Mütterzentrum statt. Als ich Gustl und seine Mutter, Frau N., kennenlerne, ist das Baby sieben Wochen alt. Was sie aneinander bindet, ist quälende Not, nicht Freude aneinander. Das Kind ist die ganze Zeit über auf dem Arm von Frau N.; es braucht die körperliche Nähe der Mutter und kann sich doch nicht wohlfühlen. Es biegt sich von ihrem Körper weg und jammert die ganze Zeit; immer wieder geht dieses Jammern über in ein schrilles, nicht enden wollendes Schreien.

Es sind mehrere Mütter mit ihren Säuglingen und auch älteren Kindern da. Angesichts der offenkundigen Not verzichte ich auf eine Einführung und biete an, mit den Instrumenten zu spielen. Auf einer kleinen Trommel beginne ich mit einem Herzschlagrhythmus, der von der Praktikantin aufgenommen wird; dazu kommen Klänge von Müttern, eine Klangschale, eine Flöte, eine Glocke. Gustl wird aufmerksam, er hört zu. Er lächelt nicht, ist aber ganz aufmerksam. Wir haben alle den Eindruck, daß die Klänge ihn erreichen, und auch seine Mutter fühlt sich angesprochen. So beschließt sie, mit Gustl in die Musiktherapie zu kommen.

In die erste Stunde ist Gustls Vater mitgekommen. Bei ihm scheint sich Gustl wohler zu fühlen. Während der Stunde wird er unruhig. Die Mutter ist unsicher, ob seine Unruhe Hunger bedeutet und ob „das mit dem Stillen wohl jetzt klappen" würde. Es klappt. Gustl liegt in ihrem Arm und schaut sie an. Ich frage sie, wie sie sich denn jetzt fühle, ... es würde dem Kind im Moment ja offensichtlich ganz gut gehen. Sie schaut auf: „Ich warte die ganze Zeit auf das nächste Schreien, wann es kommt, wie lange es dauert, ob es wieder aufhört." „Dann können Sie diesen Augenblick jetzt gar nicht genießen?" „Nein, ich bin immer damit beschäftigt, wann es wiederkommt."

Sie probiert gerne die Instrumente aus und geht dann zum Xylophon. Gustl hört ihr mit größter Aufmerksamkeit zu. Sie bemerkt es und fängt an, mit ihm zu sprechen. Am Ende der Stunde meinen Vater und Mutter, das Baby habe zwar auch hier geschrien, aber weniger lang und nicht so schrill.

In der nächsten Stunde liegt Gustl entspannt auf der Decke und lächelt. Ich frage Frau N., ob sie ihr Baby umgetauscht habe. Sie lacht: Ja, das habe die Leiterin der Baby-Massage-Gruppe auch gefragt. Selbst die habe Gustl nie beruhigen können. Was war geschehen? Als die Mutter gemerkt hatte, wie ihr Baby auf den Klang des Xylophons reagierte, war sie am nächsten Tag sofort in die Stadt gefahren und hatte eines gekauft. Gustl habe es sich aussuchen dürfen. Jetzt spielt sie ihm mehrmals am Tag vor. Dabei beruhigt er sich, und ihr ginge es genauso. Sie selbst leide unter hohem Bluthochdruck, wenn sie aber Gustl auf dem Xylophon vorspiele, reguliere sich auch ihr Blutdruck auf normale Werte.

Hier begegnen wir dem Prinzip der Gegenseitigkeit. Die Regulation geschieht wechselseitig: Das Baby zeigt zum ersten Mal Freude und Zufriedenheit, es hat aus seiner Isolation in die Welt zurückgefunden; seine Mutter kann sich aus Anspannung und Ängstlichkeit lösen. Sehr beeindruckt hat mich dabei, daß sich in den geglückten Spiel-Sequenzen der hohe Blutdruck der Mutter normalisiert. Gustl hat erlebt, daß sich seine innere Befindlichkeit verändern kann. Noch geht es nur mit Hilfe von außen; er fühlt sich durch Klänge, die für ihn direkt sinnlich wahrnehmbar sind, unmittelbar angesprochen. Er erfährt Resonanz, bekommt Antwort, die ihm entspricht und daher anspricht. Von jetzt an werden auch die üblichen Beruhigungsmethoden, Berührung, Ansprache, Stillen bei ihm anders ankommen. Er hat jetzt erfahren, daß Veränderung in seiner Befindlichkeit überhaupt möglich ist. Durch die Erfahrung und viele weitere, die noch folgen werden, wird Gustl mit der Zeit in der Lage sein, sich selbst zu regulieren.

Diese inneren Befindlichkeiten des Kindes sind von dynamischem, fluktuierendem Charakter. Sie werden in der Literatur auch als *states* (Zustände) bezeichnet und als Vorläufer der Gefühle betrachtet.

Säuglinge kommen mit einer Fülle von Anlagen auf die Welt; ob sie diese Anlagen ausbilden können, hängt von der Antwort der Umwelt ab. Diese Erfahrungen der frühen Lebensphase bilden ein Erfahrungswissen (implizites Wissen), das durch Beziehungen mit anderen Menschen weiter ausgeformt wird.

Spielerisches Miteinander

Ein dynamisches Geschehen hat immer mit Gegenseitigkeit und Antwort zu tun. Wir beantworten Reize, die von innen oder von außen kommen, ohne daß wir lange überlegen. Es geschieht intuitiv, wie das freie Spiel. Wir reagieren schnell, ohne nachzudenken, nicht zielgerichtet und stellen uns auf die jeweilige Atmosphäre und auf den jeweiligen Partner ein. Und dies gilt ebenfalls für die musikalische wie die musiktherapeutische Improvisation. „Die erste Idee ist gut, die zweite schon zu spät", erlebt ein Musiker das Improvisieren. Improvisation, ob in der Musik oder im täglichen Leben, bedeutet, kreativ mit dem umzugehen, was uns begegnet.

Auch in der frühen Mutter-Kind-Beziehung spielt Improvisieren, das spielerische Miteinander, eine große Rolle. Es ist ein Wagnis, sich auf Unbekanntes einzulassen. Daniel Stern beschreibt es so: „Das Hervorbringen und Mitvollziehen einer fortlaufend improvisierten (...) sozialen Interaktion kann oft ein Prozeß sein, bei dem man sich einsam, ja entfremdet fühlt. Noch niemand hat die zu benutzenden ‚Schritte und Noten' schriftlich festgehalten, da sie im Verlaufe improvisiert werden, und noch keiner hat jemals die große Fülle neuer, oft ungewöhnlicher und unerwarteter Verhaltenskombinationen, die eine Betreuungsperson unbewußt im Umgang mit dem Baby anwenden wird, in einer Liste erfaßt oder sanktioniert. An diesem oder jenem Punkt werden die meisten Betreuungspersonen feststellen oder das Gefühl haben, daß sie sich mit ihren selbstgeschaffenen, improvisierten Verhaltens-Interaktionen auf einem recht schmalen Grat bewegen und ganz auf sich gestellt sind. Manche mögen diese Erfahrung anregend und ermunternd finden, aber für die meisten ist sie oft beängstigend ... Die improvisierten Sequenzen, die überraschenden Verhaltensweisen, die von innen kommen, die sich, ohne nachzudenken, im Ändern von Tonhöhe, Tönung, Tempo und Modalität äußern, die auf der Basis von kurz aufblitzenden Hinweis-Reizen nur vage erfahren und doch deutlich genug wahrgenommen werden." Dies alles sieht Stern integriert in einem „solide strukturierten Rahmen, den die Natur sowohl dem Kleinkind als auch der Betreuungsperson mitgegeben hat".[2]

Die Fähigkeit zu intuitivem Handeln ist also biologisch in uns angelegt. Ein schreiendes Baby löst beispielsweise in uns Notfallsignale aus, so daß wir alles versuchen werden, das Kind zu beruhigen. Für dieses Geschehen hat das Forscherehepaar Mechthild und Hanusz Papousek den Begriff des *intuitive parenting* (intuitive elterliche Verhaltensweisen) geprägt. Jeder von uns hat die Fähigkeit, Signale eines Säuglings zu erkennen und zu beantworten. Das Entscheidende hierbei ist jedoch, daß intuitives Handeln nicht bewußt ausgeführt, durch bewußtes Wollen sogar gestört werden kann. Intuitives Handeln geschieht dreimal so schnell wie bewußtes Handeln.

Gefühl für Stimmigkeit

Kommen wir noch einmal auf die besondere Qualität frühkindlichen Erlebens zurück, auf die Tatsache, daß Säuglinge die Welt über ihre Sinne erleben. In dieser Hinsicht sind sie Meister; sie vergleichen bereits sehr früh Eindrücke, die sie über einen bestimmten Sinneskanal, etwa die Augen, erhalten, mit anders wahrgenommenen Eindrücken, etwa des Tastsinns. Dies bezeichnet man als Fähigkeit zur Kreuzmodalität. Mit wenigen Wochen können Säuglinge den Schnuller wiedererkennen, an dem sie – ohne ihn vorher gesehen zu haben – eine Zeitlang gesaugt haben, wenn man ihnen zwei Schnuller, den bekannten und einen mit einer anderen Form zeigt. Das Sich-Anfühlen-des-Schnullers-beim-Saugen stimmte nicht mit dem visuellen Eindruck des anderen überein.

Ein anderes Beispiel: Säuglinge sehen zwei Filme, in einem sieht man ein Auto, das sich nähert, im dem anderen fährt es weg. Dazu hören die Babys ein dynamisch ansteigendes Motorengeräusch. Alle schauen zu dem Film, auf dem das Auto näherkommt. Dies zeigt, daß Säuglinge erfassen können, was paßt, was „stimmig" ist. Dieses Gefühl für Stimmigkeit haben auch ältere Kinder: Vater und Sohn, fünf Jahre, hören gemeinsam Straßenmusikanten zu. Die beiden Musiker spielen Akkordeon und Klarinette; auf einmal sagt das Kind: „Warum lügen die denn? Ich höre Geigen, aber es sind gar keine da." (Die Musiker hatten den Geigensound vom Kassettenrecorder mitlaufen lassen.) Visueller und akustischer Eindruck stimmten nicht überein.

Die Fähigkeit zum amodalen Erleben und die damit verbundene Fähigkeit zur Kreuzmodalität können wir auch als basale Wahrnehmung oder als Grundwahrnehmung bezeichnen. Sie ist allen Säuglingen – überall in der Welt – mit in die Wiege gelegt. Sie erleben die Welt zuerst im Spiel dynamischer Kräfte; unterschiedliche Beziehungen werden in charakteristischen dynamischen Intensitätskonturen (melodische Linien und dynamischer Ausdruck) gespeichert. Damit sind Säuglinge

Kosmopoliten: Sie können in jeder Kultur aufwachsen. Dies gilt aber nur für das erste Lebenshalbjahr. Bis zu sechs Monaten können japanische Kinder beispielsweise noch „r" und „l" unterscheiden, dann verschwindet diese Fähigkeit, wohl weil sie keine Resonanz gefunden hat. Japanische Kinder, die dagegen in Deutschland aufwachsen, behalten diese Unterscheidung bei. Bis zum zweiten Lebenshalbjahr scheint das globale Prinzip vor dem spezifischen, kulturellen zu gelten. Es liegt nahe anzunehmen, daß es eine „dynamische Ursprache" gibt. Wir kennen das von Reisen in fremde Länder: Ohne daß wir die jeweilige Sprache verstehen, wissen wir, worum es geht, wenn sich eine Mutter an ihr Kleinkind wendet. Sprachmelodien sind international.

Wie soll man nun mit einem Baby umgehen? Was erwartet es, wann fühlt es sich verstanden und beantwortet? Ich glaube nicht, daß es nur eine einzige richtige Antwort gibt. So ist es durchaus möglich, daß Vater und Mutter sich sehr darin unterscheiden, wie sie das Baby beruhigen oder behandeln. Was für den einen stimmt, mag für den anderen nicht passen. Für das Baby stimmt es aber durchaus, daß der eine mit ihm *so* umgeht und der andere ganz anders. Denn es baut zu jeder Person seiner Umwelt eine ganz individuelle Beziehung auf. Ob das Miteinander stimmt, bestimmen beide.

Ganz allgemein gilt aber, daß wir uns – dem *intuitive parenting* folgend – auf die Sprache des Säuglings einstellen. Seine Sprache hat sinnlich wahrnehmbare, dynamische Qualitäten, und auch wir machen ihm unsere Antwort sinnlich erfahrbar. Intuitiv sprechen wir mit hoher Stimme, wir übertreiben, spielen mit Mimik und Stimme, versuchen, das Kind in seiner Intensität zu erreichen.

Ein Baby, das sich richtig eingeschrien hat, wird kaum mit sanften Wiegenliedern zu beruhigen sein. Sie haben eine Schwingung, die es nicht erreicht. In dieser Notfallsituation fühlt es sich wie auf einem anderen Stern. Ein Vater erzählte mir, er habe in seiner Not mit seinem kleinen Sohn mitgeschrien. So habe er ihn erreicht und dann beruhigen können. Dazu gehört sehr viel Mut. In der therapeutischen Situation, auf die ich später genauer eingehen werde, spielt dasselbe Prinzip eine Rolle: Ich muß erst einmal ein Instrument einsetzen, das der Intensität des schreienden Säuglings entspricht. Nur so kann ich ihn erreichen.

Diese Abstimmung auf die Befindlichkeit des Säuglings gilt natürlich nicht nur für die extremen Schrei-Situationen, sondern ganz allgemein und besonders für die Momente geteilter Freude. Die Säuglingsforscherin Beatrice Beebe betont, wie wichtig die gelungene frühe Abstimmung ist, damit sich ein Gefühl von „Gesehensein", von „Sich-verstanden-Fühlen" bilden kann. Dazu müsse man auf der selben Wellenlänge sein.[3] Die aktive Suche nach derselben Wellenlänge, nach Synchronisation, zeigt sich ganz direkt bei Kindern, die schon einige Monate alt sind und mitspielen wollen. Dazu ein Beispiel: Die Mutter von Franzl und ich hatten zusammen impovisiert; dabei hatte das Kind (acht Monate) immer wieder versucht mitzuspielen; die Mutter hatte ihm jedoch keinen Platz gemacht. Kaum waren wir fertig, nahm er einen Schlegel und schlug genau im selben Metrum auf das Xylophon. Solche Szenen haben sich inzwischen mit verschiedenen Kindern sehr oft wiederholt, so daß wir eine Absicht annehmen müssen, gleiche Wellenlängen herzustellen. Die Begeisterung von kleinen Kindern, wenn es gelingt, die Mutter (und die Therapeutin) zum Zusammenspiel zu bewegen, ist beeindruckend.

Sich verstanden fühlen

Neben Gegenseitigkeit kennzeichnet das Prinzip der Gleichzeitigkeit das frühe Spiel von Mutter und Kind. Die Interaktionen bedingen sich so unmittelbar, daß man in dieser Lebensphase eher von „gegenseitiger Ansteckung" sprechen sollte; was dabei entsteht, ist mehr ein Duett als ein Dialog. Die Mutter beantwortet ihr Baby vor allem in der Gleichzeitigkeit, nicht im Nacheinander, das einige Monate später zur entscheidenden Qualität wird. Für Beebe sind solche Erlebnisse von Gleichheit und Gemeinsamkeit Schlüsselmomente der Interaktion, und Stern betrachtet das Teilen gemeinsamer Gefühlsräume und das Sich-anstecken-Lassen von Affekten als die Basis subjektiver Intimität. Es ist das Gefühl von: „Da kam etwas zusammen, haben sich zwei getroffen." Für die Münchner Atemtherapeutin Herta Richter ist ein solcher Moment eine „Begegnung, in der schon Veränderung liegt, Wandel stattfindet". So ist es im Verlauf einer Mutter-Kind-Therapie immer ein besonderer Moment, wenn zwischen beiden zum ersten Mal offensichtliche Freude aneinander entsteht.

Durch solche Momente regulieren sich Beziehungen, Spannung löst sich, Neues kann entstehen. Diese Momente entstehen im täglichen Leben immer wieder im Umgang mit unseren Mitmenschen, wir bemerken sie aber kaum, weil wir nicht darauf achten und dieses Geschehen so schnell abläuft. Nach Stern sind menschliche Beziehungen eine lebenslange, gegenseitige Regulation. Bedenklich werden sie, wenn in ihnen nur noch Anspannung vorherrscht. Synchronisation spielt auch in der Arbeit mit erwachsenen Klienten daher eine entscheidende Rolle. Manchmal ergibt es sich zufällig, daß KlientIn und TherapeutIn gleichzeitig dieselben melodischen Phrasen oder Töne spielen; das Erleben eines solchen Gleichklangs wird meistens beschrieben als: „Ich habe mich noch nie so verstanden gefühlt." Synchronisation ist auch auf der physiologischen Ebene beobachtbar. Der Musiktherapeut Lutz Neugebauer untersuchte in seiner Dissertation das Verhalten des Herzschlags im Verlauf von Improvisationen. Dabei zeigte sich, daß eine Synchronisation des Herzschlags stattfand, wenn beide Partner in das musikalische Geschehen verwoben und gleich beteiligt waren. Gegenseitigkeit und Gleichzeitigkeit waren auch hier entscheidend.[4]

Die Qualität der frühen Mutter-Kind-Beziehung bestimmt, wie ein Mensch der Welt begegnen wird. Ob er menschlichen Kontakt als angenehm empfinden und sich dafür einsetzen wird, ihn herzustellen, oder ob er sich zum Einzelkämpfer entwickelt. Soziale Kompetenz geht Hand in Hand mit der Fähigkeit, sich aktiv Hilfe holen zu können. Die frühe Kindheit ist auch die Zeit, in der sich entscheidet, ob sich ein

Mensch in andere einfühlen kann oder nicht. Und sie ist die Zeit, in der die optimistische oder pessimistische Färbung des späteren Erlebens entsteht und die Frage entschieden wird, ob jemand sich flexibel auf Gegebenheiten einstellen und Lösungen finden kann.

Gibt es auffällige Interaktions-Muster bei Schrei-Störungen? Bei der Frage nach Qualität einer schwierigen Mutter-Kind-Beziehung – *wie* fühlt sich diese Beziehung an? – fällt auf, daß sich beide in einem engen, unflexiblen System befinden. Streß, Angestrengtheit und Unsicherheit dominieren; Schrei-Babys und ihre Mütter kennen kaum oder keine Freude aneinander, gemeinsame Spielstunden fehlen. Diese gemeinsamen Spielstunden, die sich beispielsweise nach dem Füttern anbieten, werden nicht genutzt, weil die Mütter meist froh sind, wenn das Kind endlich einmal ruhig ist. So wird gerade die Gelegenheit zum freien Spiel versäumt, das sich besonders dazu eignet, verschiedene Gefühlsräume, verschiedene Intensitäten kennenzulernen und die Erfahrung zu machen, daß sich spannungsvolle Zustände lösen können.

Wie entstehen Schrei-Störungen?

Oft beginnt es mit Mißverständnissen in den „normalen" täglichen Abläufen. Kommt eines ab und zu zustande, ist es tolerierbar. Wenn aber die Kette von Mißverständnissen nie abreißt und nie eine Lösung entsteht (im Sinn von: ah, das war es jetzt, das fühlt sich gut an), geraten Mutter und Kind in ein Hamsterrad, in dem sich beide gegenseitig anstubsen und aus dem niemand auskommt – so hat es eine Mutter beschrieben.

Ein Beispiel aus einer Therapiestunde: Die Zeichen, die das Kind gibt, deuten auf Hunger. Es schreit. Die Mutter versucht, es zu stillen; das Baby kann aber nicht trinken, weil es viel zu aufgeregt ist. Ich beruhige es mit einem Instrument, stelle Kontakt her, spreche mit ihm. Das Kind lächelt, läßt den Kopf sinken und läßt oben und unten Luft ab. Jetzt hat es sich Raum geschaffen, der Hunger ist jedoch nicht gestillt. Es fängt wieder an zu schreien. Die Mutter meint: „Na, Hunger kannst du ja nicht haben. Wir haben es doch gerade probiert." Auf meine vorsichtige Nachfrage, wie sie denn die Zeichen ihres Kindes interpretiere, meint sie: „Soll ich's nochmal versuchen?" und ist überrascht, wie problemlos ihr Baby trinkt.

Am Beispiel eines ehemaligen Schrei-Babys möchte ich zeigen, wie eine früh entgleiste Mutter-Kind-Interaktion die Entwicklung eines Kindes gefährden kann: Udo, ein Junge von zweiundzwanzig Monaten, ein Wunschkind, kommt mit der Diagnose verzögerte Sprachentwicklung in die Musiktherapie. Er war ein Schrei-Baby und verfügt jetzt – im Alter von fast zwei Jahren – nur über ein Repertoire von etwa fünf Wörtern. Die Mutter berichtet, wenn ihm etwas nicht passe, fange er an zu schreien wie ein Tier, und sie müsse raten, was jetzt los sei. Er gebe auch keine Zeichen, was er wolle. Nach der Geburt hatte die Mutter sich dem Vater des Kindes untergeordnet, der von ihr verlangt hatte, daß sie das Baby bei jedem „Mucks" stille. Sie meint selbst, sie habe oft den Eindruck gehabt, Udo wolle jetzt gar nicht trinken. So hatte Udo wohl oft das Gefühl, nicht verstanden zu werden, und die Motivation verloren, in Kommunikation mit seiner Mutter zu treten.

In den ersten Stunden ist Udo in permanenter Unruhe und wirkt haltlos. Er läßt sich aber von den Instrumenten, insbesondere von den Rasseln, fesseln. Jetzt zeigt sich, daß affektiv-motorische Aktivität und lautlicher Ausdruck nicht Hand in Hand gehen: So animiert ihn der Klang von Rasseln dazu, begeistert die Arme nach oben zu reißen. Sein Mund öffnet sich dabei – es kommt aber kein Ton heraus. In solchen offensichtlich „nicht passenden" Szenen greife ich ein. Ich nehme mir auch zwei Rasseln, spiele mit, imitiere, begleite und kommentiere sein wie auch mein Spiel, bis wir uns beide im freien, lustvollen Spiel finden. Am Ende der Stunde sind seine stimmliche Äußerung und das Agieren mit Instrumenten zum ersten Mal „stimmig".

In den folgenden Stunden entdeckt er mit mir vokale Spielchen – brabbeln, prusten, Spiel mit Silben – was ihm große Freude macht, seinem Alter aber eigentlich nicht mehr entspricht. Sofort läuft er zu seiner Mutter und fordert sie auf mitzutun. Ihr ist diese Ebene jedoch fremd und peinlich. Der Junge versucht es immer wieder, ich unterstütze von meinem Platz aus das Spiel, und so wird die Mutter mit der Zeit immer mutiger. Jetzt ist Udo das glücklichste Kind der Welt.

Dieser Moment war der Wendepunkt in der Beziehung. Von da an sprach er sie mit „Mama" an und zeigte ihr, was er wollte. Seine sprachliche Entwicklung ging nun in Riesenschritten voran, und innerhalb von wenigen Monaten hatte er seinen Sprachrückstand aufgeholt. Beeindruckend waren auch die Veränderung in seinem sozialen Verhalten und eine gewandte, positive Einschätzung durch die Umwelt.

Bei einem späteren Interview war auffallend, daß sich die Mutter gar nicht daran erinnerte, daß der Sprachrückstand von Udo der Grund dafür gewesen war, in die Musiktherapie zu kommen. Sie erinnerte sich vielmehr an ein Gefühl von „wir treffen uns nicht, wir kommen nicht zueinander – es ist quälend unbefriedigend" – ein Gefühl von wachsender Aggressivität auf beiden Seiten. „Ich hatte Angst, ich würde ihn irgendwann schlagen", sagte sie.

Dieser Fall stützt die Annahme, daß Entwicklung nicht phasenweise abläuft, die einzelnen „Lebensthemen" vielmehr zu jeder Zeit auftauchen und bearbeitet werden können. Angesprochen hat Udo die dynamische Sprache des Klangs in der Schicht frühester Erlebensqualitäten; und der Augenblick, in dem hier wohl zum ersten Mal ein direkter Kontakt, wirkliches Teilen, gemeinsames Erleben möglich war, verhalf ihm zu einem Quantensprung in seiner Entwicklung.

Was geschieht in der Therapie?

Zu Beginn der Musiktherapie ist das Schrei-Problem oft so durch-dringend, daß ich zuerst versuche, das Kind zu beruhigen (um organische Ursachen einer Schrei-Störung auszuschließen, sind alle Babys vorher natürlich kinderärztlich untersucht worden). Schrei-Anfälle sind für den Säugling Notfall-Situationen; er fühlt sich aus der Welt geworfen, er ist ohne Orientierung – nichts kann ihn erreichen. Denken wir an den Vater, der in seiner eigenen Not das Schreien seines Babys aufnahm und dadurch an das Kind herankam; dann modulierte er seinen eigenen Ausdruck und wurde immer ruhiger; so konnte er sein Kind beruhigen. Es geht also auch hier um das Teilen von Intensitäten, um gemeinsames Erleben, darum, sich auf derselben Wellenlänge zu treffen.

Ich gehe in ähnlicher Weise vor: Ich nehme ein hochfrequentes Instrument, wie die Ocean-Drum (eine Trommel, in der viele kleine Kügelchen bewegt werden und die dadurch wie Meeres-Rauschen klingt) oder eine afrikanische Rassel, und versuche, mich auf die Intensität des kindlichen Schreiens einzustellen. Meist reagieren die Babys sehr schnell, hören auf zu schreien und werden aufmerksam. Jetzt setze ich meine Stimme ein, wobei die Art und Weise, *wie* ich spreche, entscheidend ist. Meine Stimme wird zu einem Melodieinstrument. Ich spreche das Baby an, warte ab, ob und wie es reagiert. Dies bedingt wiederum meine Reaktion.

In diesem kurzen Abschnitt begegnen wir zwei grundlegenden Prinzipien: Das erste ist das Teilen eines bestimmten intensiven Zustandes – „ich hole dich da ab, wo du bist" – und das Modulieren, Verändern dieses Zustandes. Es ist wie ein Thema mit Variationen. Viele Variationen zu finden, das ist das Lebendige dabei. Das zweite Prinzip ist: Antworten und die Antwort des Babys abwarten. Wenn das Kind aus der Schrei-Phase heraus ist, wird es antworten, wenn es Raum dazu bekommt. Seine Antwort bedingt wiederum meine Antwort – es kommt zum Wechselspiel. Dabei ist ganz entscheidend, auf die Signale des Säuglings zu achten: Wie lange möchte er Kontakt, wann wird es ihm zuviel? Wenn wir uns darauf einstellen, macht das Kind die Erfahrung, daß es etwas bewirken kann. Dies wiederum fördert seine Fähigkeit zur Selbstregulation.

In der Musiktherapie-Sitzung erleben die Mütter ihre Kinder anders, als sie es gewohnt sind. Auch dies schafft Raum für die Vorstellung, daß Veränderung überhaupt möglich ist. Ein

Beispiel dazu: Gegen Ende einer Musiktherapie-Stunde wurde Gustl eindeutig müde. Auf meine Frage, ob sie Gustl in die Tragetasche legen wolle, meinte Frau N.: „Der schläft tagsüber nie, auch wenn er müde ist." So machte ich ihr den Vorschlag, wir könnten doch gemeinsam versuchen, ihn zum Schlafen zu bringen. Es gelang. So ist es immer wieder ein Suchen, Ausprobieren, Neues Finden – es gibt nie nur eine Lösung.

Es gilt also zuerst, den Teufelskreis von gegenseitig bedingtem Streß zu unterbrechen. Einmal gehört dazu das Beruhigen des Kindes im Schrei-Anfall, ebenso aber auch, der Mutter einen Zugang zu Entspannung und einer verbesserten Wahrnehmung zu ermöglichen. Vorgefaßte Meinungen verhindern den Blick für das, was eigentlich ist.

Ein weiteres Ziel der Musiktherapie ist es, dem Mutter-Kind-Paar zu ermöglichen, sich miteinander besser zu fühlen. Viele Mütter wünschen sich zum Beispiel, daß ich Monochord für sie spiele. Sie genießen den Klang, der sie umhüllt, sie empfinden ihn als warm und lösend. Beim Stillen hat sich das Monochord sehr bewährt. Es übt eine besondere Faszination auf Kinder aus; Säuglinge versuchen oft, die Töne in ihrer Höhe zu treffen, und mit vier oder fünf Monaten gelingt ihnen das auch. Wenn sie dann etwas älter sind, animiert sie das Instrument zum Mitspielen und anderem mehr. Der große Gong wird meist erst ab dem Alter von etwa sechs Monaten angenommen; dann erleben manche Kinder aber höchstes Entzücken, wenn sie von ihren Müttern davorgehalten werden und merken, welche Klangfülle sie mit ihren Händen und Füßen bewirken können.

Manche Mütter wollen keine Musik machen, sondern nehmen gern einfache Hinführungen zum Atem (als Möglichkeit, etwas von sich gewahr zu werden) an und integrieren sie in den Alltag. Gezielte Entspannungsübungen werden ebenfalls eingesetzt, teilweise verbunden mit Phantasiereisen. Auch hier geht es immer wieder darum nachzufragen: „Spüre ich hier etwas, was ich kenne? Ist es etwas, was immer da ist, mir aber nicht zur Verfügung steht?" Der Zugang zur eigenen Kraft, zum gestaltenden Potential wird möglich.

Gemeinsame Improvisation

Das gemeinsame Improvisieren hat in der Musiktherapie einen hohen Stellenwert. Hier bietet sich der Mutter die Gelegenheit, mit einem Gegenüber in Beziehung zu treten, die eigene Schwingungsfähigkeit zu entdecken und damit mehr persönliche Sicherheit im Umgang mit ihrem Kind zu finden. In der Improvisation wie in der frühen Mutter-Kind-Beziehung finden wir die Qualitäten von Gemeinsamkeit, Gegenseitigkeit und Gleichzeitigkeit, also gemeinsames Erleben, das Teilen von Affekten und Gefühlen, das Sich-gegenseitig-Anstecken. Das kann auch Aus-dem-Augenblick-Herausschöpfen, Sich-einstimmen-Können heißen. Es verlangt ebenso das Erkennen von Signalen wie angemessenes Reagieren und führt zum In-Beziehung-Sein mit dem gemeinsamen Werk. Freies Spiel kann man wie einen Tanz erleben, in dem niemand so genau weiß, von wem der Impuls ausgegangen ist. Nicht als freies Spiel, sondern themenbezogen richtet sich die Improvisation beispielsweise auf die Fragen: Wie klingt mein Nein, hat es verschiedene Gestalten, oder ist es sehr ein-seitig? Sie bringt gezielt Gefühle wie Wut oder Enttäuschung, die sich auf den Partner beziehen, mit „ins Spiel".

Wenn das Baby ruhig und zufrieden ist, bespreche ich mit der Mutter ausführlich die vergangene Woche, ob und was sich verändert hat, wie sie sich gefühlt hat, ob ihr etwas geglückt ist. Meist fällt auf, daß die Momente, in denen etwas besser ging, gar nicht wahrgenommen werden. Es ist fast so, als hätten die meisten Menschen ein Programm in sich, das festlegt: Es ist so und wird auch nicht anders werden. Von um so größerer Bedeutung ist es daher, sich gerade die Momente, in denen es einmal anders war, bewußt zu machen. Ebenso können Konflikte, die in der Partnerschaft, im sozialen Umfeld auftauchen, besprochen werden.

Die musiktherapeutischen Angebote ergeben sich immer aus dem Zusammenhang. Gleichgültig, ob sie sich direkt an die Mutter (z.B. Atemwahrnehmung, Entspannung) oder an das

Kind (z. B. Kontaktaufnahme im Schrei-Anfall) wenden oder ob sie beide darin unterstützen, sich besser miteinander zu fühlen – es geht darum, wie in einem Fließgleichgewicht das zu nehmen, was sich momentan anbietet, es zu modulieren, in Schwingung zu versetzen. Kleinste Veränderungen können neue Richtungen geben, wenn sie wahrgenommen werden. Es kommt mehr Offenheit ins System und damit auch die Entdeckung der Lust auf Neues.

Anmerkungen

1 Stern, Daniel: Tagebuch eines Babies, München 1991, S. 30.
2 Ders.: Mutter und Kind. Die erste Beziehung, Stuttgart 1979, S. 161-163.
3 Vgl. Beebe, Beatrice: Vortrag, Köln 1994, unveröffentlicht.
4 Vgl. Neugebauer, Lutz: Kairos 2, Bern 1998.

Literatur

Dornes, Martin: Der kompetente Säugling, Frankfurt a. M. 1993.
Köhler, Lotte: Kleinkindforschung, in: Forum Psychoanalyse I/1990.
Oerter, Wolf und Montada, Leo: Entwicklungspsychologie, Weinheim 1995.
Papousek, Mechtild: Vom ersten Schrei zum ersten Wort, Bern 1994.
Stern, Daniel: Mutter und Kind. Die erste Beziehung, Stuttgart 1979.
Ders.: Die Lebenserfahrung des Säuglings, Stuttgart 1992.
Ders.: Tagebuch eines Babys, München 1991.

Ich halte dich aus – Musiktherapie mit einem verhaltensauffälligen Kind

Von Frauke Schwaiblmair

Sebastian ist elf Jahre alt und hat einen Zwillingsbruder. Äußerlich sind die zwei sich sehr ähnlich, sie wirken aufgeweckt und reden viel. Doch Sebastian muß mit ganz anderen Bedingungen als sein Bruder zurechtkommen. Sebastian ist der Jüngere von beiden, und während der Entbindung wurde die Sauerstoffversorgung schlechter. Dies hinterließ Spuren: Sebastian ist lernbehindert, er hat Schwierigkeiten beim Lesen und Rechnen, braucht länger, um sich etwas zu merken oder um bestimmte Regeln zu verstehen. Sein Bruder geht auf das Gymnasium, Sebastian besucht die Sonderschule für Lernbehinderte.

Hier wird eine Diskrepanz deutlich, unter der Sebastian leidet: Er ist seinem Bruder sehr ähnlich und doch nicht. Eltern, Freunden, Bekannten und insbesondere Fremden passiert es immer wieder, daß sie Sebastian genausoviel zutrauen wie seinem Bruder. Dabei versteht er Spielregeln langsamer, braucht länger beim Lesen und bei allem, wo er nachdenken muß. Nicht nur andere sind ungeduldig mit ihm, auch er erwartet mehr von sich. Sein Alltag ist von klein auf geprägt von Enttäuschungen. Wenn etwas nicht klappt, dann wird er ungehalten, sauer, aggressiv. Er ärgert andere Kinder in der Klasse, wirft mit Sachen und ist in der Familie der „Störer". Aufgrund dieses Verhalten, mit dem seine Angehörigen, Kameraden und Lehrer kaum mehr umgehen können, kommt er in die Musiktherapie.

Hier darf ich sein

Sebastian kommt einmal in der Woche in Einzelmusiktherapie. Er nutzt die Instrumente am liebsten für Geschicklichkeitsspiele, denn hier liegt seine Stärke. So zielen wir anfangs immer wieder mit Bällen auf den Gong, der Erfolg ist zu hören. Aber der Mißerfolg? Wie „klingt es", wenn etwas nicht klappt, wer bekommt es mit, wer soll es mitbekommen? Mit diesen Fragen beschäftigen wir uns. Wenn Sebastian sauer wird, dann machen wir gemeinsam eine Musik, die laut und aggressiv ist. Sebastian sucht sich hierfür Pauken und Becken aus. In unseren Gesprächen wird deutlich, daß immer die anderen an seinen Mißerfolgen schuld sind: Seine Eltern sind ungerecht, sein Bruder eingebildet, der Gong zu klein, die Instrumente zu leise, die Lehrerin mag ihn nicht. Immer wieder versuche ich, Sebastian im gemeinsamen Spiel auf den Instrumenten erleben zu lassen, daß ich neben seiner Wut auch andere Gefühle wie Traurigkeit und Enttäuschung spüre. In einer Improvisation nach einem halben Jahr Therapie wird besonders deutlich, daß er sich bemüht, nun auch mit solchen Gefühlen konstruktiv umzugehen.

Klavierlärm und schöne Musik

Als Sebastian mit seiner Mutter kommt, ist er „geladen". In einem Zustand höchster Erregung schimpft er auf mich und die Musiktherapie. Seine Mutter erzählt, daß am Vormittag eine Fahrradprüfung war, die er bestanden hat, aber ohne die von ihm erwartete Auszeichnung. Sebastian weiß, daß er nicht in den Therapieraum kommen muß, er wird nicht zur Musiktherapie gezwungen, ist aber willkommen. Nachdem er so viel Wut auf die Therapie und mich gerichtet hat, sage ich es ihm noch einmal. Danach kommt er, laut schimpfend, mit in den Raum. Für mich ist das ein Zeichen, daß er an der akuten Problematik arbeiten will. Ich schlage vor, den Verlauf des Vormittags auf Instrumenten darzustellen. Sebastian stimmt zu und möchte alles auf Kassette aufnehmen.

Auf seinen Wunsch beginnen wir gemeinsam am Klavier, wo für die Zeit vor der Prüfung eine Musik, ein Klang entsteht, der an Fröhlichkeit und Leichtigkeit erinnert. Die Vorfreude auf die Fahrradprüfung wird erlebbar. Je näher wir der Prüfung kommen, desto gespannter wird die Stimmung. Auf einmal bricht Sebastian ab: „Hören wir es uns mal an?" Da ich den Eindruck habe, daß er der kritischen Situation ausweichen will, bewege ich ihn erst einmal zum Weiterspielen. Als wir die Prüfung darstellen, steigert Sebastian die Spannung und Lautstärke der Musik, was von mir unterstützt wird. Für Außenstehende muß es klingen wie Klavierlärm. Da ich aus der vorherigen Erzählung weiß, daß für Sebastian ein anderer Junge schuld an seinem Ergebnis ist („er ist mir in den Weg gefahren"), spreche ich ihn in diesem Moment auf den Vorfall an. Sebastian explodiert, schlägt mit Fäusten auf die Tasten. Plötzlich geht er zum Recorder und ruft ins Mikrophon: „Ich bring dich eines Tages um!" Er kehrt ans Klavier zurück und fragt, als ob nichts gewesen wäre: „Hören wir es uns mal an?" Wieder habe ich das Gefühl, daß er ausweichen möchte, und spiele weiter. Er steigt wieder genauso kraftvoll ein. Sebastian scheint mich jetzt nicht mehr wahrzunehmen, ich habe den Eindruck, daß seine Wut im Moment nicht auf andere Personen gerichtet ist. Nun verläßt er das Klavier und holt die große Trommel, auf der er mit extrem starken, lauten Schlägen spielt. Er fragt, ob die Trommel kaputtgehen könne – ein Zeichen dafür, wie zerstörerisch er seine Wut erlebt.

Als Sebastian das Klavier verläßt, verändere ich mein Spiel, um einer anderen Gefühlsdimension Raum zu geben. Ich spiele getragene, ruhige, harmonische (Moll-)Klänge, die Sebastian vermitteln sollen, daß es neben der Wut auf andere Kinder und auf sich auch Enttäuschung und Traurigkeit gibt. Auch jetzt, als eine andere Emotionalität erlebbar wird, weicht er aus: „Hören wir es uns mal an?" Auf den Hinweis, daß die Fahrradprüfung noch nicht vorbei sei, kehrt er an die große Trommel zurück. Er spielt nun ruhiger, hält den Klöppel kraftlos, sein Trommeln und seine Haltung wirken resigniert. Ich integriere sein Trommeln intensiver in mein Spiel, ich „umrahme" ihn und versuche ihm damit Halt zu geben. Als er mich wieder wahrnimmt, entsteht ein gemeinsames getragenes und tragendes Klangspiel. Für Außenstehende mag der Eindruck von „schöner" Musik entstanden sein.

Als die Improvisation kurz darauf ein Ende findet, darf Sebastian endlich die Aufnahme anhören. Er scheint alle mit der Fahrradprüfung verbundenen Emotionen noch einmal zu erleben und auch die Traurigkeit deutlich zu spüren. Er sitzt mit einem deprimierten Gesichtsausdruck und zusammengefallen da. Den Halt, den Sebastian am Ende der Improvisation im Klangspiel bekommen hatte, kann er nun auch als körperliche Haltung annehmen. Ich nehme ihn tröstend in den Arm. Als wir uns die Aufnahme zum zweiten Mal anhören, frage ich ihn, wie es ist, traurig zu sein. „Beschissen!" ist seine Antwort. Sie kommt aus tiefstem Herzen.

„Ich bring dich eines Tages um!"

Dieser Ausruf, in der Improvisation an einen anderen Jungen gerichtet, hat mich besonders berührt. Als wir die Aufnahme anhören, hat Sebastian sein Ohr nahe am Recorder und ruft sich diese (Selbst-)Morddrohung quasi selbst zu. Seine zerstörerische Wut, im Alltag abgeschwächt auf andere gerichtet, beschäftigt uns in den nächsten Monaten der Therapie, ebenso die abgrundtiefe, „beschissene" Traurigkeit und Enttäuschung. Im Rahmen der Musiktherapie lernt Sebastian, mit diesen Gefühlen umzugehen; hier ist es möglich, sie spielerisch auszudrücken und auch zu verbalisieren. An den Musiktherapie-Tagen ist Sebastian zu Hause ausgeglichener, auch in Situationen, die ihn überfordern. Nach einem guten Jahr beenden wir die Musiktherapie in gegenseitigem Einvernehmen. Sebastian ist nun relativ stabil; er braucht auch mehr Zeit für sein sportliches Hobby Fußball, in dem er viele Erfolge feiert.

Da Sebastians Grundproblem, die ständigen Kränkungen und Verletzungen durch unerreichbar hohe Anforderungen, aber nicht lösbar ist, wird er immer wieder, besonders in Phasen des Umbruchs wie Schulwechsel, Pubertät oder Berufsausbildung, therapeutische Unterstützung brauchen. Sollte es seinen Eltern, Freunden und Lehrern nicht gelingen, ihn ausreichend zu stützen, besteht die Gefahr, daß er seine Wut im Laufe seines Lebens nicht als „Störung" gegen andere, sondern massiv gegen sich selbst richten wird. Die musiktherapeutische Behandlung hat diese versteckte Wut auf sich selbst das erste Mal aussprechbar und behandelbar gemacht. Die rechtzeitige und bei Bedarf fortgesetzte musiktherapeutische Behandlung kann Kindern wie Sebastian helfen, in ihrem Leben besser zurechtzukommen, und dadurch ihnen und der Gesellschaft viel Leid und Belastung ersparen.

Literatur

Decker-Voigt, Hans-Helmut, Eschen, J. Th. und Mahns, W. (Hrsg.): Kindermusiktherapie, Lilienthal b. Bremen 1993.

Schwaiblmair, Frauke: Musiktherapie bei „Teilleistungsstörungen"?, in: Musiktherapeutische Umschau (im Druck), 1998.

Ich bin da, du bist da
Orff-Musiktherapie mit behinderten Kindern

Von Melanie Voigt

„Ich bin da, du bist da." So beginnt das kleine Begrüßungslied, mit dem die erste Musiktherapiestunde für die dreijährige Sandra (Name geändert) eingeleitet wird. Das Mädchen hat eine schwere Entwicklungsstörung. Auch Stefan (Name geändert), elf Jahre alt, beginnt mit der Musiktherapie. Er kann seine Beine aufgrund einer spastischen Bewegungsstörung kaum bewegen und ist auf einen Rollstuhl angewiesen. Die Spasmen wirken sich in einer weniger schwerwiegenden Weise auch auf die Geschicklichkeit seiner Hände aus.

Die Orff-Musiktherapie, die beide bekommen, wurde von Gertrud Orff für entwicklungsgestörte und behinderte Kinder entwickelt. Am Kinderzentrum München, einem sozialpädiatrischen Zentrum mit dem Schwerpunkt der frühen Diagnostik und Therapie von Entwicklungsstörungen und Behinderungen, wird sie seit über 25 Jahren angewandt. Was geschieht im Rahmen dieser Therapie? Welche Erfolge zeichnen sich ab? Wie werden die Eltern in die Therapie eingebunden?

Im Mittelpunkt der Orff-Musiktherapie steht das Kind und seine Entwicklung, die geistige und körperliche Entwicklung ebenso wie die sozial-emotionale und die Entfaltung im Rahmen der Familie und der Gesellschaft. Ein geistig behindertes Kind hat nicht nur Probleme beim Lesen, Schreiben und Rechnen, ein körperbehindertes Kind nicht nur Probleme mit dem Laufen. Diese Schwierigkeiten wirken sich oft auch auf andere Fähigkeiten aus, beispielsweise auf das Vermögen, sich zu verständigen oder Ideen in die Tat umzusetzen, und sie haben somit einen Einfluß auf die Beziehung des behinderten Kindes zur Familie. Ein wichtiges Ziel der Orff-Musiktherapie ist deshalb auch die Unterstützung der Eltern-Kind-Beziehung.

Musiktherapeuten, die mit behinderten Patienten arbeiten, müssen diese Wechselwirkungen kennen und verstehen. Gleichzeitig müssen sie in der Lage sein, dem Kind offen zu begegnen, ohne vorgefaßte Meinung, damit sie nicht nur die Defizite des Kindes, sondern auch dessen Stärken wahrnehmen und unterstützen können. Die Therapeuten arbeiten interaktionsorientiert: Sie sind bereit, auf die Interessen und Vorschläge des Kindes einzugehen (von Gertrud Orff „ISO" genannt), und versuchen, diese durch eigene Impulse weiterzuführen („Provokation" genannt), um so die Entwicklungsziele, die zu Beginn der Therapie festgelegt wurden, zu erreichen.

Die musikalische Betätigung der behinderten Kinder bildet das Zentrum der Orff-Musiktherapie. Diese ist multisensorisch, denn die musikalischen Elemente – Sprache, Rhythmus, Melodie, auch die Bewegung – sprechen alle Sinne an. Die Instrumente und Spielmaterialien bieten durch ihre Form Reize für das Auge und durch ihre Vibrationen Reize für den Tastsinn. Die Multisensorik wird deshalb in das therapeutische Geschehen mit einbezogen, denn sie hilft den Therapeuten, auf vielfältige Weise Zugang zu ihren Patienten zu finden und deren Bedürfnissen gerecht zu werden. Musik und Bewegung finden im Rahmen der Orff-Musiktherapie in einer Spielsituation statt, da das Spiel für die Entwicklung des Kindes und für eine positive Eltern-Kind-Beziehung eine sehr große Bedeutung hat.

Orff-Musiktherapie mit Sandra

Sandra hat eine geistige Behinderung. Sie kann nicht sprechen, ist unsicher in ihren Bewegungen. Ihre Mutter berichtet, daß es schwierig ist, etwas zu finden, was dem Kind Spaß macht, was es interessiert oder womit es sich beschäftigen möchte. Ziele für die Musiktherapie mit Sandra sind es, Kontakt und Kommunikation herzustellen, also Möglichkeiten für ein intensives Spielen mit ihr zu entwickeln.

Therapieverlauf: In der ersten Stunde zeigt Sandra wenig Interesse für ihre Umgebung. Sie läuft hin und her zwischen mir und ihrer Mutter, ohne etwas Konkretes zu tun. Um in Kontakt mit ihr zu kommen, biete ich ihr klare musikalische Strukturen an. Rhythmisches Spiel mit der Trommel, rhythmisches Sprechen und Singen von improvisierten Liedern, die ihre spontane Aktivität in Text und Charakter spiegeln, werden durchgeführt und häufig wiederholt. Sandra schaut dabei zu mir hin, lächelt, bleibt kurz stehen. Ihre Aufmerksamkeit ist durch diese einfachen musikalischen Reize geweckt, der erste Kontakt ist geknüpft.

Als nächstes gilt es, Sandra so sehr für das Geschehen zu interessieren, daß sie selbst aktiv werden will. Nach einigen Minuten kommt sie spontan auf die Trommel zu und stützt sich mit ihren Händen auf die Schlagfläche. Nun setze ich die Multisensorik bewußt therapeutisch ein: Ich erzeuge einen Trommelwirbel mit meinen Fingern, Sandra hört den Klang und spürt gleichzeitig die Vibrationen an ihren Händen. Sie bekommt ganz unmittelbar Informationen über das, was geschieht, und schaut staunend zu mir hoch. Sie läuft wieder weg, läßt sich bald aber über den Klang locken, die Trommel noch einmal mit der Hand zu berühren. Wenig später schlägt sie kurz auf die Trommel, ich „antworte" und motiviere sie mit Lob. Dreimal trommeln wir gemeinsam, dann läßt ihr Interesse nach, und sie geht von der Trommel weg.

Bis zu diesem kurzen musikalischen Dialog hat es 25 Minuten gedauert. Sandra braucht Zeit und klare Strukturen, um sich in der neuen Situation, mit einer fremden Person, so weit zurechtzufinden, daß sie aktiv werden kann.

In den folgenden Stunden greife ich Sandras Bereitschaft auf, sich zu bewegen. Zusammen mit ihrer Mutter machen wir Bewegungsspiele, die sich einer Liedform mit deutlichem Anfang und Ende anpassen. Auf diese Weise sind Ruhephasen in das Spiel eingebaut. Der Wechsel zwischen Aktivität und Ruhe erleichtert es, Sandras Aufmerksamkeit immer wieder neu zu gewinnen. Die Fähigkeit, ohne meine Hilfe zu spielen, wächst. Ihre erwartungsvolle Mimik während der Pause zwischen den Liedwiederholungen läßt darauf schließen, daß sie sich auf die nächste Runde freut. Vor allem findet sie Gefallen an den liedlosen Teilen des Spiels und erkennt voller Spannung und mit Juchzen das Signal dafür. Sandra ist jetzt in der Lage, auf meine Aufforderung einzugehen und an einer gemeinsamen Spielhandlung aktiv teilzunehmen.

Um ihr Interesse an der Umwelt zu erweitern und ihre Fähigkeit aufzubauen, Wünsche mitzuteilen, greife ich ihre Ansätze zu Eigeninitiative immer wieder auf und beginne, mit ihr zusammen Musik zu machen. Sandra zeigt bald Präferenzen für bestimmte Instrumente, vor allem für die Tasteninstrumente, zu denen sie wiederholt geht. Am Anfang spielt sie meist kurz mit der linken Hand. In den Pausen „antworte" ich auf ähnliche Weise am gleichen Instrument. So entwickelt sich ein musikalisches Spiel, das immer mehr zu einem Dialog wird. Sandra schaut mich am Ende ihres Spiels auffordernd an, wartet dann ab, bis ich zu Ende gespielt habe und sie wieder die Tasten zum Klingen bringen kann.

Das Klavier, Trommeln und Saiteninstrumente kann man mit der Hand direkt anspielen. Bei anderen Instrumenten ist der Einsatz beispielsweise eines Klöppels notwendig, um einen guten Klang zu erzeugen. Am Anfang der Therapie versteht Sandra dieses Prinzip nicht. Der Klöppel wandert in den Mund, das Instrument bleibt stumm. Immer wieder biete ich Aktivitäten an, die den Gebrauch von Werkzeugen verlangen. Schließlich setzt Sandra selbst, zuerst zufällig, dann mit Absicht, den Klöppel ein, um das Instrument zum Klingen zu bringen.

Therapieergebnisse: Nicht einmal zwanzig Stunden waren bei Sandra nötig, um ihr Verhalten durch die Orff-Musiktherapie zu verändern und einen Fortschritt in ihrer Entwicklung zu erzielen. Sie ist jetzt kontaktfreudig, versucht sich zu verständigen, zeigt Interesse an sozialer Interaktion und wählt selbst die Instrumente zum Spiel aus. Sie beginnt zu verstehen, daß ihr Handeln eine Voraussetzung für gemeinsames Spiel ist. Dialogisches Spiel am Instrument ist jetzt möglich, auch die Differenzierung in Lautstärke und Spielweise, der Einsatz beider Hände am Instrument, die Fähigkeit, einfache Spielabläufe zu verfolgen oder ein Hilfsmittel, wie den Klöppel, einzusetzen, um einen erwünschten Effekt zu erzielen. Auch für Sandras Mutter waren diese Fortschritte deutlich zu sehen. Aus einem passiven, verschlossenen und alle Aktivitäten vermeidenden Kind wurde im Laufe der Therapie ein Mädchen, das strahlend auf einen zukommt, Interesse an ihrer Umwelt zeigt und seine Wünsche mitteilt. Sie ist ganz „da".

Orff-Musiktherapie mit Stefan

Kinder, die eine zerebrale Bewegungsstörung haben, müssen von klein auf eine krankengymnastische Behandlung bekommen. Da das Bewegen für diese Kinder sehr anstrengend sein kann, wirken sie oft passiv. Sie erleben häufig, daß sie auch für Kleinigkeiten Hilfe von anderen brauchen, beispielsweise um sich einen Gegenstand zu holen oder sich anzuziehen. Diese Einschränkungen können zu einer als Haltung angenommenen Hilflosigkeit und zu Problemen in der sozial-emotionalen Entwicklung führen. Die Orff-Musiktherapie soll dem entgegenwirken.

Die Ziele der Musiktherapie bei Stefan, der an solchen Folgeproblemen leidet, lauten: Stärkung des motorischen Antriebs, Unterstützung der motorischen und sozialen Selbständigkeit, Stärkung des Selbstwertgefühls. Stefan kommt zweimal im Jahr zur stationären Diagnostik und Behandlung. Während dieser Zeit wird sein krankengymnastisches Programm überprüft und, falls notwendig, korrigiert. Auch die geistige und sozial-emotionale Entwicklung wird untersucht. Gespräche beim Psychologen und die Stunden in der Musiktherapie geben Stefan die Möglichkeit, sich zu äußern. Trotz der Unterschiede zu Sandras Entwicklung werden die gleichen Prinzipien angewandt, um die für Stefans Bedürfnisse formulierten Therapieziele zu erreichen.

Therapieverlauf: Stefan ist in der ersten Stunde gleich an verschiedenen Instrumenten interessiert und probiert auch viele aus. Er entscheidet sich für die Orgel und spielt sowohl allein als auch mit meiner Begleitung. Er improvisiert frei, will keine bekannten Themen aufgreifen, genießt den Erfolg beim gemeinsamen Spiel. Für ihn ist das „Produkt" wichtig. Er möchte sein Spiel auf Tonband aufnehmen, um es auf diese Weise mit nach Hause zu nehmen. Sehr wichtig ist ihm bei diesem ersten Aufenthalt, daß er eine Therapiestunde für sich allein hat. Er bittet seine Eltern, zu gehen und erst am Ende der Stunde wiederzukommen.

Im Laufe der Musiktherapie beobachte ich bei Stefan immer mehr Freude am eigenen Handeln. Seine Improvisationen werden strukturierter und im Klang differenzierter. Gedanken und Themen, die ihn interessieren oder beschäftigen, werden angesprochen. Er setzt zunehmend beide Hände beim Spiel ein. Im Mittelpunkt bleibt die Improvisation am Klavier oder an der Orgel.

Eines Tages bekennt mir Stefan seine Unsicherheit und seine Ängste vor einer orthopädischen Operation. Ich biete ihm die Möglichkeit, diese Gefühle musikalisch darzustellen. Er improvisiert am Klavier und verwendet viele tremolo-ähnliche Figuren. Im Gespräche danach beschreibt er diese musikalische Figuren als den Ausdruck seiner eigenen Stimmungsschwankungen und ist nun auch in der Lage, sein Bedürfnis nach einer klaren Entscheidung zu äußern. Die Operation wurde kurze Zeit später erfolgreich durchgeführt.

In der Musiktherapie kann Stefan sein Handeln positiv erleben sowie Stärken und Kreativität entwickeln. Beim Experimentieren mit einem Keyboard erinnern ihn manche Klänge an eine Kriminalgeschichte. Ich mache ihm den Vorschlag, über das Wochenende eine Geschichte zu erfinden, die wir am Montag vertonen könnten. Geschichte und Vertonung erledigt er ohne meine Hilfe. Musikalische Stimmungen, passend zur Handlung, setzt er gezielt ein.

Therapieergebnisse: Stefan entwickelte sich zu einem selbstbewußten Jugendlichen. Er äußert seine Gefühle, kann seine

Aktivitäten realistisch beurteilen und zeigt eine sehr hohe Frustrationstoleranz in Situationen, die nicht sofort seinen Vorstellungen entsprechen. Er nimmt seine Schwierigkeiten wahr, entdeckt aber auch seine Stärken und baut neue Fähigkeiten auf. Sein Interesse für Musik erschließt ihm neue Möglichkeiten der Freizeitgestaltung.

Elternarbeit

Eine intensive Einbeziehung der Eltern in die Musiktherapie war bei Stefan nicht notwendig, ja sogar ausgesprochen unerwünscht, denn für ihn war es wichtig, seine Eigenständigkeit zu entwickeln. Sandras Mutter wurde hingegen häufig in die Spielsituation mit einbezogen. Während der Aktivitäten, die ich allein mit Sandra durchführte, sah sie zu und erhielt Anregungen, die sie zu Hause in spontane Spielsituationen einbauen und umsetzen kann. So ist Sandra nicht nur in der Lage, aktiv an gemeinsamen Spielabläufen teilzunehmen, auch die Eltern haben jetzt mehr Möglichkeiten, sie für etwas zu interessieren, mit ihr zu spielen und gemeinsam Spaß zu haben.

Literatur

Damon, William: Die soziale Entwicklung des Kindes, Stuttgart 1989.
Mogel, Hans: Psychologie des Kinderspiels, Berlin ^{2}1994.
Orff, Gertrud: Die Orff-Musiktherapie, Frankfurt a. M. 1985.
Dies.: Schlüsselbegriffe der Orff-Musiktherapie, Weinheim ^{2}1990.
Sarimski, K.: Interaktive Frühförderung, Weinheim 1993.

Eine Maske der Ohnmacht
Musiktherapie bei Magersucht

Von Sabine Hellwig

Pünktlich zur verabredeten Zeit klopft es kaum hörbar an der Tür: Herein tritt ein schmächtiges Mädchen, Frau B., ein „Strich in der Landschaft", das bei einer Größe von etwa 1,65 Meter allerhöchstens fünfunddreißig Kilogramm auf die Waage bringt. Ich strecke der Patientin meine Hand zur Begrüßung entgegen, doch sie marschiert an mir vorbei. Sie setzt sich auf einen Stuhl, verschränkt die Arme, verknotet förmlich die Beine und scheint zwei Zentimeter über dem Boden zu schweben, da ihn nur die Zehenspitzen berühren. Während ich mich ihr gegenüber setze und mich vorstelle, bohrt sie in der Nase und starrt demonstrativ Löcher in die Wand. „Na prima", denke ich mir, „ob das die nächsten drei Monate so weitergeht?" Bei näherem Hinschauen wirkt Frau B. jedoch wie abwesend, nahezu autistisch in ihre eigene Welt versunken, so daß ich ihr Verhalten nicht ausschließlich als Provokation verbuche. Auch zeigt Frau B. wenig Aufsässigkeit, was für ihre Altersstufe ja durchaus normal gewesen wäre, sondern wirkt recht brav durch ihre biedere, strenge und nach dem Geschmack der Eltern ausgewählte Kleidung.

Während Magersüchtige sich den Erziehungsberechtigten gegenüber einen konformen, manchmal sogar devoten Habitus zeigen, bekommen Therapeuten anfänglich zumeist Ablehnung, ja Feindseligkeit zu spüren. In den Augen der Patienten hinterfragt die Therapie das familiäre Gefüge und bringt es vermeintlich in Gefahr. Aus einem anderen Blickwinkel betrachtet, kann diese Verschlossenheit auch als ein erster Abgrenzungs- oder Auflehnungsversuch gesehen werden, den sich Magersüchtige ihren Eltern gegenüber nicht zu leben getrauen. Meistens sind sie aber schlichtweg deshalb so unzugänglich, weil sie jedes therapeutische Bemühen auf die Absicht reduzieren, sie „mästen" zu wollen.

So auch Frau B. Bei meinem Versuch, ihr etwas vom Sinn und Zweck der Musiktherapie zu erklären und sie dann nach ihren Beschwerden zu befragen, ernte ich nur ein Abwimmeln: „Ist schon o.k., mir fehlt nichts, mir geht es gut."

Da ich mit Nachfragen zu diesem Zeitpunkt wahrscheinlich auf Granit gestoßen wäre, erkläre ich ihr, daß man in der Musiktherapie ja nicht reden müsse. Mit nicht allzuviel Hoffnung auf Erfolg mache ich ihr den Vorschlag, die Instrumente mit ihrem jeweiligen Klang auszuprobieren. Wie erwartet, wird auch dieses Angebot abgelehnt. Frau B. scheint an dieser Stelle schon so auf dem „Anti-Trip" zu sein, daß jeder weitere Versuch einer Kontaktanbahnung ein sinnloses Unterfangen wäre. Um nicht in bedrückendem Schweigen zu verharren und um zu demonstrieren, daß ich ihre Grenzen akzeptiere, frage ich Frau B., ob sie die Stunde lieber beenden wolle.

Eine Lieblingsmusik

Das Mädchen ist schon fast aus dem Raum gestürmt, als ich noch eine Frage an sie richte: Ob sie wohl Lust habe, zur nächsten Sitzung eine Musik mitzubringen, die ihr am Herzen liege? Sie zeigt sich erstaunt (nach dem Motto: wie kommt jemand dazu, sich für meine Vorlieben zu interessieren), bejahte aber und ist sogleich verschwunden.

In der darauffolgenden Stunde hält sie tatsächlich verlegen und scheu eine CD in den Händen: „Kuschelrock"! Durchaus altersadäquat, denke ich, „was mag sie wohl dazu träumen?" Ich bitte sie, mir ihr Lieblingsstück zu nennen, und lege es auf. Wir lauschen einer romantischen Ballade, und Frau B. erscheint mir wieder wie traumverloren und unerreichbar weit entfernt. Danach möchte ich gern von ihr wissen, was ihr an dem Lied so gut gefällt. Doch dieses Nachfragen bedeutet offenbar schon wieder eine zu große Eindringlichkeit, kommt ihr beim derzeitigen Stand unserer Beziehung zu nahe. Statt einer Antwort äußert Frau B. jedoch plötzlich und verstohlen den Wunsch, auf dieses Lied zu tanzen. Mein Erstaunen ist recht groß, aber natürlich stimme ich zu und frage noch, ob ich mittanzen soll. Sie erwidert nahezu schnippisch: „Das ist mir egal." Mit dieser abweisenden Gleichgültigkeit will Frau B. mir wohl zu verstehen geben, daß ich mir ja nicht einbilden solle, meine Anwesenheit oder mein Verhalten sei irgendwie von Bedeutung. Wie groß muß wohl ihre Angst vor Nähe sein, daß sie eine so starke Abgrenzung von mir braucht?

In den folgenden fünf Minuten ist es erschreckend mit anzusehen, wie steif und emotionslos das Mädchen zu dieser gefühlsbetonten Musik tanzt. Sie nimmt keinen Kontakt zu mir auf und scheint auch jegliche Beziehung zu sich selbst und ihrem Körper zu vermeiden. Sie bewegt sich mechanisch wie in der ersten Tanzschulstunde im Karree: einen Schritt vor, dann nach rechts, zurück und nach links. Die Arme baumeln leblos an ihrem Körper herab. In diesem Moment wirkt sie wie eine Marionette, ohne jegliche Spontaneität und Individualität.

Unvermittelt beginnt Frau B. von ihrer Ballettschulzeit zu berichten: wie gut ihr das gefallen habe und wie schade es sei, daß sie dazu momentan keine Kraft habe. Sollte das ein Anflug von Krankheitseinsicht sein, wo Magersüchtige doch im allgemeinen ihren körperlichen Zustand als so gewollt akzeptieren? Um diese erste Öffnung nicht zu sehr zu strapazieren, spreche ich solche Überlegungen noch nicht an und entlasse Frau B. mit der Verabredung aus der Stunde, zu Beginn jeder Sitzung eine Musik ihrer Wahl aufzulegen.

Rituale bringen Sicherheit

Da mit dem Lieblingslied ein, wenn auch kleiner, Zugang zur Patientin geschaffen ist, erhoffe ich mir über die sogenannte Ritualisierung dieses Vorgangs einen Stabilität und Sicherheit bietenden Faktor für den weiteren Verlauf der Therapie.

In der Tat erleichtert uns dieses Ritual in jeder Sitzung aufs neue, den rudimentären Kontakt wiederherzustellen, und Frau B. nutzt die Gelegenheit „ihre" Musik auszuwählen, zunehmend lieber. Im Verlauf der nächsten Sitzungen fängt sie an, ihre Stimmungen mit Hilfe der verschiedenen Songs zunächst musikalisch und allmählich auch mit Worten auszudrücken. Sie gebraucht zur Mitteilung ihrer Gefühlslage allerdings keine expressive Sprache, sondern sehr trockene Formulierungen wie: „Es geht mir gut" oder: „Es geht mir nicht gut." Genausowenig kann sie irgendwelche Bezüge zu Erlebnissen, äußerer wie innerer Natur, herstellen. Selbst wenn sie wollte, sie scheint mir einfach außerstande zu sein, eigene Emotionen oder gar innere Konflikte bewußt wahrzunehmen, zu benennen und mitzuteilen.

In einem Gespräch mit den Eltern der Patientin offenbart sich eine für Magersüchtige typische häusliche Situation: In einer leistungsorientierten, gefühlskalten Atmosphäre, in dem die Familienmitglieder unterschwellige Spannungen zu kaschieren suchen („streiten – so etwas tun wir doch nicht"), werden emotionale Äußerungen der Kinder, insbesondere durch die Mutter, wenig bis gar nicht wahrgenommen. In diesen Familien finden insbesondere Hungersignale von frühester Kindheit an keine angemessene Beachtung. So werden die Kinder entweder über-, unter- oder nach einem strengen Vier-Stunden-Rhythmus gefüttert, der sich weniger an den Bedürfnissen des Babys als an seiner Regelmäßigkeit orientiert. Die Resonanz auf seine Gefühlsäußerungen ist jedoch für die geistig-emotionale Reifung eines Kindes insofern von großer Bedeutung, als sie die Wahrnehmungsfähigkeit seiner Bedürfnisse stärkt. Ebenso wichtig ist sie für das Erleben und das Bewußtsein dessen, daß Gefühle zu einem selbst gehören. Bleibt ein Gefühlsausdruck unbeachtet, dann wird das innere Erleben auch nicht unterstützt, was beim Kind den Eindruck der Nicht-Existenz des eigenen Impulses bewirkt. Da solche Fehlinterpretationen meist nicht nur die Nahrungsaufnahme, sondern das gesamte Bedürfnis- und Gefühlsspektrum betreffen, bleibt die Entwicklung eines Selbst„bewußtseins" in beiderlei Sinn auf der Strecke.

Die aktive musikalische Improvisation kann den emotionalen Ausdruck von frühkindlichen, vorsprachlichen Impulsen erleichtern. Deshalb versuche ich immer wieder, Frau B. an die Instrumente zu locken, was mir in einer Sitzung schließlich auch gelingt. Da sie dort ratlos stehenbleibt, biete ich ihr ein Xylophon an und lade sie ein, das Instrument spielerisch zu erkunden. Sie spielt zurückgezogen für sich, ohne Blickkontakt mit mir aufzunehmen. Musikalische Themen und Motive kann ich nicht mit ihr austauschen, somit entsteht auch kein Dialog. Trotzdem wirken ihre Klänge und Tonfolgen nicht phantasielos. Im anschließenden Gespräch gibt sich Frau B. wieder recht einsilbig, aber es scheint ihr dennoch Spaß gemacht zu haben.

Musik, ein neutrales Terrain

In der folgenden Sitzung schlage ich der Patientin vor, auf Pauken ein Gewitter darzustellen, weil ich meine, bei ihr eine unterschwellig aggressive Spannung wahrgenommen zu haben. Dieser Vorschlag zur musikalischen Ausgestaltung einer Phantasie bietet ihr die Möglichkeit, sich mit angstbesetzten oder unangenehmen Emotionen indirekt, sozusagen auf neutralem Terrain, auseinanderzusetzen. Nun traue ich meinen Ohren und Augen nicht, denn nach einem anfänglichen kurzen Regengeprassel donnert und hagelt es – für ihre Verhältnisse – kräftig und lautstark auf die Pauken. Doch es ist nur ein kurzer Ausbruch – und schon schweigt Frau B. wieder.

Das Ausmaß ihres „erklungenen" Ärgers anzusprechen und zu deuten wäre sicher zu früh und zu erschreckend für die Patientin. Deshalb belasse ich das Geschehene auf der symbolischen Ebene des musikalischen Gewitters. Doch frage ich sie, ob sie irgendetwas beschäftigt und aufwühlt. „Ich möchte so gerne mal etwas mit meinem Vater unternehmen, doch er hat nie Zeit für mich", klagt sie. Sie fühlt sich vom Vater vernachlässigt, was nicht nur traurig, sondern auch wütend macht. Leider fällt dieses Gefühl, noch nicht ganz ausgesprochen, sogleich einer vernunftgemäßen Erklärung anheim: „Er muß ja so viel arbeiten." Und schon ist die Wut in einer resignativen Stimmung versunken.

Im Blick auf den familiären Alltag von Frau B. wird deutlich, daß sie wirklich nicht viel Zuwendung und Aufmerksamkeit bekommt: Eine ihrer Schwestern leidet seit einem Autounfall an einer Behinderung. Sollte die Magersucht den unbewußten Versuch darstellen, mehr in den Mittelpunkt der Familie zu rücken? Wenn ja, dann muß dieses Ansinnen kläglich gescheitert sein, da die Eltern sich als unfähig erwiesen haben, die Botschaft ihrer Tochter zu entschlüsseln. Selbst während ihres Aufenthaltes auf der psychosomatischen Station verleugnen Vater wie Mutter hartnäckig einen psychischen Ursprung der Erkrankung ihrer Tochter und schleppen sie von Arzt zu Arzt, um eine körperliche Ursache zu finden. Somit erzielt die Patientin zwar Aufmerksamkeit, aber die Eltern bringen ihr kein tieferes Verständnis entgegen. Sie nimmt immer weiter ab, weil „des Rätsels Lösung" nicht gefunden wird.

Auch während der Behandlung auf unserer Station stagniert die Gewichtszunahme seit ein paar Tagen. Frau B. beginnt jedoch endlich, über ihre Probleme mit dem Essen zu sprechen. Bruchstückhaft und zögerlich kommt ihr über die Lippen: Sie leidet durchaus unter dem ewigen Hungern und hegt den Wunsch, sich körperlich wieder wohl zu fühlen. Andererseits überfällt sie jedoch bei jedem Essen maßlose Angst vor dem Zunehmen, und in ihrem gestörten Körpergefühl fühlt sie sich nach jedem kleinen Imbiß dick wie eine Tonne.

Jetzt ist es an der Zeit für eine musiktherapeutische Maßnahme, mit der ich in der Magersuchttherapie häufig positive Erfahrungen gemacht habe, ja die meines Erachtens eine „Delikatesse" des Mediums in der Behandlung dieser Erkrankung darstellt, da sie genau am Angelpunkt der Problematik anzusetzen vermag. Bei dieser therapeutischen Übung (Intervention) lege ich der Patientin eine Flügelkantele, ein kleines Saiteninstrument, auf den Bauch. Während sie darauf spielt, kann sie dem Widerhall der Töne im Zimmer sowie im Innenraum ihres Körpers nachlauschen. Mein begleitendes

Monochordspiel dient dazu, einen Klangteppich als sichere Grundlage anzubieten.

Frau B. läßt sich auf das Experiment ein, legt sich auf eine Wolldecke und beginnt, auf der Kantele zu spielen. Unter den nun entstehenden sphärischen Klängen entspannt sich zunächst ihr Gesicht, dann zunehmend auch ihr Körper, und ihr Atem wird ruhiger. Die Musik scheint von zeitloser Dauer zu sein, so als wolle die Patientin gar nicht mehr aufhören, nicht mehr zurückkehren in die Realität.

Nach dem „Aufwachen" macht Frau B. einen für ihre Verhältnisse nahezu gelösten Eindruck. Sie ist jedoch erst nach mehrmaligem Wiederholen dieses Spiels in den darauffolgenden Stunden bereit, über ihre inneren Erfahrungen zu berichten, als ob sie diese Erlebnisse erst einmal wie einen Schatz für sich behalten wolle. „Ich habe diese Klänge richtig aufgesogen wie ein Schwamm. Endlich etwas, was mich nicht dick macht, endlich fühle ich mich nicht aufgedunsen, wie nach dem kleinsten Happen Essen." In der Musik kann sie sich „satt" machen, ihren Hunger stillen und die innere Leere auffüllen, ohne in den Konflikt zwischen Lust aufs Essen und Angst vor der Gewichtszunahme zu geraten.

Kontrolle statt Stärke

Erinnern Sie sich noch an das leise, schwache Klopfen an meiner Tür zu Anfang der Therapie? Ein Indiz, das für mich ein erster Hinweis auf eine große Schüchternheit war, ein grundlegendes Gefühl der Verunsicherung und Insuffizienz, welches Frau B. hinter einer stolzen und abweisenden Fassade zu verstecken wußte. In Fachkreisen ist man sich darüber einig, daß dieses Minderwertigkeitsgefühl aus einer zutiefst empfundenen Machtlosigkeit anderen Menschen, insbesondere der Mutter, gegenüber erwächst. Oft mißachten die Mütter von später magersüchtigen Kindern nicht nur deren Regungen, sondern ersticken jegliche spontane Äußerung im Keim. Aufgrund eigener, wahrscheinlich ähnlich schwieriger Erfahrungen und daraus resultierender Ängste unterdrücken sie aggressive Tendenzen genauso wie lustvolle Empfindungen des Kindes, mischen sich überall ein und wissen stets besser, was für ihre Töchter gut ist. Dadurch stehen sie einer eigenständigen Heranreifung natürlich massiv im Wege. In ihrer Persönlichkeitsentwicklung wenig gefördert und bestätigt, besitzen solche Mädchen später kein Selbstbewußtsein und innere Stärke und haben dadurch anderen Menschen kaum etwas entgegenzusetzen. Eine spätere Magersucht begünstigend, kommt oft hinzu, daß in vielen Familien sich Machtansprüche und -kämpfe auf das Essen beziehen, mit dem weitverbreiteten Spruch: „Es wird gegessen, was auf den Tisch kommt." Auch hier dürfen die Kinder nicht ihre eigenen Maßstäbe für das Was, Wieviel und Wann einer Mahlzeit setzen und entwickeln.

In ihrer noch kindlichen Abhängigkeit kennen die jungen Mädchen keine andere Möglichkeit, sich ihrer dominanten Mütter zu erwehren, als in der Essensverweigerung durch heimliches Hungern. Der Grund dafür liegt darin, daß seit frühester Kindheit die Mutter als Nahrungsspenderin unbewußt mit dem Essen gleichgesetzt wird. In unserem Kulturkreis ist es (noch) sie, die das Kind entweder durch Flasche oder Brust ernährt und auch später meist in der Küche und am Herd zu finden ist. In ihrer seelischen Entwicklung noch nicht ausgereift, bleiben die Töchter dem frühkindlichen (magischen) Denken und der Verknüpfung der Nahrungsaufnahme mit der Mutter verhaftet.

Diese Erklärung kann ein tieferes Verständnis für die Tatsache liefern, daß sich Magersüchtige nach jedem Bissen so furchtbar aufgebläht und aufgedunsen fühlen: Sie haben sich symbolisch über die Nahrung ihre mächtige Mutter einverleibt. Die Nahrungsverweigerung stellt somit unbewußt einen letzten Grenzziehungsversuch gegenüber einer Mutter dar, die das Kind mit ständigen Übergriffen in seiner Selbständigkeit lähmte und es nun über die Speise (= Mutter) auch noch von innen zu überschwemmen droht.

So versuchen anorektische Patientinnen über das Hungern, die Kontrolle über dieses „Ungetüm" in ihrem Inneren zu behalten, genauso wie über ihren Körper und dessen unaussprechliche Bedürfnisse, die ihnen ähnlich mächtig und bedrohlich vorkommen.

Improvisation – ein Stück Eigenständigkeit

Welch wichtige Rolle die Musiktherapie, vor allem das Auflegen eines Instruments auf den Körper, bei einer derartigen psychischen Störung spielen kann, wird an dieser Stelle deutlich: Dieses Medium weiß den Konflikt um die Nahrung durch unvorbelastete Klänge zu umgehen. Die Patientinnen können etwas in sich hereinlassen, was einem zunächst unbeschriebenen Blatt gleicht. Die Musik ist nicht besitzergreifend und vermag doch, ihre tiefe Sehnsucht nach Gefühlen und Gefüllt-Sein zu stillen. Durch das eigenständige Gestalten und Produzieren von Tönen haben die Patientinnen die Intensität der aufkommenden Phantasien, Wünsche und Emotionen selbst in der Hand und können sich selbstbestimmt nach ihrem Maß ein Stück „Nahrung" geben. Das Medium Musik bringt sie also nicht in die befürchtete Situation, die Kontrolle über ihr Körpergewicht, aber auch über die Beziehung zu anderen Menschen zu verlieren. Nicht zuletzt deshalb mußte sich Frau B. ja auch mir gegenüber verschließen: Ich wollte Nähe zu ihr herstellen und wurde damit zu einer potentiellen Gefahr für ihr schwaches Ich und Selbstwertgefühl. Mit der Erfahrung des Spielens auf der Kantele ist nun ein Zugang zum Innersten der Patientin geöffnet – von der Bewußtwerdung der Zusammenhänge ihrer Krankheit sind wir jedoch noch meilenweit entfernt.

Leider nähert sich der Aufenthalt auf der Station zu diesem Zeitpunkt der Therapie dem Ende, und da sich Frau B.s Gewicht auf einem minimalen Level stabilisiert hat, wollen die Eltern einer Verlängerung der Therapie nicht zustimmen. Dem Team bleibt nur zu hoffen, daß der gewonnene Vorgeschmack auf Selbstbestimmung und Eigenständigkeit Spuren in der Psyche von Frau B. hinterlassen hat. Die Musiktherapie hat dazu einen wichtigen Beitrag geleistet und Entwicklungsschritte im Sinne der Entdeckung eigener Gefühle und Bedürfnisse angebahnt. Diese im Alltag auch äußern zu können, bedarf es noch einer weiteren Reifung der Fähigkeit, sich abzugrenzen. Zurück in der harten, anspruchsvollen Umwelt und der häuslichen Atmosphäre, wird sie der alten Belastung und Verunsicherung wieder ausgesetzt sein. Ob sie dem schon standhalten kann?

Auch wenn mit dem Blick auf Frau B.'s Zukunft viele Fragen offenbleiben, die Möglichkeiten und Vorzüge der Musik bei der Behandlung einer Magersucht sind klar zutage getreten. Die Chancen dieser kreativen Therapieform können jedoch nur zur Entfaltung kommen, wenn der Musik, der Patientin, der Therapeutin und vor allem der Beziehung zwischen beiden genügend Zeit und Raum gelassen wird, vor allem genügend Zeit zur Stärkung des schwachen Selbstwertgefühls der Patientin. Dann kann das Symptom der Magersucht seine Maske aufgeben und sich als das zu erkennen geben, was es ist: Verweigerung, Auflehnung und Grenzziehung gegenüber der vermeintlichen Macht der Mutter, um so den realen Konflikt mit ihr zu wagen.

Literatur

Bruch, H.: Der goldene Käfig – Das Rätsel der Magersucht, Frankfurt a. M. 1986.

Loos, G. K.: Spiel-Räume. Musiktherapie mit einer Magersüchtigen, Stuttgart 1986.

Selvini-Palazzoli, M.: Magersucht. Von der Behandlung einzelner zur Familientherapie, Stuttgart 1982.

Von der Verstimmung zum Wohlklang
Musiktherapie bei Depressionen

Von Ute Rentmeister

In der Regel leben depressive Menschen zurückgezogen von der Außenwelt. Sie leiden unter einer bedrückten, traurigen Stimmung und fühlen sich hoffnungs- und wertlos. An nichts finden sie mehr Freude. Ihr Antrieb ist gemindert, sie verfallen ins Grübeln und eine innere quälende Unruhe. Negative Gedanken und Empfindungen, wie ein pessimistischer Blick auf die Zukunft und Schuldgefühle, stehen im Vordergrund. Suizidgedanken und Suizidhandlungen sind nicht selten. Der Körper wird als schlaff und niedergeschlagen erlebt. Mit einher gehen oft Schlaflosigkeit und mangelnder Appetit.

Hinter den Spannungen, der Unruhe und den Unlustgefühlen liegen Gefühle von Angst, Traurigkeit und Aggressivität. Eine Patientin sagte, sie fühle sich wie ein bissiger Hund ohne Zähne, und eine andere meinte, es sei ein Rumoren in ihr wie bei einem Vulkanausbruch, nur gebe es keinen Krater.

Die Behandlung von Depressionen besteht aus mehreren Teilen: Die medizinische Therapie verwendet Psychopharmaka, die (je nachdem) antriebssteigernd, schlaffördernd, stimmungsaufhellend oder dämpfend wirken. Sie geht davon aus, daß der Krankheit eine Veränderung der biochemischen Prozesse im Körper zugrunde liegt. Schlafentzug und Lichttherapie unterstützen die Behandlung mit Medikamenten.

Die kognitive Therapie nach Aaron Beck führt die Depression auf falsche beziehungsweise einseitige Wahrnehmungs- und Denkmuster zurück. Sie analysiert diese und versucht, sie mit verschiedenen Strategien Schritt für Schritt abzubauen.

Bei der interpersonellen Psychotherapie liegt der Schwerpunkt der Behandlung auf der Bearbeitung zwischenmenschlicher Probleme, die im Zusammenhang mit dem Auftreten der Depression stehen. Körperorientierte Verfahren sollen den Depressiven mit seiner Lebendigkeit konfrontieren und über den Körper wichtige Erfahrungen von Beweglichkeit und Energie vermitteln.

Musiktherapie hat sich neben diesen klassischen Therapien besonders bewährt, da sie den ganzen Menschen anspricht. Als nicht-sprachliche Therapieform ermöglicht sie zusätzliche Ausdrucks- und Erlebensformen. Im Improvisieren, dem freien und geregelten Spiel auf einfach zu handhabenden Instrumenten, können Empfindungen non-verbal mitgeteilt werden. Wenn Depressive nach Klängen und Tönen suchen, die ihre inneren Erlebenswelten ausdrücken, stellen sich oft Erleichterung und Entlastung, ja Befreiung ein. Oft sagen die Patienten, daß sie etwas über das musikalische Tun loswerden konnten, daß sie sich hinterher leichter und freier gefühlt hätten. Auch imponieren sie anderen Patienten in der Gruppe mit ihrem Selbstvertrauen und ihrem Mut, wenn sie etwa ihre Frustration und ihren Ärger durch laute Schläge auf den Gong und die Trommel deutlich machen.

Der Wunsch nach Perfektion

Viele depressive Patienten haben Angst, etwas falsch zu machen oder etwas zu zerstören. Sie sind ehrgeizig und leistungsorientiert, stellen hohe Anforderungen an sich und wollen alles perfekt machen. In der Musiktherapie spielen sie deshalb am Anfang recht leise und vorsichtig und sind kaum zu hören. Die meisten können sich nur schwer entscheiden, welches Instrument sie nehmen sollen. Manche haben auch keinen Antrieb, sich auf Neues einzulassen. Klänge und Töne können aber Neugierde wecken und geben Gelegenheit, aus den eigenen Grübeleien aufzuhorchen. Wenn einzelne Gruppenmitglieder Ermutigung bekommen, trauen sie sich zu, sich ihren kreativen Kräften zu überlassen. Dann erleben sie, daß sie nichts von der Gruppe oder der Therapeutin zu befürchten haben und daß sie das Instrument durch ihr Spiel nicht beschädigen. Dann können erstmals neue Verhaltensweisen erprobt und erlebt werden, etwa wie es ist, sich durchzusetzen und in den Vordergrund zu stellen oder auch von der Gruppe getragen und aufgefangen zu werden. Die Musiktherapie bildet dazu einen geschützten Spielraum.

Neben dem aktiven Spielen kommt dem Zuhören eine wichtige Rolle zu. Bewußtes Anhören von Musik kann Entspannung und Erholung bewirken. Die Bereitschaft und die Fähigkeit zum Genießen stellen wesentliche Ziele in der Musiktherapie von Depressiven dar. Eigene Wünsche sollen erkannt und beachtet werden.

Fallbeispiele:
Frau K. hatte als junge Frau ihr Kind verloren. Bald darauf war sie aus einer kleinen Stadt in die Großstadt gezogen und fand dort eine Anstellung als Sekretärin. Nur über ihre Berufstätigkeit hatte sie Kontakte zu anderen Menschen, ansonsten lebte sie alleine und sehr zurückgezogen. Sie war von unauffälliger und ruhiger Art, eine kleine, schlanke Frau, Anfang fünfzig. Als ihr der Arbeitsplatz gekündigt wurde, brach sie zusammen, denn seit zwanzig Jahren hatte sie an dieser Stelle gearbeitet, und das angekündigte Ende war für sie wie ein Schock. Als sie mehrmals das Bewußtsein verlor und Suizidgedanken äußerte, brachte sie der Notarzt in unser Krankenhaus.

Hier bekommt sie Medikamente, die ihre Stimmung aufhellen und sie beruhigen. Sie nimmt an der Bewegungstherapie, der Beschäftigungstherapie und an einer Gesprächsgruppe teil. Aufgrund ihrer Zurückgezogenheit und weil sie sich wenig mitteilt, wird ihr die Musiktherapie vorgeschlagen. Sie kommt zweimal wöchentlich, insgesamt vierunddreißig Stunden, zu den Sitzungen einer Gruppe mit sieben Patienten.

Bei der ersten Sitzung scheint sie etwas Zeit zu brauchen, bis sie sich zurechtfindet. Am Anfang spricht sie wenig von sich und verhält sich distanziert. Als ich die Gruppenmitglieder auffordere, sich ein Instrument auszusuchen und dieses auszuprobieren, wirkt sie sehr unsicher und scheint Angst zu haben, etwas falsch zu machen. Sehr vorsichtig spielt sie zunächst allein. Bei einem Zusammenspiel mit der Gruppe geht sie schnell unter und ist nicht mehr zu hören. Als ich sie darauf aufmerksam mache, sagt sie: „Ich bin es eben nicht gewohnt, in Gesellschaft zu sein. Jahrelang habe ich alleine gewohnt und mußte selbst klarkommen."

Frau K. spielt mit kleinen, gleichmäßigen Bewegungen monoton am Xylophon, sehr karg und leise. Isoliert sitzt sie am Instrument, ohne auf ihre Umgebung zu achten. Mich erinnert dies an das Arbeiten an einer Maschine, eine Tätigkeit, die sie bis vor kurzem noch ausgeübt hat. Sucht sie ihren Arbeitsplatz nun in der Musiktherapie? Alte Strukturen in diesem neuen Umfeld? Hier ist sie allerdings mit einer Gruppe konfrontiert und kann sich nicht auf sich und ihr Tun zurückziehen.

Sich Platz verschaffen

Bald wird für Frau K., die sich meist nur leise äußert, das „Lautspielen" in der Musiktherapie zum Thema. Anfangs ist dies noch mit viel Angst besetzt, und es braucht Zeit, bis sie sich mehr zutraut. Nach einer gemeinsamen Improvisation der Gruppe an der Pauke sagt sie: „Ich hatte Angst, daß die Schlegel zerbrechen könnten, wenn ich etwas kräftiger draufhaue."

Es geht im Spiel darum, Platz zu finden und sich Platz zu schaffen. Doch Frau K. nimmt sich wenig Raum und wehrt sich nicht, erschrickt nur, wenn die Schlegel der anderen Teilnehmer die ihren berühren. Sie erzählt in diesem Zusammenhang: „Einmal wollte ich einen Hund streicheln, und der hat mich in die Hand gebissen", und macht damit deutlich, daß sie dieses Spiel als aggressiv und die Nähe als gefährlich erlebt. Als in der Stunde darauf eine Mitpatientin ungehalten die Gruppe verläßt, meint Frau K., diese hätte sich mehr beherrschen sollen, und mißbilligt deren Verhalten heftig. Es scheint ihr schwerzufallen, aggressive Gefühle zuzulassen und auszudrücken. Sie wehrt diese auf der einen Seite ab, leidet aber gleichzeitig darunter, daß sie im Zusammenspiel mit anderen immer wieder untergeht. Sie bleibt im Hintergrund und will doch auch einmal dominant sein.

In der siebenten Stunde wählt Frau K. den Gong. Mit meiner Unterstützung spielt sie sehr kräftig darauf, so daß er gut zu hören ist. Richtig auszuholen traut sie sich aber noch nicht. Sie sagt dazu: „Durchsetzen konnte ich mich noch nie", und versucht nun, neben den kleinen und leisen Schlägen einzelne laute zu setzen. Sie beginnt, das Sich-hörbar-Machen zu üben. Mit der Zeit sagt sie im Gespräch positive Dinge über sich und ist innerlich mehr beteiligt. Als sie auf der Steeldrum spielt, erzählt sie: „Früher habe ich gerne Reisen in ferne Länder gemacht. Dieses Instrument erinnert mich an schöne Urlaubszeiten." Mutig probiert sie auch die Posaune aus, ein Instrument, das viel Kraft braucht. Sie wird mit ihrer ganzen Energie gefordert und muß sich auf das Spiel einlassen.

Frau K. setzt sich nun immer mehr mit ihrer momentanen Wirklichkeit auseinander und macht sich ihre Situation bewußt. Sie wacht langsam auf. Mit der Zeit nimmt sie in den Improvisationen auch mehr Kontakt mit den Gruppenmitgliedern auf. Sie spielt und reagiert mit Tönen auf das Spiel anderer. Als beispielsweise eine Mitpatientin mitten im Spiel auf ihr Xylophon klopft, übernimmt sie sofort diesen Ton, und es kommt ein kurzer Dialog zustande. Jetzt geht es ihr nicht mehr so sehr darum, etwas zu leisten, sondern sie entdeckt die Instrumente als Mittel, ihr inneres Erleben auszudrücken und Begegnungen zu erfahren.

Sich hörbar machen

Doch die Möglichkeit, ihren Gefühlen dabei freien Lauf zu lassen, erschreckt sie. „Es müßte viel mehr Drill her, um dieses Spiel zu ordnen", sagt sie. „Geben Sie doch den Takt an, und dirigieren Sie uns!" Hier zeigt sie sich sehr deutlich und äußert sich zum ersten Mal bestimmt. Es ist an der Zeit, auf ihre Spielweise Bezug zu nehmen. So sage ich ihr, daß sie immer wieder in sehr kleinen Bewegungen und sehr leise gespielt habe.

In letzter Zeit klinge ihre Musik manchmal etwas lauter und kräftiger. Für wichtiger als den Drill hielte ich es, daß sie selbst ausprobiere, wie sich ihr Spiel im Innern anfühlt, ob es nun schnelle, kleine Bewegungen seien oder große, langsame. Ich fordere sie auf, dies gleich einmal zu versuchen und dabei einmal nach innen, in ihren Körper, zu spüren. Sie solle herausfinden, was ihr gut tue und was ihr Ausdruck sei, und sie solle sich nicht nach mir richten. Sie probiert dies gleich am Xylophon aus: Zuerst spielt sie leise und vorsichtig und traut sich dann, mit viel Überwindung, kräftig draufzuschlagen. „Die großen Schläge sind viel befreiender", meint sie spontan.

In einer der nächsten Sitzungen stellt eine Patientin die Frage, welchen Sinn die Musiktherapie habe. Frau K. erkennt: „Uns die Musik näherzubringen", und andere reden ergänzend von der Erleichterung, die sie verspüren, wenn sie Gefühle und Stimmungen zum Ausdruck bringen, wenn sie ihre Identität finden, wenn sie im gemeinsamen Spiel nicht übertönt werden und verblassen. In der vorletzten Musiktherapiestunde spielt Frau K. mit sehr offenen Händen am Monochord, und in der Abschiedsstunde wagt sie als einzige in der Gruppe, die Stimme einzusetzen und zu summen, eine Form von Musikmachen, die sehr persönlich ist und den meisten Patienten schwerfällt.

Im gesamten Verlauf der Therapie hat Frau K. ihr anfänglich distanziertes Verhalten sehr verändert und mehr Ausdrucks- und Kontaktmöglichkeiten gefunden. Dies hatte Auswirkungen auf ihr tägliches Leben, und sie distanzierte sich von ihren Suizidgedanken. Sie konnte den Verlust des Arbeitsplatzes überwinden und neue Perspektiven für ihr Leben finden. Darüber hinaus hatte sie bislang unbekannte positive Erfahrungen im Umgang mit anderen gewonnen. Sie kapselte sich nicht mehr so ab, sondern hatte gelernt, mehr über sich zu reden, direkter auf andere Menschen zuzugehen und sich besser durchzusetzen. Sie hatte auch gelernt, Aggressionen zuzulassen und sie nicht nur gegen sich zu richten. Sie geht seither in eine Tagesstätte, wo sie immer wieder neue Menschen trifft und eine Halbtagsbeschäftigung als Aushilfssekretärin finden konnte.

Rhythmus gibt Halt

Ein zweiter Fall: Frau B. kommt sehr labil und weinerlich zu mir in die Musiktherapie. Sie zittert am ganzen Körper und setzt sich zusammengekauert in eine Ecke des Raums. Da sie so nicht in der Lage ist, selbst zu spielen, biete ich ihr an, etwas für sie zu spielen. Ich wähle eine große, tiefe Indianertrommel, mit der ich einen langsamen, gleichbleibenden Rhythmus schlage. Frau B. entspannt sich merklich. In den darauffolgenden Stunden wünscht sie sich immer wieder, daß ich diesen einfachen, langdurchgehaltenen Rhythmus für sie trommle. „In meinem Leben herrscht nur das Chaos, und ich habe meinen Rhythmus verloren", meint sie. „Ihr Spiel hat mir Halt und Orientierung gegeben. In der Musiktherapie habe ich wieder eine Richtung gefunden."

In den nächsten Musiktherapiestunden versucht sie, auf einer Trommel ihren eigenen Rhythmus zu finden und stabiler zu werden. Nach drei Wochen, in denen sie in der Musiktherapie immer selbständiger und aktiver wurde, tritt eine Besserung ein. Frau B. spielt nun sehr ausdauernd und kraftvoll auf den Instrumenten. Sie konzentriert sich auf sich und hat für ihr Leben einen Zusammenhang gefunden. Sie ist ausgeglichen und kann ihre Arbeit wiederaufnehmen.

Zusammenfassend läßt sich feststellen, daß der nonverbale Charakter der Musiktherapie für die Arbeit mit Depressiven besonders geeignet ist. Musik erreicht diese Personen direkter als Worte und kann sie in Bewegung bringen. Musik und Töne lösen innere Resonanzen aus. Sie wecken und fördern innere Bilder. Rhythmus und Dynamik vermitteln Lebendigkeit und Flexibilität. Über Klänge lassen sich Gefühle oft leichter als über Worte mitteilen. Besonders aggressive Gefühle, die anfangs oft abgewehrt werden, lassen sich ausdrücken und können besser integriert werden.

Da beim Improvisieren mehrere Personen gleichzeitig spielen, wird eine Auseinandersetzung mit den anderen unumgänglich. Dabei werden Beziehungen deutlich und können angesprochen werden. Lebensmuster, die zur Entstehung von Depressionen führen, treten hervor und können verändert werden. Aus Spannung und Verdichtung kann sich Entspannung und Befreiung entwickeln. Neue positive Lebenserfahrungen verändern die bisherige Situation und damit die Perspektive des einzelnen.

Kurzgefaßt heißt das: Musik läßt vieles ertönen, was verstimmt ist. Disharmonien können in Harmonien und Einklang münden. Manchmal ist es nötig, einmal kräftig auf die Pauke zu hauen oder den Marsch zu blasen, um den richtigen Ton zu finden. Dann kann sich die Verstimmung in einen Wohlklang verwandeln.

Literatur

Beck, Aaron T.: Kognitive Therapie der Depression, Weinheim [5]1996.

Dokumentation der 1. Fachtagung, ‚Musik und Depression' vom 24.–26. April 1992 am FPI in Hückeswagen, Beversee, erhältlich beim Berufsverband Klinischer MusiktherapeutInnen.

Dörner, Klaus und Plog, Ursula: Irren ist menschlich: Lehrbuch der Psychiatrie, Psychotherapie, Bonn [1]1984 (Neuausgabe 1996).

Eberhard, Kurt und Gudrun: Typologie und Therapie der depressiven Verstimmungen, Göttingen 1997.

Kuiper, Piet C.: Seelenfinsternis, Frankfurt a. M. 1998.

Mentzos, Stavros: Depression und Manie, Göttingen 1995.

Müller, Lotti und Petzold, Hilarion G.: Musiktherapie in der klinischen Arbeit, Stuttgart/Jena/Lübeck/Ulm 1997.

Schramm, Elisabeth: Interpersonelle Psychotherapie bei Depressionen und anderen psychischen Störungen, Stuttgart 1996.

Wenn die Welt aus den Fugen gerät
Musiktherapie bei Schizophrenien

Von Christian Münzberg

Normalerweise erleben wir unsere Umgebung als etwas Stabiles, etwas Sicheres, das wir als bekannt und zuverlässig empfinden. Die Dinge sind an ihrem Platz und haben einen Namen. Alles bleibt im Bereich dessen, was wir mit unserem Verstand erfassen können. Das kann sich völlig ändern, wenn wir in Zustände geraten, die mit dem Begriff der schizophrenen Psychosen umschrieben werden. Solche Störungen verändern die Wahrnehmung der Umwelt und unserer selbst in ihr in einer Art, die uns zutiefst erschüttern kann. Auf einmal greift unser Verstand nicht mehr. Die Grenzen, anhand deren wir uns selbst von unserer Umwelt unterscheiden, lösen sich auf. Wir haben keine Macht mehr über unsere Gefühle. Oft steigern sich ganz gewöhnliche Abläufe ins Unfaßbare, verändern sich in Zeit und Raum, bis sie zu Wahrnehmungen werden, die sich als Halluzinationen verselbständigen. Eine zuerst noch flaue, sich schließlich bis zur Panik verstärkende Angst breitet sich in uns aus, weil das, was da ganz offensichtlich stattfindet, unserer Erfahrung nach niemals so sein dürfte. Wir können nicht einmal mehr unseren Sinnen vertrauen.

Wie kommt es zu einem solchen Zustand? Kann dies jederzeit passieren? Und was kann die Musiktherapie beitragen, mit solchen Zuständen umzugehen? Ein Beispiel soll dies erläutern.

Die achtunddreißigjährige Frau M., verheiratet, ein Sohn, kam im Rahmen einer Behandlung an einer psychiatrischen Bezirksklinik zu mir in die Musiktherapie. In der wöchentlichen Teambesprechung wurde sie als paranoid-psychotisch, depressiv und außerdem minderbegabt vorgestellt. Sie hatte optische und akustische Halluzinationen, Suizidgedanken und ein Alkoholproblem. Es war ihr erster Aufenthalt in der offenen Akut-Station. Wegen massiver Angstzustände war Frau M. von ihrer Ärztin eingewiesen worden. Ich schildere ihre Entwicklung, die sich mit vielen einzelnen Therapie-Intervallen über einen Zeitraum von drei Jahren erstreckte. Die Musiktherapie war während dieser Zeit das zentrale psychotherapeutische Verfahren, durch das sich Frau M. an die gefürchteten Gefühle heranwagen konnte. Bis dahin war sie ausschließlich mit Medikamenten behandelt worden, eine Therapie, die auch weiterhin nötig war.

Frau M. lernte ich in der ersten Begegnung als eine sehr in sich gekehrte und verschlossene Frau kennen. Sie war ohne Widerspruch in die Musiktherapie mitgegangen und hatte sich bereitwillig der Gruppe angeschlossen. Sie blickte ausschließlich auf den Boden, gab mir anfangs nur sehr zögerlich die Hand, stotterte stark, knetete ständig an ihren Händen und wirkte insgesamt müde, ausgebrannt und sehr gequält. Sie konnte in der Gruppe nichts sagen und antwortete nur mit herausgepreßten, kurzen Worten auf meine vorsichtigen Fragen. Von Beginn an war sie jedoch immer sehr pünktlich, kam mit einfachem, aber gepflegtem Äußeren und setzte sich still an immer denselben Platz.

Zu Beginn der Therapie versuche ich, unabhängig von der Diagnose den Patienten kennenzulernen und zu spüren, welche Gefühle und Gedanken er in mir auslöst. Frau M. schien mir neben ihrer Psychose einem sozialen Umfeld ausgeliefert zu sein, gegen das sie sich offenbar nicht zur Wehr setzen konnte. Ich hatte den Eindruck, daß sie dringend Ruhe und Schutz brauchte. Wenn ich sie so sitzen sah, tat sie mir unendlich leid, und ich merkte, wie sich mir die Kehle zuschnürte, wenn ich sie ansprechen wollte. Um so erstaunter war ich, daß sie bereits in der zweiten Stunde in der Gruppe zu spielen begann, als ich ihr eine Rassel und ein paar Glöckchen für die Improvisation anbot. Sie konnte sehr rhythmisch auf die Musik der Gruppe eingehen und hielt das ganze Spiel von etwa zehn Minuten durch. In der Nachbesprechung sagte sie wenig zu unserer Musik, vergewisserte sich nur, ob sie es richtig gemacht habe. Bei diesem Verhalten blieb sie, bis sie nach einigen Wochen Abstand zu ihren Suizidideen gefunden hatte und entlassen werden konnte.

Verständigung jenseits von Worten

Musiktherapie hat in dieser anfänglichen Begegnung von Patient und Therapeut die einzigartige Chance, eine Verständigung jenseits von Worten zu ermöglichen. Schizophrene Patienten sind in den akuten Phasen ihrer Krankheit meist nicht in der Lage, offen auf andere Menschen zuzugehen. Sie sind mißtrauisch oder stecken noch so tief in ihren psychotisch veränderten Wahrnehmungen, daß sie innerlich davon völlig belegt sind und alles in ihrer Umwelt durch die „psychotische Brille" sehen. Musik kann da schnell bedrohlich wirken oder die Gefühle überfluten. Sie kann aber auch ein Mittel zur Verständigung sein, ein Signal, daß es etwas Verbindendes gibt, das weniger Angst macht. Eine solche Verständigung in den ersten Improvisationen läßt sich manchmal mit der frühen emotionalen Abstimmung vergleichen, wie sie zwischen einer Mutter und ihrem Baby stattfindet. Die Äußerungen und Gefühle des Patienten werden vom Therapeuten zunächst durch Nachahmen beantwortet, so entsteht Sicherheit für weitere Versuche. Eine Bewertung in richtig oder falsch gibt es noch nicht, nur behutsame Gesten und eine musikalische Antwort, die möglichst ähnlich konturiert sein muß und keine zu hohen Anforderungen stellen sollte.

Manche Musiktherapeuten setzen in dieser Anfangsphase angeleitete Spielformen mit klaren, meist rhythmischen Vorgaben und Spielregeln ein, um den Patienten Strukturhilfen für ihr inneres Chaos anzubieten. Nach meiner Erfahrung besitzen schizophrene Patienten neben ihren Symptomen jedoch viele intakte Seiten ihrer seelischen Struktur. Sie schaffen es gerade mittels der psychotischen Zustände, ihre inneren Grenzen abzusichern, und können darin oft gut für sich sorgen – was häufig unterschätzt wird. Die Symptome helfen, so seltsam dies vielleicht klingt, bedrohliche oder überfordernde Beziehungssituationen zu regulieren und sich beispielsweise gegen Ansprüche von außen oder gegen zu starke Gefühle von innen abzugrenzen. Manche Patienten wollen daher nicht aus der Sicherheit ihrer Psychose heraus oder steigern sich gezielt in sie hinein, um aus der Realität zu flüchten. Ich mute daher den Patienten mit einer akuten Psychose, wenn sie medikamentös stabilisiert sind, die therapeutische Improvisation sogar in Gruppensitzungen zu, um ihre intakten Ich-Anteile anzusprechen sowie die Eigenverantwortlichkeit und den Kontakt untereinander zu fördern. Ängste und Schutzbedürfnisse müssen dabei respektiert werden. Bei Frau M. hatte ich ein gutes Gefühl. Sie nahm den Kontakt an.

Musikalische Begegnungen

Nach zwei Monaten zu Hause kam sie dann wieder, verschlossen wie am Anfang. Sie gab an, Männerköpfe auf dem Kopfkissen und an der Wand zu sehen sowie Spinnen. In der Musiktherapie setzte sie dort an, wo sie aufgehört hatte: derselbe Stuhl, dieselben Instrumente, die gleiche Verschlossenheit. In dieser zweiten Therapiephase über sechs Wochen zeigte sich eine leichte Veränderung. Frau M. sprach zwar nicht, blickte aber öfter mal mit seitlich gesenktem Kopf zu mir. Ihr Spiel wurde etwas prägnanter. Sie legte auch ab und zu die Rasseln weg, um eine kleine Trommel sehr leise mit ein paar dünnen Stöckchen zu spielen. Mir kam es vor wie ein scheues Gefühl von „vertrauter sein". Die Gruppe war darin völlig ausgeblendet. Es war eine einsame Begegnung, und sie war sehr persönlich an mich gerichtet.

Einige Zeit später kam Frau M. erneut sehr unter Druck. Ihr Ehemann hatte mit Suizid gedroht, falls sie ihn allein ließe. Er war trockener Alkoholiker und depressiv. Der Sohn hatte massive Schulprobleme. Auch auf der Station machte der Ehemann Ärger, wobei sich Frau M. gegen ihn abzugrenzen begann. In den Musiktherapie-Stunden fiel mir auf, daß sie extrem schreckhaft geworden war. Bei lauten Tönen zuckte sie zusammen, ebenso bei schnellen Bewegungen anderer Gruppenmitglieder. Ich hatte den Eindruck, als ob sie eine Art Totstellreflex zeige, um nicht verletzt zu werden. Sie duckte sich und zog den Kopf zwischen die Schultern. Manchmal zuckte sie plötzlich zusammen, weil sie dachte, es könnte jemand hinter der Tür oder am Fenster lauschen. Andererseits ging Frau M. erstmals von „ihrem" Stuhl weg und griff zu anderen Instrumenten, etwa der kleinen pentatonischen Kantele, einem sehr sanften Saiteninstrument, das sie leise zupfte und strich. Ihr Stottern besserte sich. Auch nahm sie von der Gruppe alles wahr und konnte sehr genau auf die Fragen zum abstrakten, symbolischen Geschehen in der musikalischen Improvisation Auskunft geben. Sie erzählte damals der Oberärztin einen Traum von einer Hand mit einem Messer, das auf sie zukam, und einem weißen Vogel. Ich überlegte, ob das Messer eine Vergewaltigung symbolisiere und die Taube Frau M.s Unschuld und Reinheit. Diese Interpretation sollte sich bewahrheiten.

Fehlgelaufene Beziehungen

Psychosen entstehen meiner Erfahrung nach nicht zufällig. Sie sind wie jede andere Erkrankung der Seele oder des Gemüts ein Ergebnis von Beziehungserfahrungen, die häufig sehr eingefahren sind und dann unausweichlich verlassen werden oder in denen die intimsten Grenzen gewaltsam niedergerissen werden. Wenn wir völlig überraschend unseren Lebenspartner verlieren, kann dies zu einer psychotischen Entgleisung führen, die sich, je nach unserer Vorprägung, als Schizophrenie entwickeln kann. Ein Patient Anfang vierzig, der sehr auf seine Mutter fixiert war, hatte zum Beispiel immer dann einen psychotischen Schub bekommen, wenn er sich von seiner Mutter innerlich distanzierte: bei seiner ersten großen Liebe, seinem ersten Sex, seiner Hochzeit und als er seine Mutter trotz deren schwerer Krankheit nicht im Krankenhaus besuchen wollte. Sein innerer Konflikt war zu groß, als daß er ihn für sich oder mit seiner Mutter hätte lösen können. Die Psychose regulierte sein Nähe/Distanz-Problem und erlaubte ihm, in die Klinik und somit auf Abstand zu gehen.

Wissenschaftler haben seit einiger Zeit begonnen, bei Psychosen nicht mehr so eindeutig zwischen Depression und Manie auf der einen Seite und der Schizophrenie auf der anderen Seite zu unterscheiden.[1] Denn alle diese Patienten leiden unter veränderten Wahrnehmungen und größten Ängsten (auch wenn dies in der Manie zunächst nicht spürbar wird). Es gibt die Lehrmeinung, daß diesen sehr verschiedenen, sogar gegensätzlichen Krankheitsbildern eine einheitliche „affektive Psychose" zugrunde liegt. Diejenigen Psychosen, die durch Schädigungen des Gehirns, beispielsweise nach einem Schlaganfall oder durch Drogenkonsum, entstehen, haben zwar körperlich bedingte Ursachen, stellen sich aber im Erleben für die Patienten genauso bedrohlich dar und sind in ihrer jeweiligen Ausprägung oft das Ergebnis problematischer Beziehungssituationen. Kränkende und fehlgeleitete Beziehungserfahrungen sind letztlich die Themen, die in der Therapie bearbeitet und durch neue Erfahrungen und das Ausprobieren unbekannter Verhaltensmuster in neue Verhaltensweisen übergeführt werden. Darauf war auch mein psychotherapeutisches Behandlungskonzept bei Frau M. angelegt, die wohl massivste Grenzübergriffe erlebt hatte. In diesem Zusammenhang erschien auch der Alkoholkonsum von Frau M. wie eine Selbst-Medikation zur Unterdrückung ihrer Beziehungsängste. Viele Psychotiker versuchen, sich auf diese Weise zu beruhigen.

Tiefe Töne aus der Angst

Der vierte Aufenthalt von Frau M. in der Klinik erfolgte bereits sieben Tage nach der Entlassung. Frau M. hatte erneut massive Angstzustände. Sie fürchtete, daß sie vielleicht nicht mehr aufwachen könne, weshalb sie nicht mehr einschlief. Das

Therapeuten-Team erfuhr nun zum ersten Mal, daß Frau M. in ihrer Kindheit mehrfach von ihrem Stiefvater vergewaltigt worden war, erstmals mit zehn Jahren, später noch einmal vom Mann einer Freundin. Das war also ihr großes Trauma, das bearbeitet werden mußte. Frau M. begann, sich mit „tiefen Tönen" zu beschäftigen, die sie vor allem in der sogenannten Big-Bom, einer großen Holzschlitztrommel, einer Art Baßxylophon, fand. Sie hatte große Angst davor, setzte sich aber mehrfach an das Instrument, zum Teil, ohne zu spielen. Sie saß dann davor und wirkte wie weit weg und versunken. Die tiefen Töne stellten für sie die Gewalt der Männer dar, der sie sich als Kind ausgeliefert sah. Durch diese Töne konnte sie die Erinnerungen erstmals aushalten, weil sie außerhalb von ihr im Klang der Instrumente stattfanden und eine gewisse Distanz ermöglichten. Nach zwei Wochen brach sie die Therapie ab, weil der Ehemann ihr mit Suiziddrohungen verstärkt Schuldgefühle machte. Sie grenzte sich dennoch deutlicher gegen ihn ab und konnte dies wohl auch zu Hause besser als vorher aufrechterhalten, denn sie hielt es dort nun drei Monate lang aus.

Bei ihrem fünften Aufenthalt blieb Frau M. über viele Sitzungen hin bei der Auseinandersetzung mit den „tiefen Tönen". Sie versuchte, lauter zu spielen, hatte aber regelrecht motorische Bewegungshemmungen in ihrem Impuls zuzuschlagen, obwohl das Instrument sehr stabil ist. Sie brachte den Arm nicht hoch. „Ich muß das jetzt machen. Wie soll ich sonst mit der Vergangenheit fertig werden", preßte sie heraus. Ich fragte mich, worauf sich eigentlich die bei der Aufnahmeuntersuchung angegebene „Minderbegabung" begründete. Die psychologischen Tests, die dieses Ergebnis erbracht hatten, waren zudem von Männern durchgeführt worden. Hatte nicht vielmehr eine Behinderung ihrer elementarsten Lebensimpulse schon früh zu einem inneren Rückzug geführt? Mir fiel dazu immer wieder der Satz ein: „Du sollst nicht reden!" Aus den Akten ging hervor, daß Frau M. die ganze Zeit über auch Stimmen gehört hatte, speziell die ihres Stiefvaters, des ersten Vergewaltigers, den sie zu sich sagen hörte: „Du allein bist schuld."

Sowohl die akustischen als auch die optischen Halluzinationen nahmen während dieses fünften Klinikaufenthaltes kontinuierlich ab. Statt dessen bekam die Patientin vermehrt Alpträume. Diese Veränderung bedeutete einen großen Fortschritt in der Integration ihrer extremen seelischen Gegensätze von völliger Auslieferung einerseits und völligem angstbesetztem Rückzug andererseits. Es kam Bewegung in die unbewußten seelischen Mechanismen. Auch dieser Therapieabschnitt dauerte wieder etwa sechs Wochen, in denen sie einen Teil der Traumatisierungen ihrer Kindheit bearbeitete.

Entscheidende Wendung

Nach inzwischen eineinhalb Jahren Therapiezeit brachte der sechste Aufenthalt eine entscheidende Wendung. Frau M. kam nicht ganz so gedrückt und wortkarg, wohl aber mit Angstsymptomen. Sie hatte wieder Halluzinationen von Würmern und Beklemmungsgefühle in der Brust. Bereits in der ersten Stunde bat sie um zusätzliche Einzelsitzungen. Sie fing an, ihre Therapie von sich aus zu gestalten. Erstmals erzählte sie von den Vergewaltigungen und den häufigen Prügeln durch ihren Stiefvater. Sie wurde sehr spürbar in ihrer Trauer, wenn sie auch noch nicht weinen konnte. Als ich ihr anbot, ihre Gefühle in Klänge umzusetzen, löste bei ihr schon allein diese Vorstellung im Gespräch ein Verschwimmen des Bodens und das Näherrücken der Wände aus. Der innere Loyalitätskonflikt, aggressiv sein zu wollen und sich gleichzeitig nicht gegen das verinnerlichte Schweigegebot der Eltern stellen zu dürfen, war noch zu festgefügt. Frau M. versuchte, auf der Big-Bom lauter als früher zu spielen, was ihr in Ansätzen auch gelang. Mein Respekt wuchs von Sitzung zu Sitzung. Auf ihre Weise setzte sie sich über die Musik mit ihren Untiefen, mit ihren Symbolen für Männlichkeit, Überlegenheit und Macht auseinander. Sie begann, um sich zu kämpfen.

In den nächsten drei Aufenthalten, mit immer länger werdenden symptomfreien Phasen zu Hause, stabilisierte sich

Frau M. deutlich. Sie setzte sich mutig mit der Oberärztin auseinander, die stellvertretend für die sehr negativ erlebte Mutter stand. Parallel hierzu ergab sich ein Frau M. sehr verletzender Streit mit ihrer wirklichen Mutter. Zum ersten Mal bezeichnete Frau M. sie spürbar zornig als „arrogantes Püppchen", von der sie sich immer abgelehnt gefühlt habe. Die Beziehungsstörung hatte also, wie dies oft vorkommt, schon weit vor dem Mißbrauch angefangen. Auch den abwesenden leiblichen Vater brachte Frau M. als Thema in die Therapie, als sie zaghaft mit einem männlichen Patienten in der Gruppe ein Duett auf der Big-Bom wagte. Frau M. wurde zusehends selbstbewußter und wuchs in der Gruppe immer mehr in die Rolle einer bereits erfahrenen Patientin hinein, die den anderen beistehen konnte. Ihr Ehemann und auch der Sohn begannen langsam, ihre Therapie und ihre Entwicklung zu akzeptieren. Schließlich fand Frau M. in der nun parallel laufenden Kunsttherapie zu sehr ausdrucksstarken Bildern von ihren Gewalterfahrungen und konnte die Musiktherapie beenden. Frau M. sah später ab und zu noch bei mir vorbei, wenn sie sich in ihren Ansichten Unterstützung holen wollte oder um einfach zu erzählen, daß es ihr immer besser gehe.

Die Psychose verliert ihre Notwendigkeit

Die Behandlung von Psychosen mit Musiktherapie ist in allen Phasen der Erkrankung möglich, außer bei noch sehr akuten paranoiden Zuständen. Schizophrenien entstehen, wie andere Psychosen, oft aus frühen Störungen der Entwicklung von Beziehungsfähigkeit und späteren Traumatisierungen. Die Erkrankung hilft zum Überleben, sie dient beispielsweise der innerseelischen Regulation von extrem widersprüchlichen Gefühlen. Wenn diese (neben Medikamenten) auch ausreichend psychotherapeutisch bearbeitet werden, kann die Psychose ihre Notwendigkeit verlieren. In der Verständigung ohne Worte nimmt die Musiktherapie Bezug auf die frühen vorsprachlichen Verständigungsformen der ersten Lebensjahre und kann helfen, unsagbar bedrohliche Erinnerungen therapeutisch zugänglich zu machen. Patienten, die massive Ängste erleben, weil sich ihre Umgebung unerklärlich zu verändern scheint, finden Halt in den Klängen, die, als ein Stück Realität, den Strudel psychotischer Wahrnehmung unterbrechen können. Auch bei chronifizierten, langanhaltenden schizophrenen Störungen gibt der Umgang mit Instrumenten den Patienten manchmal Erfahrungen für ein neues Selbstbewußtsein, das ihnen hilft, sich den täglichen Problemen zu stellen. Die tiefenpsychologisch orientierte Musiktherapie hat also neue psychotherapeutische Methoden entwickelt, mit denen die unterschiedlichen Formen von schizophrenen Psychosen wirksam behandelt werden können.

Anmerkung

1 Siehe z.B. in: Ciompi, 1997.

Literatur

Benedetti, Gaetano: Todeslandschaften der Seele, Göttingen 1994.
Bossinger, Wolfgang und Hess, Peter: Musik und außergewöhnliche Bewußtseinszustände, Musiktherapeutische Umschau, 1993.
Ciompi, Luc: Die emotionalen Grundlagen des Denkens – Entwurf einer fraktalen Affektlogik, Göttingen 1997.
Dörner Klaus und Plog, Ulrike: Irren ist menschlich, Rehburg-Loccum 1996.
Erlach, Anton: Vom Klang zum Wort – Interventionsmöglichkeiten beim psychotischen Rückzug, Musiktherapeutische Umschau, 1988.
Podvoll, Edvard M.: Verlockung des Wahnsinns, München 1994.
Trauth, Wolfgang: Psychotische Reaktion und behinderte Strukturinszenierung, Zeitschrift für Psychoanalytische Psychotherapie, Heft 2/3, 1993.
Ders.: Zentrale psychische Organisations- und Regulationsprinzipien und das psychoanalytische Verständnis von Abwehr und Regulation, Zeitschrift für Psychoanalytische Psychotherapie, XIX. Jahrgang, Sonderheft 1, München 1997.

Was nützt mir Musik, wenn es um Leben und Tod geht? – Musiktherapie bei Angsterkrankungen

Von Hanns-Günter Wolf

Angst zu erleben ist grundsätzlich keine Erkrankung, sondern eine für das individuelle Überleben des Menschen notwendige Fähigkeit, vergleichbar der, Schmerz zu empfinden. Wenn man daher von Angsterkrankungen spricht, meint man immer Ängste, die aus unerklärlichen Gründen auftreten oder die dem äußeren Anlaß gänzlich unangemessen sind.

Frau A. kam in unsere Klinik, weil sie nachts oft urplötzlich mit panischer Angst aus dem Schlaf erwachte. Sie hatte dann rasendes Herzklopfen, Schwindelanfälle mit Übelkeit und war der sicheren Überzeugung, daß sie in akuter Lebensgefahr schwebe. Diese dramatisch erlebte Bedrohung veranlaßte Frau A. dazu, die unterschiedlichsten Spezialisten aufzusuchen, um eine Erklärung für ihren Zustand zu finden. Deren Voruntersuchungen ergaben weder eine Erkrankung des Herzens noch eine andere körperliche Ursache. So kam sie zu uns. Ihr Wunsch an uns war eindeutig: Die Angstanfälle, die sie wie einen Fremdkörper in ihrem Leben empfand, sollten durch den Aufenthalt „weggemacht" werden, ähnlich, wie man ein Geschwür aus dem Körper schneidet.

Die Musiktherapie ist in der Klinik St. Irmingard Bestandteil eines integrativen Behandlungskonzeptes, demgemäß die Patienten von einem therapeutischen Team betreut werden. Es gibt Einzelgespräche bei einem Arzt, Gesprächsgruppen, Gruppenmusiktherapie (zweimal pro Woche für je neunzig Minuten), außerdem werden Sport und Gymnastik, Entspannungstraining sowie Informationsveranstaltungen angeboten. Integration bedeutet, daß sich alle Therapeuten regelmäßig treffen und sich über die Patienten intensiv austauschen, um so die Interventionen und Beobachtungen in den einzelnen Therapien aufeinander abzustimmen.

Die erste Musiktherapiestunde

Frau A. ist eine etwa vierzigjährige Frau, hat dunkelblonde, gelockte Haare und wirkt ansonsten „auffällig unauffällig". Sie ist weder groß noch klein, weder dünn noch dick, weder attraktiv noch unattraktiv. Auf der Straße würde man sie leicht übersehen.

Den Patienten, die neu in die Musiktherapiegruppe kommen, wird geraten, sich während der Spielphase erst einmal im Raum umzusehen, zu erkunden, welche Instrumente und Möglichkeiten es gibt, und sich so ein wenig heimisch zu machen. Frau A. zeigt jedoch keinerlei Motivation oder Neugierde. Mit einer Mischung aus Verzweiflung, Resignation und Spott sitzt sie da, mit dem Rücken zur Gruppe, und klimpert leise und gelangweilt auf dem Xylophon. „Was soll es mir denn helfen, hier ein bißchen auf den Instrumenten herumzuspielen, wenn es bei mir um Leben und Tod geht", interpretiere ich ihre Haltung. Als einige Gruppenmitglieder lebendiger und lauter werden, zeigt ihre Mimik Unbehagen an diesen „Mißtönen". Bedenkt man noch den Wunsch von Frau A., es möge jemand von außen ihre Angst „wegmachen", ist leicht nachzuvollziehen, daß sie – wie viele Angstpatienten – mit der Musiktherapie zunächst nichts anfangen kann.

Ein Erklärungsmodell für Angsterkrankungen:[1] Im tiefenpsychologischen Menschenbild geht man davon aus, daß kein Gefühl ohne Grund existiert. So muß es für ein so starkes Gefühl wie Todesangst auch entsprechende Ursachen geben. Droht keine akute Lebensgefahr, muß es biographische Hintergründe für diese Angst geben sowie aktuelle Auslöser, auf die hin die damit verbundenen alten Gefühle wieder spürbar werden.

Einem Außenstehenden, der eine Biographie erzählt bekommt, springen existenzbedrohende Ereignisse oft zwingend ins Auge. Angstpatienten können jedoch meist den Zusammenhang zwischen diesen Ereignissen und ihren aktuellen Gefühlen nicht nachvollziehen. So ist es auch bei Frau A.

Sie hatte eine traurige Kindheit und Jugend erlebt. Als sie fünf Jahre alt war, starb ihre Mutter an Krebs. Sie kam danach zuerst ein halbes Jahr lang in ein Kinderheim, dann, nach der zweiten Eheschließung des Vaters, in die Obhut einer Stiefmutter, die bereits Kinder hatte. Die neue Familiensituation beschreibt Frau A. als Hölle. Die zunehmend dem Alkohol verfallene Stiefmutter habe sie nicht nur ausgenutzt und gedemütigt, sondern auch über viele Jahre hinweg fast täglich verprügelt. Dem Vater, der die Woche über auf Montage arbeitete, durfte sie an den Wochenenden unter Androhung von weiteren Schlägen nichts von den Vorkommnissen berichten. Nach dem Hauptschulabschluß wurde ihr nicht erlaubt, eine Lehre zu machen, sie mußte statt dessen sofort als ungelernte Arbeiterin in einer Fabrik Geld verdienen und alles zu Hause abliefern.

Mit dem Wissen um diese schlimme Lebensgeschichte – die der des Aschenputtels im Märchen gleicht – wird die Angst und auch das Verhalten von Frau A. verständlicher. Über Jahre hinweg hat sie erfahren müssen, daß sie für andere wertlos ist und daß diese ihrem Leid und ihren Schmerzen Gleichgültigkeit oder gar Hohn entgegenbringen. So können die Panikattacken als ein Schrei der Seele nach Zuwendung verstanden werden. Das Drama dabei ist, daß viele Menschen dazu neigen, sich so zu sehen und so zu behandeln, wie sie von ihrer Umgebung gesehen und behandelt werden.

Frau A. verhielt sich tatsächlich wie ein Aschenputtel: unscheinbar und grau. Und sie behandelte ihre eigene Angst, also einen Teil der eigenen Gefühlswelt, mit dem gleichen Unverständnis und der gleichen Ablehnung, die sie als Kind durch andere erleben mußte.

Auch bei der Wahl ihrer Partner neigte sie dazu, die alte Situation zu wiederholen. So hatte sie zwei gescheiterte Beziehungen mit Männern hinter sich, die zur Brutalität neigten, nachdem sie getrunken hatten. Immerhin konnte sie diese Männer verlassen, und zu ihrem neuen Partner scheint eine tiefere Beziehung zu bestehen. Möglicherweise gehört die neue Partnerschaft aber zu den Auslösern ihrer Angstattacken. Frau A. hatte ja nie eine faire Auseinandersetzung erlebt und geübt. Daher ist sie voll Mißtrauen gegenüber der neuen Nähe und reagiert schon bei kleinen Konflikten mit Trennungsphantasien.

Verständnis für die eigenen Ängste

Das gemeinsame therapeutische Bemühen zielt darauf ab, Frau A. mehr Verständnis für ihre Ängste zu ermöglichen, um diesen so das bedrohlich Fremde und Unerklärliche zu nehmen. Unsere Versuche, diese auf eine biographische Ursache zurückzuführen, empfindet Frau A. jedoch als Zurückweisung und meint, daß wir sie, ähnlich wie ihr Lebenspartner und die zuvor konsultierten Ärzte, in ihrer Not nicht ernst nähmen.

„Ich kann mir nicht vorstellen, daß meine Ängste mit meiner Situation als Kind zu tun haben, das liegt schließlich Jahre zurück, und wenn die Panik da ist, dann hilft gar nichts", sagt sie. „Es ist jedesmal wie Sterben, und ich kann nur warten, bis es irgendwann von alleine wieder nachläßt."

Über mehrere Wochen hinweg ändert sich an dieser Situation nur wenig. Sowohl in der Musiktherapie wie auch den anderen therapeutischen Angeboten gegenüber bleibt Frau A. in ihrer anklagenden, passiven Haltung, so daß sich im Team mehr und mehr Ungeduld und Ratlosigkeit einstellen. Währenddessen geht es ihr unverändert schlecht. Sie hat auch in der Klinik regelmäßig Panikanfälle und ist von unserer „Untätigkeit" schwer enttäuscht.

Eine Schwierigkeit der stationären Behandlung ist die Kürze der Zeit, die Patienten und Therapeuten gemeinsam haben. In ein paar Wochen sollen Wunden geheilt werden, die vor langer Zeit entstanden und über viele Jahre recht und schlecht vernarbt sind oder sich abgekapselt haben. Durch den unterschwellig wirkenden Zeitdruck in der Klinik besteht die Gefahr, daß über dem großen Ziel die kleinen, unscheinbaren, aber doch so wichtigen Veränderungen übersehen werden. Obwohl sich Frau A. zu einem scheinbar hoffnungslosen Fall entwickelt, suche ich nach kleinen, unscheinbaren Veränderungen, die sich in der Musiktherapie ereignet haben. Und tatsächlich, es gibt eine Veränderung, auch wenn es nicht die gewünschte Besserung ist.

Frau A. hat nämlich nichts gefunden, was für sie hilfreich ist, kann aber das, was sie stört, nach und nach immer deutlicher benennen. Besonders unangenehm empfindet sie den Klang des Klaviers, ohne daß sie eine Erklärung dafür geben könnte.

Obwohl alle anderen Gruppenmitglieder ihre Abneigung gegen das Klavier kennen, nutzen sie es doch regelmäßig.

Eine entscheidende Veränderung tritt jedoch ein, als ich in einer Stunde auf dem Klavier spiele. Frau A. reagiert unmittelbar: Sie geht zur größten Pauke des Raumes und übertönt mein Klavierspiel mit aller Macht. Dabei fällt zum ersten Mal die „graue Hülle" von ihr, und sie wirkt kräftig und lebendig. Meine Rückmeldung, daß ihr Protest mich nicht geärgert, sondern eher meinen Respekt ihr gegenüber erhöht hat, irritiert sie wohl etwas, bleibt aber scheinbar ohne weitere Wirkung.

Wieder vergehen einige Stunden ohne besondere Vorkommnisse. Frau A. findet sich jedoch mehr und mehr in der Gemeinschaft zurecht und ist ein akzeptiertes Gruppenmitglied, ohne daß ihr deshalb die Musiktherapie gefiele, sie hat sich eher damit arrangiert. In dieser Situation ereignet sich – für mich völlig überraschend – etwas ganz Neues: Frau A. hat in der Spielphase die kleine keltische Harfe genommen und klimpert zunächst in ihrer wenig beteiligten Art darauf. Doch während des Spiels geschieht eine beeindruckende Wandlung. Als ich Frau A. nach ein, zwei Minuten ansehe, sitzt sie völlig konzentriert da und läßt tief versunken eine ganz schlichte, zauberhafte Melodie erklingen. Es geht eine Atmosphäre der inneren Ruhe und Stimmigkeit von diesem Bild und den Klängen aus. Ich bin fast versucht, den Atem anzuhalten, um nicht zu stören. Dieses unerwartete zarte Harfenspiel erweist sich aber als kräftig und robust. Frau A. spielt ihr Lied ruhig und ganz vertieft, und obwohl die Harfe eher leise ist, füllt sie den ganzen Raum. Als die anderen Gruppenmitglieder nach und nach ihr eigenes Spiel beenden und den Harfenklängen zuhören, liegt darin etwas Natürliches und Selbstverständliches.

Behandlungsstrategien bei Angsterkrankungen

In den unterschiedlichen psychotherapeutischen Schulen[2] herrscht Einigkeit darüber, daß Menschen, die unter Angsterkrankungen leiden, sich mit dieser Angst auseinandersetzen müssen, damit Heilung eintreten kann. Erst wenn sie vor der Angst nicht mehr fliehen, sondern sich ihr stellen, sind sie in der Lage, sie kennen- und verstehen zu lernen. Dies ist jedoch einfacher gesagt als getan. Für den Patienten ist es, wie wenn er von einer Klippe springen soll, nur auf das Versprechen des Therapeuten hin, daß er schon gut unten aufkommen werde. In diesem Bild wird klar, daß ein Angstpatient sich erst dann mit seiner Angst auseinandersetzen wird, wenn er wirkliches Vertrauen zu dem Therapeuten und der Therapie haben kann. Angstpatienten zeichnen sich jedoch durch einen ausgesprochenen Mangel an Vertrauen aus. Sie mißtrauen allen Menschen, haben wenig Selbstvertrauen, nicht einmal in ihre Körperfunktionen. „Daß ich ein minderwertiger Mensch bin, sieht man ja schon daran, wie mein Körper spinnt und daß mich keiner ernst nimmt in meiner Not" – so könnte die Selbsteinschätzung eines Angstpatienten lauten.

Die Behandlung von Angsterkrankungen setzt daher im besonderen Maße voraus, daß während der Therapie Vertrauen zum Therapeuten und in die Behandlung entsteht. Vertrauen kann man jedoch nicht erzwingen, es muß wachsen, und dies braucht Zeit.

Frau A. hat sich in der Musiktherapie die Zeit genommen, die sie brauchte. Zu erleben, daß sie Gruppenmitglied sein darf, so wie sie ist, selbst wenn sie nicht gleich allen Erwartungen entspricht, und daß ihr Ärger über mein Klavierspiel nicht zum Beziehungsabbruch führte, dies alles zu erleben war nötig, damit sie Vertrauen gewinnen konnte und nun wagt, sich noch einmal zu öffnen, trotz der vielen Verletzungserfahrungen aus ihrer Kindheit.

Die innere Verwandlung von Frau A. zeigt sich in der nächsten Stunde noch deutlicher. Ich biete ein Spiel mit folgender Spielregel an: Ein Gruppenmitglied fängt alleine an zu spielen, alle anderen hören zu. Erst wenn jemand das Gefühl hat, die Stimmung des Spielers verstanden zu haben, kann er dessen Spiel unterstützend begleiten. Es ist dabei besser, die ganze Zeit über zuzuhören, als das Spiel leichtfertig zu stören.

Zu meiner Überraschung will Frau A. sofort die Vorspielerin sein. Ganz selbstverständlich und mit einem Anflug von Stolz spielt sie auf „ihrer" Harfe. Die anderen Gruppenmitglieder stimmen nach und nach vorsichtig ein. Nur eine Patientin, die gerade unter großer innerer Spannung steht, treibt es ziellos durch den Raum. Überall, wo sie hinkommt, klappert und scheppert sie auf irgendeinem Instrument, völlig ohne Bezug zu dem Spiel. Obwohl es normalerweise ein Prinzip ist, während einer musiktherapeutischen Improvisation verbal keinen Einfluß zu nehmen und diese erst nach ihrem Ende zu besprechen, stoppe ich die Patientin mit dem Hinweis, daß ich nicht das Gefühl habe, ihr Spiel wolle das von Frau A. unterstützen. Für Frau A. wird meine Intervention zum Schlüsselerlebnis: „Das erste Mal ist mir jemand zur Seite gestanden und hat sich dafür eingesetzt, daß ich Platz bekomme."

Von diesem Zeitpunkt an beginnt sich die Angsterkrankung zu wandeln. Die Angst ist zwar nicht verschwunden, sie hat nicht einmal wesentlich nachgelassen, verändert hat sich aber die innere Einstellung von Frau A.. Sie erlebt ihre Angst nicht mehr als fremd und nur feindlich. Immer öfter ist es ihr möglich, den konkreten Auslöser für eine Angstattacke zu finden und diesen Vorgang zu verstehen. Auslöser gibt es eine Menge.

Betrachtet man die Biographie von Frau A., kann man begreifen, daß ihr größter Wunsch war, ein Mensch möge einmal ganz zu ihr stehen und ganz für sie da sein. Gepaart war diese

Sehnsucht mit dem quälenden Mißtrauen, hintergangen zu werden. So führte oft die kleinste Unstimmigkeit in der Partnerschaft dazu, daß Frau A. deren Tragfähigkeit völlig in Zweifel zog und dann – in typischer Weise – in der darauffolgenden Nacht erneut eine Panikattacke erlebte.

Alte Gewohnheiten sind sehr mächtig. So ist der Weg für Frau A. noch weit, bis die Angst endlich den richtigen Platz in ihrem Leben gefunden hat. Der stationäre Aufenthalt ermöglichte es ihr aber, Neugierde für sich und die vorher abgelehnten eigenen Gefühle zu entwickeln. So lernte Frau A., auf der Pauke ihre Aggression direkt auszudrücken, statt sie wie bisher indirekt durch passive Anklage und Verweigerung zu zeigen. Das Harfenspiel hingegen war der Zugang zu einer Seelenwelt, die in ihrem bisherigen Leben wohl noch nicht zutage getreten war. In der Musiktherapie konnte Frau A. einen authentischen Ausdruck für ihre Gefühle finden und erleben, daß dieser Ausdruck geachtet und geschützt wurde. Dies gelang in der knapp bemessenen Zeit deshalb leichter als in anderen Therapieformen, weil Musik die direkteste Sprache der Seele ist.

Anmerkungen

1 Eine differenzierte Darstellung der Angsterkrankungen, deren Klinik und der dazugehörigen Erklärungshypothesen würde den Rahmen dieses Aufsatzes sprengen. Es wird daher auf die entsprechende Literatur verwiesen. Z.B. Rainer Tölle, Psychiatrie, Berlin 1991, S.75 ff. bzw. Wolfgang Senft und Michael Broda, Praxis der Psychotherapie, Stuttgart 1996, S. 268 ff.
2 Die verschiedenen therapeutischen Schulen unterscheiden sich vor allem dadurch, wie sehr sie das Gewicht auf die Stärkung bzw. Nachreifung der Ich-Funktionen innerhalb einer Therapeutischen Beziehung, auf die Konfrontation mit angstauslösenden Situationen oder auf das Erlernen von Bewältigungsstrategien (z.B. Entspannungstechniken) legen. Siehe dazu auch Wolfgang Senft und Michael Broda, a.a.O., S. 268 ff.

Ich will Nähe, dir aber nicht nahekommen
Musiktherapie mit Drogenabhängigen

Von Christian Galle-Hellwig

Es ist Montag morgen, fünfzehn Minuten vor Beginn der ersten Musiktherapiestunde mit sechs drogenabhängigen Patienten im Alter zwischen achtzehn und dreißig Jahren. Ich habe noch wenig Persönliches über die einzelnen Teilnehmer dieser Gruppe erfahren, und so versuche ich, mich zumindest seelisch auf sie einzustellen. Es handelt sich um Patienten einer sogenannten Motivationsstation, die sich für eine weiterführende Therapie in einer Kurz- oder Langzeiteinrichtung entschieden haben. Aber was heißt entschieden? Widersprüchliche Gefühle, zwischen dem Wunsch nach „Clean-Sein" und der Angst davor, sich auf eine Therapie einzulassen, kennzeichnen die Stimmung von Suchtkranken kurz nach der Phase des körperlichen Entzugs. Viele haben harte Drogen wie Heroin oder LSD bis an die Grenze zur Selbstzerstörung konsumiert.

Wer keinen Sinn mehr in den Beziehungen seines Lebens sieht, dem bleibt nur noch die Möglichkeit der Flucht aus diesem Leben. Die Droge ist ein Lösungsversuch, sie scheint ein Gefühl von Geborgenheit und Wärme zu vermitteln, das im Leben nicht mehr gefunden werden kann. Ist dieser Ausweg nicht möglich, werden andere Schutzmaßnahmen und Ersatzgefühle gebraucht, um die tiefe Selbstunsicherheit zu verbergen. Das Verhalten dieser Menschen, das möglichst „cool" und „gut drauf" wirken soll, ist Schutzfassade und Selbstbetrug zugleich. Es steht im krassen Gegensatz zu den unterschwellig noch spürbaren Wünschen nach Zuwendung und echten Beziehungen. Die nach außen dargebotene, oft aggressive Schutzhaltung macht jedoch eine zwischenmenschliche Annäherung schwierig. Häufig werden therapeutische Hilfsangebote zunächst nicht angenommen. Die Problematik liegt auf der Hand: Die Suche nach Nähe bei gleichzeitiger Angst vor ihr äußert sich in Ablehnung. Die daraus resultierende Gegenreaktion der anderen ist ebenso ablehnend und wird von den Patienten als erneute frustrierende Beziehungserfahrung verbucht. Dies verstärkt wiederum die eigene aggressive Schutzhaltung, und so schließt sich ein nie endenwollender Teufelskreis. Ihn aufzubrechen ist der erste Schritt der therapeutischen Bemühungen. Sie richten sich darauf, eine Form von zwischenmenschlicher Nähe zu finden, die für diese Menschen weniger ängstigend und damit leichter auszuhalten ist. Wie für alle Therapien wird das Thema Beziehungsaufnahme zum Wegweiser, da ohne ein hinreichend stabiles Beziehungserleben auch keine Motivation für eine weiterführende Therapie entstehen kann.

Meine Vorbereitungszeit für die anstehende Therapiestunde geht mit solchen Gedanken zu Ende, und ich höre ein mächtiges Getöse aus dem Musiktherapieraum. Bei meinem Eintreten scheinen mir sechs Gesichter *„let's party"* entgegenzuschreien, und ich bekomme das Gefühl, als wäre ich in Anzug und Krawatte in eine Technoparty geraten. Trotzdem beobachte ich die Szenerie eine Weile, da sich niemand durch mein Erscheinen gestört fühlt. Auf mich wirkt es bald so, als würde wahllos auf den Instrumenten herumgeklopft: Die entstehenden Klänge werden kurz registriert und gnadenlos konsumiert. Durch die enorme Lautstärke ist nur noch eine gestische Verständigung möglich. Aber was heißt Verständigung: Ein Mehr an Nebeneinanderher und -vorbei kann ich mir kaum vorstellen. Alle wirken unglaublich „gut drauf" und geradezu trunken vor Klang und Rhythmusbesessenheit; die Nähe zur Techno-Drogen-Szene wird spürbar. Aber welche Form von zwischenmenschlicher Nähe entsteht hier wie dort? Eine Pseudo-Nähe, ein Pseudo-Wir-Gefühl? Ich beginne mich zunehmend unwohler zu fühlen und mache mich unmißverständlich bemerkbar, sonst wäre die Party wohl einfach weitergegangen. Wie schwer es für die Patienten ist, von den „verführerischen" Instrumenten zu lassen, wird mit diesem Abbruch des Getöses deutlich.

Im Widerstand

Es entsteht ein kurzer Moment der Stille: Mißtrauisch, wenn nicht gar abschätzig, werde ich betrachtet. Ich spüre einen Widerstand, den ich immer wieder in solchen Therapiegruppen erlebe, so als ob ich diesen Menschen etwas wegnehmen wolle – in diesem Augenblick möglicherweise nur den ersten *„fun"* des Spielrausches. Auf einer anderen Ebene geht es für sie jedoch um das Letzte, auf das sich jeder von ihnen in seiner beziehungslosen, durch oberflächliche Drogenfreundschaften überbrückten Einsamkeit stets „verlassen" kann: die Droge. Auch wenn viele von ihnen jetzt von den Drogen loskommen möchten, zeigt sich dieser Widerstand gerade in der Musiktherapie besonders deutlich. Im Alltag von Suchtkranken sind Drogen und Musikkonsum häufig verknüpft; daher werden auch in der Musiktherapie schnell die alten Lebensgefühle wieder geweckt. Musik und Drogen waren bisher geeignete Mittel der Realitätsflucht. Hierdurch verschwanden alle unangenehmen Gefühle zumindest für eine Weile, und eine angenehme Pseudosolidarität entstand unter ihnen. In der Musiktherapie geht es hingegen um musikalische Kontakte und um ganz reale Beziehungen. Die Gefühle, die darin aufkommen, sind jedoch nicht nur angenehm.

Warum unangenehme Gefühle für Drogensüchtige in besonderem Maße schwer auszuhalten sind, hängt mit den bereits frühkindlichen und seither fortgeschleppten Kränkungen ihres Selbstwertgefühls zusammen. Deshalb wollen sie auch als Jugendliche oder Erwachsene alle „störenden" Gefühle aus Angst vor erneuten seelischen Verletzungen vermeiden. Die hier beschriebene Therapiegruppe versucht möglicherweise aus diesem Grund, über die eigenen Unsicherheiten während der ersten Musiktherapiestunde hinwegzuspielen.

Daß ich zu Beginn dieser Therapiestunde noch kaum auf Informationen über die Patienten zurückgreifen kann, liegt an der Tatsache, daß in unserer letzten Stationsteamsitzung nur ein Patient sehr ausführlich besprochen wurde: Herr O., der bei allen Therapeuten außergewöhnlich heftige Gefühle ausgelöst hatte. Er wurde durchgängig als rücksichtslos und unberechenbar beschrieben und war in den Gesprächsgruppen und der Kunsttherapie als rebellisch-destruktiver Wortführer aufgefallen. So bin ich in dieser ersten Musiktherapiestunde auf alles gefaßt.

Den ersten Moment unseres Schweigens nimmt Herr O. zum Anlaß, seine Position zu demonstrieren. Er beginnt, einen Witz nach dem anderen zu reißen, was mit dankbaren, überdrehten Lachern honoriert wird. Ich schaue mir seine Art, die Aufmerksamkeit der Gruppe möglichst schnell von mir auf sich zu lenken, eine Weile interessiert an. Wie zu Beginn der Stunde komme ich mir bald überflüssig vor, und ich frage Herrn O.: „Warum ist gerade jetzt Witzereißen so interessant für Sie?" Bei diesen therapieerfahrenen Patienten kann ich mir den Nachsatz: „Was wollen Sie mit diesem Verhalten an Gefühlen übergehen?" sparen. Antwort: Fehlanzeige! Herr O. fühlt sich durch meine Frage erneut in seiner Rolle als Gruppenboß bedroht und beginnt, mich als Leiter zu kritisieren. Er findet mein Eingreifen in das musikalische Tun der Gruppe „echt ätzend" und meint: „Sie wollen uns wohl die gute Laune nehmen mit Ihren blöden Fragen." Er endet in einigen, zweifellos an mich adressierten Flüchen. Ich verwehre mich gegen sein Verhalten, indem ich ihm sage, daß ich seinen Unmut bezüglich meines Eingreifens zwar verstehen kann, das Ausmaß seines Ärgers jedoch nicht.

Bereits in dieser ersten Begegnung bleibt Herr O. sich in seiner Anführerrolle treu. Er behandelt mich wie einen durch Nichtachtung oder Verbalattacken zu bekämpfenden Nebenbuhler, dem keine Chance in der Konkurrenz um die Gunst der Gruppe gelassen werden darf. Dieses Verhalten wird durch einige Daten aus der Biographie von Herrn O. verständlicher: Er wuchs ohne Vater auf, und seine Beziehung zur Mutter bezeichnete er in seiner Einzeltherapie als sehr eng. Seine Rolle als Ersatzpartner der Mutter ist ihm heute durchaus bewußt. Er genießt die hierdurch bedingte verstärkte mütterliche Aufmerksamkeit, die ihm allerdings immer häufiger zuviel wird.

Vor diesem Hintergrund könnte die Gruppe in seiner momentanen Situation eine ähnlich wichtige Rolle für ihn spielen wie ehemals die Mutter. Er versucht demnach das gewohnte Gefühl seiner uneingeschränkten Wichtigkeit für die Mutter im „Gruppenfeeling" wiederherzustellen. Es kommt also zu einer Art inneren Gleichsetzung von Mutter- und Gruppengefühl. Insofern ist es nicht verwunderlich, daß er mich und andere „Autoritätspersonen", auf die er eine väterliche Rolle überträgt, anfeinden muß: Er sieht seine alleinigen Besitzansprüche hinsichtlich der Mutter=Gruppe gefährdet.

Ersatzdroge Musiktherapie

In der hier geschilderten heiklen Anfangssituation entschließe ich mich, auf diesen Konflikt noch nicht einzugehen. Für eine spätere Bearbeitung dieses Themas ist zunächst eine positive Beziehungsbasis zu schaffen, und deshalb frage ich Herrn O.: „Was brauchen Sie, um wieder gut drauf zu kommen?" Er entgegnet: „Ich habe jetzt keine Lust mehr zum Rumhauen auf den Instrumenten, aber Sie können uns ja etwas vorspielen – so zum Abhängen." Die anderen nicken. Auf die Frage, was ich denn spielen soll, antwortet zum ersten Mal nicht Herr O., sondern Frau S. und wünscht sich eine Entspannungsmusik auf dem Monochord. Dieses Instrument kennt sie aus einer früheren Musiktherapie und erklärt den anderen, daß sie es sich auf den Polstern bequem machen dürfen und, außer zuzuhören, nichts weiter tun müssen. Die Begeisterung der Gruppe wird groß. Die aktuelle Bedürfnislage ist getroffen.

Ein passives Sich-fallen-lassen-Wollen ist als Gegenpol zum eingangs beschriebenen Aktivismus immer wieder in Suchtgruppen zu beobachten. Obwohl dies gegensätzliche Verhaltensweisen sind, lassen sich beide unter dem Suchtaspekt betrachten: Zu Beginn das maßlose Verlangen nach immer mehr und mehr Klang (Droge) und hier nun die Abhängigkeit vom Suchtstoff, die sich in einer passiven Versorgungs- und Erwartungshaltung äußert. Die in dieser Gruppe geäußerten regressiven Wünsche haben deshalb exemplarischen Charakter. Es ist meines Erachtens kein Zufall, daß Frau S. gerade dieses Angebot aus ihrer früheren Musiktherapie einfällt. Dabei ist die Tatsache, daß man beim Hören von Musik „abtauchen" kann, bis hin zu einem rauschhaft-ekstatischen Erleben, nicht der entscheidende Punkt. Ähnliche Erlebnisse dürften jedem musikliebenden Menschen bekannt sein. Der Unterschied zum Musikkonsum vieler Drogensüchtiger liegt in der dahinterstehenden Lebenshaltung. Wird das Aus-der-Realität-abtauchen-Wollen zur Lebensstrategie, dann wird auch die Musik wie eine Droge eingesetzt – nämlich maßlos. Beispielsweise versuchen unsere Patienten, auf der Station quasi rund um die Uhr Musik zu hören. Musik als Ersatzdroge hilft, alles Unangenehme nicht mehr erleben zu müssen.

Dem Leser drängt sich vielleicht die Frage auf: Warum bietet man in der Musiktherapie diese Fluchtmöglichkeit an? Eine Antwort kann die Parallele zur Vorgehensweise beim körperlichen Entzug geben. Dort wird der sogenannte warme Entzug zunächst mit einem Suchtersatzmittel durchgeführt, beispielsweise mit Methadon, um die Entzugserscheinungen zu mildern. Auch der langwierigere „psychische Entzug" gelingt leichter mit vorübergehenden Ersatzmitteln. Die Musiktherapie ist gerade deshalb, weil Musik auch suchthaft „benutzt" werden kann, eine entsprechende Möglichkeit. Beispielsweise hätte es in der beschriebenen Musiktherapiestunde ohne ein musikalisches Angebot zu einem totalen Kontaktabbruch kommen können. Eine solche negative Beziehungserfahrung hätte aber lediglich den eingangs beschriebenen Teufelskreis von Beziehungsabbrüchen weiter aufrechterhalten. Das Medium der Musik ermöglicht hingegen eine Form des In-Kontakt-Bleibens, auch wenn das Angebot der Entspannungsmusik noch dem Wunsch nach einem größtmöglichen Suchtersatz nachkommt.

Musikalische Entwöhnung

In den weiteren Musiktherapiestunden werde ich mir deshalb immer wieder die Frage stellen: Wieviel Ersatzdroge wird noch gebraucht, um in Kontakt zu bleiben, und wieviel Entzug muß gefordert werden, um nicht gänzlich das alte Suchtverhalten beizubehalten? Es geht um eine stufenweise Entwöhnung, um einen Balanceakt, der oftmals nur in der Regression eine Fortführung der Therapie ermöglicht. So werde ich zum Beispiel in einer der folgenden Stunden anregen, daß jemand aus der Gruppe seine Entspannungsklänge für die anderen spielt. Hierbei wird sehr rasch hörbar, was die einzelnen unter Entspannung verstehen oder inwieweit sich der Spielende in die Lage der Hörenden hineinversetzen kann. Es kommt zu ersten Rückmeldungen und Dialogen über die zumeist unterschiedlichen Wahrnehmungen des Erlebten. Es beginnt ein Heraustreten aus dem erwähnten Pseudo-Wir-Gefühl und ein Differenzierungprozeß, mit allen damit verbundenen Höhen und Tiefen.

In dieser ersten Stunde leite ich mein Monochordspiel für die Gruppe jedoch nur mit der Anregung ein, sich eine entspannende Liege- oder Sitzposition zu suchen. Ich erkläre, daß alle während der Musik aufkommenden Körperempfindungen, Gedanken und Gefühle lediglich zu beobachten und so wenig wie möglich zu werten sind und daß ansonsten nichts weiter zu tun ist. Als nach meinem etwa fünfzehnminütigen Spiel der letzte Ton verklungen ist und alle wieder sitzen, frage ich in die nun wesentlich entspannter wirkende Runde: „Wie ist es Ihnen mit diesen Klängen ergangen?" Ein Patient stellt mir daraufhin seinerseits diverse Fragen über Funktion, Gebrauch und Geschichte des Monochords. Hieraus entwickelt sich ein erstes Gruppengespräch über verschiedene Instrumentengattungen und damit verbundene Hörgewohnheiten. Dieses Thema scheint weitaus unverfänglicher und weniger bedrohlich zu sein als die von mir angebotene Art der Beziehungsaufnahme. Ein erster verbaler Austausch wird möglich, indem über etwas

Drittes, die Instrumente und ihre Klänge, gesprochen wird. Offenbar entsteht für die Gruppenmitglieder dadurch eine Form von Nähe, die sie ertragen können.

Herr O. hält sich zurück, er behält seine Sonderposition bei, indem er sich als einziger nicht an unserem Gespräch beteiligt. Möglicherweise erlaubt erst diese Atmosphäre Frau S., plötzlich von ihren Gedanken während der Entspannungsmusik zu erzählen: „Alles dreht sich bei mir um Drogen. Ich habe Angst, daß ich Mist baue und es nicht mehr ohne ‚Stoff‘ aushalte. Am liebsten würde ich abhauen, aber damit ist mein Platz in der Langzeittherapie verloren." Bevor sie weiterreden kann, wird es Herrn O. wieder zuviel, und er sagt: „Die Musik war ja ganz okay, aber warum müssen wir jetzt schon wieder alles zerlabern", und beginnt auf dem Xylophon herumzuspielen. Ich unterbreche ihn und frage Frau S., ob sie bereits fertig gewesen sei mit ihrer Rückmeldung, woraufhin sie erwidert: „Das ist schon in Ordnung."

Zu nah

Ein Grund für den abermaligen Ausbruch von Herrn O. liegt möglicherweise in der Dynamik seines Konkurrenzverhaltens. Vielleicht beschäftigen Herrn O. aber auch ähnliche Ängste vor einem Rückfall wie Frau S., die er mit seiner Aktion wieder verdrängen möchte. Der Zeitpunkt seines Eingreifens könnte jedoch noch für einen anderen Aspekt sprechen. In den Worten von Frau S. wird spürbar, daß sie Hilfe sucht in ihrer Angst, rückfällig zu werden und ihre Therapiechancen zu verspielen. Ihre Äußerung ist zugleich der Beginn einer intensiveren zwischenmenschlichen Kontaktaufnahme. Möglicherweise aktiviert dieser Dialog bei Herrn O. bestimmte Gefühle, die er aus seiner engen Mutterbeziehung kennt. Die Kehrseite der mütterlichen Aufmerksamkeit könnte für ihn in dieser Situation spürbar geworden sein. Häufig müssen Kinder für die ungeteilte Aufmerksamkeit der Mutter den Preis des Vereinnahmtwerdens bezahlen. Die kindlichen Bedürfnisse werden aufgrund der mütterlichen Bedürfnisse, die sich an einen erwachsenen Beziehungspartner richten, übergangen. In solch mißbräuchlicher Rollenzuweisung ist es überfordert, kann sich jedoch dagegen noch nicht wehren. Das tut es erst später. Beispielsweise dann, wenn in bestimmten Lebenssituationen eine zwischenmenschliche Nähe auftritt, die der ehemals erlebten familiären Situation nahekommt. Wahrscheinlich hat Herr O. viel zu früh die persönlichen Alltagsprobleme der Mutter verständig aufnehmen müssen, und daher werden ihm die Probleme von Frau S. heute zuviel. Für einen Musiktherapeuten ist es wichtig, solche Hintergründe in sein Denken mit einzubeziehen, auch wenn an eine Aufarbeitung noch nicht zu denken ist. Es besteht sonst die Gefahr, ablehnend zu reagieren – dieses Verhalten wird von Herrn O. ja permanent provoziert.

In dieser Musiktherapiestunde sind die bei Frau S. aufgetretenen Rückfallängste vordringlicher. An ihrer Reaktion zeigt sich eine Wirkung des „musikalischen Suchtersatzstoffes". Die Nähe, die für diese Menschen Musik und Drogen bis zu einem gewissen Grad austauschbar macht, kann die Erinnerungen an das glorifizierte, süße Junkie-Dasein beleben. Jetzt, wo der Wunsch, „clean" zu sein, besteht, macht die Sehnsucht nach dem Drogenrausch Angst. Dies ist jedoch nicht negativ für den Verlauf der Therapie zu bewerten, denn Rückfallgedanken gehören zu den alltäglichen psychischen „Entzugserscheinungen". Wenn solche Gefühle zugegeben, also in der Therapie thematisiert werden können, dann ist dies eine Chance zur Aufarbeitung der Suchtvergangenheit. Weitaus problematischer ist es, wenn latent vorhandenene Rückfallgedanken nicht mitgeteilt werden können und die Patienten versuchen, die Situation alleine zu meistern. Kurzschlußreaktionen in Form von Therapieabbrüchen sind dann die Folge. Auch hier setzt der Grad an aushaltbarer Nähe und Vertrauen zum Musiktherapeuten die Zeichen für den weiteren Therapieverlauf.

Für Frau S. entsteht in dieser Stunde bereits so viel Vertrauen, daß sie ihre Rückfallgedanken äußern kann, auch wenn sie nach dem Eingreifen von Herrn O. gleich wieder den Rückzug antritt. Für sie ist das alte Drogenleben noch sehr nahe, und es geht darum, einem akuten Rückfallimpuls widerstehen zu können. Deshalb versuche ich noch einmal, in Kontakt mit ihr zu kommen, und frage, wie es ihr gerade gehe, und was sie in ihrer Situation machen wolle? An ihrem Erstaunen ist festzustellen, daß es für sie ungewöhnlich ist, wenn sich jemand nicht so leicht mit einem oberflächlichen „Alles in Ordnung" zufriedengibt. Sie antwortet, ihr gehe dieses Thema hier etwas zu weit, und sie möchte lieber in ihrer Einzeltherapie darüber reden. Diese Antwort kann ich gut akzeptieren, weil sie kein weiteres Ausweichmanöver darstellt. Ich nicke und sage ihr zum Abschluß der Stunde, daß es gut sei, wenn sie dieses Thema ernst nimmt. Einige Tage später erfahre ich, daß sie ihre Rückfallängste mit ihrem Einzeltherapeuten besprochen und die Motivationstherapie nicht abgebrochen hat.

Sehnsucht nach Beziehung

Bei Herrn O. frage ich mich am Ende dieser Musiktherapiestunde jedoch, wie er meine Einschränkungen seines Wirkungsradius verarbeiten wird. Muß er sie noch als Kränkungen erleben, oder kann er sie schon als konstruktive Grenzsetzungen für seine Grenzenlosigkeit verstehen? Herrn O.s Probleme spiegeln auf eindringliche Weise das Dilemma vieler Drogensüchtiger wider: eine Beziehungssuche, die sich nur noch durch die Abwehr von realer Beziehungsnähe zeigen kann. Diese Widersprüchlichkeit fällt bei Drogenpatienten immer wieder auf; sie basiert auf familiären Beziehungsmustern, die unter anderem durch Verwöhnung und Ablehnung gekennzeichnet sind. Die noch verbleibenden Stunden bis zur Langzeittherapie von Herrn O. sind, aufgrund seiner sehr stark ausgeprägten Dynamik, durch extreme Wechselbäder von Ablehnung einerseits und vorsichtiger Annäherung andererseits gekennzeichnet. Auf der Station steigert sich der Unmut über sein Verhalten. Er geht bis an die Grenze zur Entlassung, mit der alle Teamkollegen rechnen, die aber wider Erwarten nicht erfolgt.

Die geschilderte Musiktherapiestunde hat gezeigt, wo die Probleme in der Arbeit mit Drogensüchtigen liegen. Auch das Ziel der Musiktherapie wird deutlich: Es geht um eine Integration sich widerstrebender Tendenzen, damit Kontakt- und Therapieabbrüche nicht immer wiederholt werden müssen. Im Zwiespalt zwischen Beziehungssehnsucht und Beziehungsangst müssen erst begehbare Wege der Kommunikationsanbahnung gefunden werden. Die im Alltag Drogensüchtiger vorhandene Verknüpfung von Musik, Droge und Gruppenverhalten zeigt, welche Chancen die Musiktherapie dabei hat. Besonders durch Musik – neben der Droge oftmals das letzte Bejahte in einem Junkie-Leben – können diese Menschen in der Therapie auch dann noch erreicht werden, wenn Worten der Zugang verwehrt ist. Ihre Beziehungssehnsüchte, die nur noch in der Droge eine Erfüllung fanden, können über das gezielte Musik-Erleben angesprochen werden und sich im therapeutischen Rahmen hinter der Maske des „coolen Fixers" hervorwagen. Im Umgang mit der „Ersatzdroge" Musik zeigen sich also gleichsam die suchttypischen Verhaltensweisen sowie die verborgenen Beziehungswünsche dieser Patienten und können mit der wachsenden Beziehung zum Therapeuten bearbeitet werden.

Literatur

Heigl-Evers, A.: Möglichkeiten und Grenzen einer analytisch orientierten Kurztherapie bei Suchtkranken, Kassel 1977.
Kaiser, R.: Sucht und Charakter, Zürich 1982.
Petzold, H.: Drogentherapie, Paderborn 1974.
Rost, W.-D.: Psychoanalyse des Alkoholismus, Stuttgart 1994.
Schmidbauer, W. u. J.: Handbuch der Rauschdrogen, Frankfurt a. M. 1976.

Wenn der Körper schmerzt, weil die Seele leidet
Musiktherapie bei psychosomatischen Erkrankungen

Von Hanns-Günter Wolf

Menschen mit psychosomatischen Erkrankungen – medizinische Diagnose: funktionelle Störung psychischen Ursprungs oder somatoforme Störung – machen den Allgemeinarzt oder Internisten oft hilflos, da diese, trotz subjektiv massiver Beschwerden der Patienten, keine körperliche Krankheitsursache finden können. So haben diese Patienten oft eine jahrelange „Karriere" körperlicher Untersuchungen, Diagnosen und Therapien hinter sich, bevor sie sich in psychotherapeutische Behandlung begeben.

Herr P., ein zweiundfünfzigjähriger Patient, ist ein typisches Beispiel. Er leidet seit sieben Jahren unter Herzrhythmusstörungen, die zwischen fünf und fünfzehn Stunden lang dauern und seltsamerweise in Ruhephasen auftreten. Die Untersuchungen des internistischen Facharztes ergaben keine körperliche Ursache dieser Beschwerden. So verschlechterte sich der gesundheitliche Zustand im Laufe der Jahre. Zu den Herzsymptomen kamen Schlafstörungen und Muskelzuckungen, so daß zuletzt die berufliche Leistungsfähigkeit von Herrn P. in Frage gestellt war. Dies war der Auslöser für die stationäre Aufnahme in der Klinik St. Irmingard. Musiktherapie wird hier in der Regel als Gruppentherapie, zweimal pro Woche für jeweils neunzig Minuten, angeboten.

Herr P. ist ein attraktiver Mann von schlanker Statur, er wirkt auf den ersten Eindruck kerngesund, intelligent und sympathisch. Der Musiktherapie gegenüber gibt er sich sehr kritisch, ist aber auch neugierig. Seine Neugierde äußert sich allerdings erst einmal in Fragen intellektueller Art. So will er genau wissen, was die Grundidee von Musiktherapie sei, welche Vorteile diese Therapieform habe und ob es eine Einführung in den Gebrauch der Instrumente gebe. Seine Stimme klingt dabei ziemlich kalt und metallisch. Einen besonderen Wunsch habe er nicht, da er ja gar nicht wisse, was hier geschehe.

Das Arbeitsbündnis

Im Mittelpunkt der ersten Musiktherapiestunden steht, wie in jeder psychotherapeutischen Behandlung, das Arbeitsbündnis. Oft herrscht der Musiktherapie gegenüber ein noch größeres Mißtrauen als gegenüber verbalen Psychotherapieverfahren, da sie in der Regel unbekannt ist und der Patient da irgend etwas tun soll, was er nicht zu können glaubt. Mein Vorschlag an Herrn P. ist deshalb, zunächst eine gründliche Bestandsaufnahme zu machen: „Nachdem Sie hier sind, um Ihre körperlichen Beschwerden zu verringern, ist es wichtig, daß Sie diese besser verstehen lernen. Ich bitte Sie deshalb genau darauf zu achten, ob und wann sich irgendeine körperliche Veränderung einstellt. Ansonsten ist der Musiktherapieraum ein Raum der Freiheit. Sie können alle Instrumente nutzen und für sich allein oder mit anderen zusammen spielen. Sie können aber auch gar nichts tun. Achten Sie dann darauf, welche Wirkung das Spiel der anderen auf Sie hat."

Herr P. bleibt daraufhin die gesamte Spielphase über untätig sitzen, beobachtet aber sehr genau die Aktivitäten der anderen Gruppenmitglieder. In der Nachbesprechung ist freilich seine einzige Frage, ob es denn die Möglichkeit gebe, die vorhandenen Instrumente einmal genau erklärt zu bekommen. Eine körperliche Veränderung habe er nicht feststellen können.

In der Begründung für seinen Wissensdurst zeigt sich ein typisches Phänomen von psychosomatischen Patienten, nämlich ihr hoher Leistungsanspruch: „Wie soll ich denn auf Musikinstrumenten spielen, wenn ich das gar nicht gelernt habe?"

fragt Herr P. Spielen, Ausprobieren oder gar zweckfreies Tun ist für ihn verpönt und angstbesetzt.

Vom Spielen in der Musiktherapie

Selten machen wir uns darüber Gedanken, wie vielfältig der Begriff „Spielen" und wie oft er für uns negativ besetzt ist. Am deutlichsten wird das in dem Satz: Du spielst doch nur mit mir. Dieser Vorwurf meint, daß man sich nicht ernstgenommen und wie eine Marionette behandelt fühlt, die der Willkür des anderen ausgesetzt ist. Oder wir denken an Glücksspielautomaten, ans Casino oder an die Börse. Meist empfinden wir Spielen für uns aber als einen Zeitvertreib, eine nutzlose Beschäftigung mit etwas mehr oder weniger Unwichtigem und Nutzlosem wie Brettspielen oder Computerspielen. Das selbstvergessene kindliche Spiel kommt uns dagegen fast nie in den Sinn. Dabei hat Spielen für die Entwicklung des Kindes eine herausragende Bedeutung. Denn Kinder erobern dabei Neues und üben es ein – ob es nun Schule oder Kaufladen ist –, bevor sie es im Leben anwenden. So ist das Spiel für den Menschen die ursprünglichste Form, soziale Fähigkeiten zu erwerben und zu erweitern.

Wenn die Neugierde größer ist als die Angst vor etwas Neuem, beginnen wir zu spielen. In diesem Sinne wurde ursprünglich auch Musik gespielt. Davon weiß allerdings derjenige nichts, der als Kind Klavier spielen mußte und vor jeder Unterrichtsstunde zitterte in der Angst, dem kognitiv-motorischen Dressurakt nicht gewachsen zu sein. So ist es gerade für Patienten mit hohem Leistungsanspruch ein entscheidender Schritt, den Wert des ursprünglichen Spielens wieder zu begreifen.

Zurück zu Herrn P.: Auch in der zweiten Musiktherapiestunde verhält er sich eher passiv. Daher biete ich ihm zu Beginn der dritten Stunde eine direkte Kontaktaufnahme mit mir an: „Da ich Ihre Frage, was denn der Sinn von Musiktherapie sei, gut verstehen kann, möchte ich Sie zu einem Experiment einladen. Schauen wir, was geschieht, wenn zwei Menschen, die noch nie miteinander musiziert haben – nämlich Sie und ich – zur gleichen Zeit auf einem Instrument spielen." Überraschenderweise stimmt Herr P. diesem Vorschlag sofort zu und entscheidet sich für eine Trommel, da er auf diese ja nur „draufschlagen" muß, also nicht viel falsch machen kann.

Wenn ein Patient zum ersten Mal ein gemeinsames Spiel mit einem Mitpatienten oder mit mir wagt, ist das für mich jedesmal ein entscheidender und auch bewegender Moment in der Therapie. Gelingt es, daß der Patient so viel Vertrauen gewinnt, daß er sich allmählich auf etwas Neues einläßt, dann kann sich die Situation und auch die Einstellung zur Musiktherapie grundlegend ändern. Im Idealfall werden alle Gruppenmitglieder zu einem Team, das sich nach besten Kräften gegenseitig hilft und unterstützt. Unser erstes gemeinsames Spiel aber ist dadurch gekennzeichnet, daß Herr P. die gesamte Zeit einen monotonen „Fußballplatzrhythmus" (bum – bum – bumbumbum – bumbumbumbum – bumbum) konsequent durchhält, was auch immer ich an Veränderungen zu initiieren versuche.

Dennoch ist dieses Spiel wichtig, um so eine Beziehung entstehen zu lassen. Die Rückmeldungen von mir und den anderen Gruppenmitgliedern geben Herrn P. zu erkennen, daß wir die Improvisation als Kampf erlebt haben, in dem er seinen Rhythmus gegen mich verteidigen mußte. Das macht ihn sehr betroffen. Spontan erinnert er sich an Parallelen zu anderen Lebenssituationen – am Arbeitsplatz und mit der Lebenspartnerin –, wo er auch das Gefühl hatte, sich wehren und verteidigen zu müssen, um nicht unterzugehen. Völlig überraschend ist es für ihn, daß sich bei einem so simplen Experiment sofort ein relevantes Thema aus seinem tatsächlichen Leben zeigte. „Bin ich nicht ein sehr seltsamer Mensch?" fragt er mich unsicher.

Solche Fragen werden in Therapien häufig gestellt. Sie sind ein Zeichen der Scheu davor, in der Musiktherapie auch die dunklen, schwachen und ungeliebten Seiten zu zeigen, für die man sich schämt.

Ich teile Herrn P. mit, daß ich allein durch sein Vertrauen, mit mir zu spielen, beschenkt worden sei und daß es anerkennenswert sei, wenn zwei Menschen, die es nicht sofort einfach miteinander hätten, es dennoch schafften, zueinander fair zu sein und den Kontakt aufrechtzuerhalten.

Das besondere an einer musikalischen Zwiesprache ist, daß mit den wichtigsten Beziehungsparametern gespielt wird. So wird intuitiv und spontan geregelt, wieviel Kontakt (wurde ein gemeinsamer Takt gefunden?), wieviel Nähe, wieviel Stabilität, wieviel Abenteuer und wieviel Eigenständigkeit zwischen den Spielern sein soll. Diese nonverbale Art der Annäherung findet auch im alltäglichen Leben statt. Wenn wir einen Menschen kennenlernen, richten wir unsere Antennen auf feinsten Empfang aus und tasten ihn damit in Sekundenbruchteilen ab; wir machen uns ein Bild von ihm und stellen uns auf ihn ein. Selten sind wir uns jedoch dieser blitzartigen und hochkomplexen Vorgänge bewußt oder können sie gar benennen.

Herr P. hatte jedoch die Fähigkeit zum Teil verloren, andere Menschen spielerisch kennenzulernen. Viel wichtiger, als auf mich zuzugehen, war für ihn, in unserem gemeinsamen Spiel die Kontrolle zu behalten und gegen mich bestehen zu können. Dieses Verhalten beruht auf Erfahrungen, die sich bei psychosomatischen Patienten oft beobachten lassen.

Erklärungsmodell für psychosomatische Erkrankungen[1]

Es gibt vielfältige Überschneidungen zwischen körperlichen und seelischen Ereignissen. So geht mit jeder seelischen Regung, also jedem Gefühl und jeder Stimmung, eine dazugehörige körperliche Empfindung einher. Es kann uns etwas an die Nieren gehen, zu Kopf steigen oder das Herz vor Freude springen lassen. Umgekehrt wirkt jede körperliche Empfindung, etwa Schmerz, Druck, Kälte oder Wärme, zurück auf unsere seelische Befindlichkeit.

Menschen mit somatischen Störungen ohne organische Ursache sind meist in einer sehr gefühlskalten Umgebung aufgewachsen, wo sie früh lernen mußten, vernünftig und angepaßt zu sein. Eigene Bedürfnisse oder gar aggressive Impulse wurden unterdrückt und hatten massive, oft körperliche Strafen zur Folge. Diese Menschen konnten daher in ihrer frühen Kindheit nicht lernen, ihre Gefühle und Stimmungen wahrzunehmen, oder es war zu gefährlich, sie zu äußern. Wie das Wasser eines Sees, auf dem sich Kreise ausbreiten, wenn ein Stein in es hineinfällt, so reagieren wir jedoch auf alles, was uns im Leben widerfährt. Es ist nicht möglich, Gefühle aus der Welt zu schaffen, sie lassen sich höchstens verschieben, nämlich in den Körper. Aus Angst kann Magendrücken werden, aus Einsamkeit Herzrasen.

Aus der Biographie von Herrn P. wird deutlich, weshalb er lernen mußte, seine Gefühle zu unterdrücken. Der Vater konnte nach der Rückkehr aus der Kriegsgefangenschaft wegen einer Verletzung seinen Beruf nicht mehr ausüben und wurde Hilfsarbeiter. Auf Grund chronischer Schmerzen hatte er meist schlechte Laune und war stur und nachtragend. Als Kind mußte sich Herr P. ständig vor dessen cholerischen Ausbrüchen fürchten. Die Mutter hatte unter dem Wesen des Vaters so sehr gelitten, daß sie krank und depressiv wurde und so für ihren Sohn keine Hilfe war, sondern eher Unterstützung bei ihm suchte. „Die Erfahrung mit meinem Vater stellt eine Hypothek fürs ganze Leben dar", ist Herrn P. klar.

Trotz dieser schlimmen Familienverhältnisse ist es ihm gelungen, einen beachtlichen sozialen Aufstieg zu machen. Herr P. ist seit Jahren bei der gleichen Firma tätig und hat sich dort zum Gruppenleiter hochgearbeitet.

Brüchig ist dagegen seine familiäre Situation. Mit den Eltern besteht kein Kontakt mehr, und auch der Bruder hat die Verbindung zu Herrn P. aus „unerklärlichen Gründen" abgebrochen. Nach der Trennung von seiner Frau lebte er mit einer Freundin zusammen, mit der er zwar noch immer befreundet ist, die aber, nach einer Auseinandersetzung, eine eigene Wohnung hat.

Oft zeigt sich bei psychosomatischen Patienten eine solche Kluft zwischen beruflichen und zwischenmenschlichen Fähigkeiten. Im Beruf sind vor allem Eigenschaften wie Leistungsbereitschaft, Zuverlässigkeit und Intelligenz gefragt, während zwischenmenschlichen Problemen mit Kollegen oft aus dem Wege gegangen werden kann, zur Not durch eine Versetzung. In der Partnerschaft und der Familie geht es dagegen gerade darum, sich zu verstehen und die eigenen Wünsche verständlich zu machen. Wie soll man aber die anderen Menschen verstehen oder von ihnen verstanden werden, wenn man seine eigenen Gefühle nicht kennt?

Seit dem Partnerspiel mit mir hat Herr P. begonnen, in den Gruppenimprovisationen aktiv mitzuspielen. Er wählt dabei jedoch immer eine Trommel und spielt meist einen harten, marschähnlichen Rhythmus, der sich während der gesamten Improvisation kaum verändert. Herr P. wirkt dabei starr und verhalten. Zu groß ist noch die Schwierigkeit, sich auf anderes zu beziehen. Ab und zu gibt es jedoch Ausnahmen von diesem starren Spielmuster. Herr P. variiert dann, meist ohne es selbst zu merken, seinen Rhythmus. Er kommt körperlich in Bewegung, wirkt freier und weniger kontrolliert.

Da mein Verhältnis zu Herr P. stabil ist, kann ich ihm meine Beobachtungen mitteilen. „Ich hatte heute den Eindruck, daß es in Ihrem Spiel Phasen gab, wo Sie kein klares Konzept hatten, sondern sich von Ihrer Intuition leiten ließen. Diese Phasen empfand ich als ausgesprochen spannend und attraktiv." Herr P. zeigt sich an meinen Rückmeldungen, aber auch an denen der anderen Gruppenmitglieder sehr interessiert. Dies ist ein Zeichen dafür, daß sein Vertrauen in die Gruppe und in die Therapie wächst, aber auch Ausdruck seiner Unsicherheit. „Wie weit kann ich mich auf meine eigene Wahrnehmung und meine eigenen Gefühle verlassen?" will er wissen. „Was von dem, das ich wahrnehme und spüre, wird auch von anderen so erlebt?"

Geben und Nehmen

Die siebte Musiktherapiestunde beginnt damit, daß ich ein Spiel mit folgender Regel vorschlage: „Es kann immer nur ein Gruppenmitglied spielen, und sein Spiel muß sehr klar auf ein anderes Gruppenmitglied bezogen sein. Konkret bedeutet dies, daß der Spieler sich mit dem gewählten Instrument direkt vor ein anderes Gruppenmitglied setzt und dann mit dem Spiel beginnt. Dabei ist jede Motivation gleich gut. Sie können für jemanden spielen, weil Sie ihn mögen, oder auch, weil Sie mit ihm noch ein Hühnchen zu rupfen haben, oder einfach, weil Sie neugierig sind auf diesen Menschen."

Dieses Spiel löst bei den meisten Patienten eine intensive Spannung aus, werden doch grundlegende zwischenmenschlichen Empfindungen berührt. Was geschieht, wenn ich für einen anderen spiele, werde ich verstanden, kann ich das überhaupt, werde ich abgelehnt? – Wie geht es mir, wenn ich etwas geben will? Was geschieht, wenn jemand für mich spielt, bin ich dessen überhaupt würdig? Bedeutet es eine Verpflichtung, wenn ich etwas bekomme?

Wie nicht anders zu erwarten, spielt Herr P. für niemanden, obwohl sich mehrere Mitpatienten mit ihrem Spiel auf ihn beziehen. Er will nicht spielen, weil er „ja Musik gar nicht spielen kann". Wenn er etwas für jemanden macht, dann muß es schon etwas „Gescheites" sein.

Unser Selbstwert und unser Selbstbewußtsein sind entscheidend davon beeinflußt, ob wir uns in der Lage fühlen, etwas geben zu können. Herr P. hat aber in seiner Kindheit immer wieder erfahren, daß das, was er zu geben hatte, nicht genug war. Er war nicht imstande, den Vater umgänglicher und freundlicher zu machen oder der Mutter zu helfen. Kinder neigen dazu, sich die Schuld und die Verantwortung für Schwierigkeiten in der Familie zuzuschreiben. „Wenn ich Schuld habe, ist es immer noch einfacher, als wenn ich hilflos ausgeliefert bin. Vielleicht kann ich ja doch etwas ändern, wenn ich mich ganz arg anstrenge", glaubt demnach auch Herr P.

So frage ich ihn, wie er denn auf ein kleines Kind reagieren würde, das ein Bild gekritzelt hat und es ihm schenken will. Herr. P. erwidert, daß er sich darüber natürlich freuen würde. An diesem Beispiel wird für ihn deutlich, daß er den Herzenswunsch, etwas geben zu können, zwar bei einem Kind zu schätzen weiß, bei sich selbst jedoch nicht als anerkennenswert empfindet. Ihm wird auch klar, daß er sich selbst damit ähnlich kalt und verachtend behandelt, wie er es als Kind durch seinen Vater hatte erfahren müssen.

Spiel und Tanz

Von diesem Zeitpunkt an beginnt Herr P., sich intensiv mit der Zeit zu beschäftigen, als er ein kleiner Junge war, und er lernt, seine heutigen Gefühle und Bewertungen vor diesem Hintergrund besser zu verstehen.

Nach und nach erobert er sich in der Musiktherapie die anderen Instrumente und ist beim Spiel auch körperlich nicht mehr so stark kontrolliert und gehalten. Den Höhepunkt erreicht diese Entwicklung in der vorletzten Stunde, in der er an „seiner" Trommel frei und locker spielt und unbewußt mit dem ganzen Körper dazu tanzt. Darauf angesprochen, erwidert Herr P. strahlend: „Ja, das war jetzt der kleine Fritzl, der wieder gelernt hat zu spielen."

Die Herzbeschwerden, derentwegen Herr P. in die Behandlung gekommen war, treten nun deutlich seltener auf und werden von ihm vor allem nicht mehr als so bedrohlich erlebt, da er sie als Signal für verborgene oder verbotene Gefühle verstehen kann. Gerade Ärger und Aggression waren ihm verboten und sind durch Starre und Herzflattern ersetzt worden. Immer noch sind Konfliktsituationen, sogar dann, wenn er an den Streitigkeiten gar nicht beteiligt ist, der Anlaß dafür, daß er vorübergehend wieder in seine starre, kontrollierte „frühere" Welt zurückfällt.

Herr P. hat während des Aufenthaltes in der Klinik begonnen, spielerisch das nachzuholen, was in seiner Kindheit nicht möglich war. Die Hilfe der Musiktherapie dabei beruht darauf, daß ein musikalischer Ausdruck sowohl den Gefühlen wie auch dem körperlichen Erleben deutlich näher ist als die Sprache. Diese besondere Stärke der Musiktherapie gab Herrn P. die Möglichkeit, die eigenen Gefühle und die der anderen Gruppenmitglieder neu zu erleben und dabei emotional nachzureifen. Er wird noch einige Zeit ambulante Hilfe benötigen, um sich in der Welt der Gefühle und Atmosphären ganz zurechtzufinden, er verließ uns aber voller Zuversicht und mit einem anderen Lebensgefühl, hatte er doch zu spielen und zu tanzen gelernt.

Anmerkung

1 Im Rahmen dieses Aufsatzes kann auf die Psychogenese von psychosomatischen Erkrankungen nur sehr verkürzt eingegangen werden. Es wird daher auf die entsprechende Literatur verwiesen: Z.B. Porsch, Udo: Der Körper als Selbst und Objekt, Göttingen 1997.

Literatur

Frohne-Hagemann, Isabelle (Hrsg.): Musik und Gestalt, Hamburg 1990.
Haerlin, Peter: Wie von selbst, Frankfurt a. M. 1987.
Loos, Katja: Spiel-Räume der Magersucht, Frankfurt a. M. 1994.
Orban, Peter: Psyche und Soma, Frankfurt a. M. 1988.
Porsch, Udo: Der Körper als Selbst und Objekt, Göttingen 1997.
Schellenbaum, Peter: Nimm deine Couch und geh!, München 1992.
Senf, Wolfgang und Broda, Michael: Praxis der Psychotherapie, Stuttgart 1996.
Smeijsters, Henk: Musiktherapie als Psychotherapie, Frankfurt a. M. 1994.
Tölle, Rainer: Psychiatrie, Berlin 1991.
Watzlawick, Paul: Anleitung zum Unglücklichsein, München 1983.

Die Trauer um das Vertraute
Musiktherapie nach einem Schlaganfall

Von Christian Galle-Hellwig

Schlaganfall – wie ein Blitz aus heiterem Himmel trifft diese Krankheit die Patienten, oder sind die Vorboten nicht rechtzeitig erkannt worden? Sie sind plötzlich gelähmt und können nicht mehr sprechen. Ob mit oder ohne Vorwarnung, dieser Schicksalsschlag bedeutet eine Grenzerfahrung, an der ein Mensch im ungünstigen Fall zerbrechen, im günstigen wachsen kann. Der schwierige Prozeß der Neuorientierung nach einem Schlaganfall wird von vielen Faktoren beeinflußt: Nach der Akutphase, in der zumeist die medizinische Versorgung und pflegerische Betreuung im Vordergrund stehen, werden bald rehabilitierende Maßnahmen wichtig. Hinzu kommen Therapieverfahren wie Krankengymnastik, Ergotherapie oder Sprachtherapie, die für den körperlich-geistigen Genesungsprozeß von großer Bedeutung sind.

Seit einigen Jahren findet der seelische Aspekt der „Krankheitsverarbeitung", der zur Bewältigung eines Schlaganfalls ebensowichtig ist, mehr Beachtung. Die Musiktherapie spielt dabei eine wichtige Rolle. Viele Patienten können sich zunächst nicht oder nur äußerst schwer sprachlich verständigen. Auch wenn sie meistens verstehen, was man ihnen sagt, findet die erste Kommunikation größtenteils auf einer nonverbalen Ebene statt.

Frau N. begegne ich erstmals im Rahmen eines Aufnahmegesprächs, das von meinen psychotherapeutisch arbeitenden Kollegen und mir obligatorisch durchgeführt wird. Hierbei ermitteln wir, in welcher emotionalen Verfassung sich der Patient gerade befindet und inwieweit er bereit ist, sich auf eine musiktherapeutische oder eine andere psychotherapeutische

Begleitung einzulassen. Frau N., die vor drei Wochen einen Schlaganfall erlitten hat, muß krankheitsbedingt noch viel liegen. Sie stellt sich mir bei meinem Besuch in ihrem Zimmer in den Gesten, die ihr momentan möglich sind, als starke Frau dar. Ihre Tapferkeit erscheint wie die Flucht in eine geschäftige Zielstrebigkeit, die keine Umwege duldet: „Bloß schnell wieder fit werden, was hat das Ganze mit Gefühlen zu tun!" Solch fast empfindungslos wirkendes Verhalten zeugt allerdings nicht von Gefühllosigkeit, sondern vielmehr von einem Gefühlsschock. Aufgrund meiner Erfahrungen mit Patienten, die ihre Situation anfangs auch nicht wahrhaben wollten, verlasse ich sie schon bald und trage in meine Unterlagen ein: „Noch kein Bedarf".

Unter Hochspannung

Zehn Tage später höre ich von Frau N.s Problemen in den anderen Therapien. Dort fällt sie durch ihren Starrsinn und einen ehrgeizig-verkrampften Leistungsanspruch auf. Sehr schnell wird sie zornig, ist dann blockiert und bricht immer häufiger den Kontakt zu den Therapeuten ab. Im Team macht sich Hilflosigkeit breit, und ich werde gebeten, es nochmals mit Musiktherapie zu versuchen. Zunächst mit einer Probestunde.

Als sich unsere Wege erneut kreuzen, wirkt Frau N. weit weniger zielstrebig und siegessicher. Sie sitzt in ihrem Rollstuhl hin- und herwippend da und erinnert mich an einen unter Hochdruck stehenden Kochtopf. Die Stimmung im Musiktherapieraum wird durch die von ihr ausgehende Spannung unerträglich. Weil Frau N. noch nicht sprechen kann, versuche ich stellvertretend für sie, die Situation zu entkrampfen. Ich beginne, ihr den Sinn und Zweck der Musiktherapie zu erklären. Als sie dies nicht beruhigt, beschreibe ich ihr das Gefühl der Hochspannung. Bin ich ihr hierdurch zu nahe getreten? In der Erwartung eines Gefühlsausbruchs schaue ich sie an: Ihr Rollstuhl bleibt plötzlich stehen, und ein Anflug von Lächeln liegt auf ihren Lippen. Fühlt sich Frau N. durch meine Worte in ihrem Zustand verstanden?

Jedenfalls ist ein erster Kontakt hergestellt, und in den darauffolgenden Stunden wächst das Vertrauen der Patientin. Durch wiederholtes Nachfragen gelingt es, die Ursache für ihre Therapieverweigerung herauszufinden: Sie ist wütend auf alle Ärzte, Krankengymnasten und Psychologen, die ihr nicht gut genug weiterhelfen konnten. Da auch ich mich angesprochen fühle, bitte ich sie, mir auf einem Instrument vorzuspielen, wie sie sich eine gute therapeutische Hilfe vorstellt. Aufgrund ihrer sprachlichen Einschränkung könne dies ein lohnender Versuch sein, mir ihre Vorstellungen genauer zu vermitteln, erkläre ich weiter.

Bei vielen Patienten gelingt dies noch nicht in den ersten Stunden, da sie Angst davor haben, Musik zu machen, und zuviel von sich verlangen. Der Leidensdruck von Frau N. und ihr Bedürfnis, sich mitzuteilen, sind jedoch stärker als ihre Angst. Sie stürzt förmlich auf eine große Trommel zu und bearbeitet sie vehement mit dem Schlegel in der linken Hand – ihre rechte Körperhälfte ist ja gelähmt. „Kasernenhofdrill" stelle ich mir so vor: Ohne Punkt und Komma hält sie den rasanten Rhythmus etwa fünf Minuten lang durch. Dann entstehen längere Pausen zwischen ihren Schlägen, und sie sinkt immer mehr in sich zusammen. Als sie aufhört, ist sie den Tränen nahe und versucht, mir mit Worten etwas mitzuteilen, was nicht gelingt und sie noch verzweifelter macht.

Trauermusik

Nach einer Weile versuche ich für sie, die passenden Worte zu finden, und beschreibe die Szene, so wie ich sie erlebt habe. Sie reagiert mit Nicken oder Kopfschütteln, und wir kommen ihren Empfindungen näher: Sie sei im Grunde am meisten auf sich selbst wütend, auf die Art, wie sie in den letzten Jahren gelebt habe, darauf, daß sie immer zuviel von sich forderte.

Ihre Wut, die sie zunächst in der Abwehr der eigenen Ohnmachtsgefühle und durch die Schuldzuweisungen an die Therapeuten ausgedrückt hat, zeigte in der Trommelsequenz erste Anzeichen, sich in Trauer über ihr bisheriges Leben zu verwandeln. Die während des Trommelspiels auftauchenden Schuldgefühle sind jetzt auf ihre eigenen „Verfehlungen" gerichtet. Auf diese Weise vollzieht sich in der Therapie eine Umkehr von der Schuldsuche bei den anderen zur Selbstanklage.

In den nächsten Stunden steht für Frau N. zunehmend das Bewußtwerden ihrer Defizite im Vordergrund. Vor diesen Emotionen kann sie nicht mehr fliehen. Fragen nach dem Sinn ihres Lebens kommen auf: Was habe ich falsch gemacht? Was hält mich noch in der Welt? Für den Erfolg der Therapie ist es notwendig, daß Frau N. alle Gefühle zulassen darf – auch die der Sinnlosigkeit. Da sie aber immer häufiger von Selbstmordgedanken heimgesucht wird, ist es ebensowichtig, sie in ihrer Stimmungslage nicht „versinken" zu lassen und neue Perspektiven zu entwickeln. So gilt es nun, mit ihr herauszufinden, auf welche Potentiale sie zurückgreifen kann. Gemeinsam fragen wir, welche Lebensfreuden ihr bleiben und ob sie vielleicht neue Möglichkeiten durch die Anerkennung ihrer Verluste gewinnt. Doch bis zu der Erkenntnis, daß jede Veränderung mit Verlustgefühlen verbunden ist, die erst betrauert werden müssen, damit sich ein positives Lebensgefühl einstellen kann, ist noch ein gutes Stück Weg zu gehen.

Auf der musikalischen Ebene drückt sich die Trauer der Patientin allerdings schon bald durch ihr Bedürfnis aus, mehr Musik hören zu wollen. Sie sucht nach Vertrautem, nach bekannten Melodien, die ich ihr immer wieder am Klavier vorspielen soll. Frau N. kann seit frühester Jugend Klavier spielen, hat sich jedoch in den letzten Jahren nicht mehr viel Zeit für dieses Hobby genommen. Mein Spiel löst bei ihr viele Tränen aus. Es entstehen berührende Momente in großer Ruhe, aber auch lähmendes Schweigen und angstvolle Stille. Ich frage mich, wie ihre Gefühle zu verstehen sind. Erinnert Frau N. diese Musik an ein glorifiziertes Bild ihres bisherigen Lebens, das sie nun verstärkt sucht, um den aktuellen Verlust ungeschehen zu machen? Stellt demnach ihre verzweifelte Sehnsucht nach dem verlorenen Leben einen Widerstand gegen die anstehenden Veränderungen dar? Das Wieder-Finden des Liebgewordenen könnte sie dann, weil hierdurch der Verlust wiedererlebt wird, noch tiefer in ihre Depression und Apathie stürzen. Auf der anderen Seite läßt sich das unablässige Suchen und Finden des alten Lebensgefühls auch als ein Versuch sehen, das Alte ins neu entstehende Lebensgefühl zu integrieren. Wird ihr Vertrautes somit also bereits ein Betrauerbares?

In welcher Phase der Trauerarbeit Frau N. sich auch gerade befinden mag, unsere über die Musik wachsende Beziehung bietet ihr anscheinend so viel Halt, daß sie diese Gefühle zulassen kann. Vielleicht fühlt sich Frau N. verstanden, wenn meine Interpretation ihrer Musikwünsche Stimmungen ausdrückt, die ihrem momentanen Empfinden nahekommen. Wie dem auch sei, in diesen Stunden muß sich mein therapeutisches Handeln auf die Ungewißheit von hypothetischen Konstrukten und intuitiven Vorahnungen stützen. Obwohl ich Frau N. meine Gefühle immer wieder mitteile, steigert sich die Verständigungslosigkeit zu einem schwer aushaltbaren Grad. Dieses Gefühl spiegelt gewiß sehr eindrücklich die Ohnmacht wider, die Frau N. in ihrer eigenen Kommunikationsunfähigkeit und mit dem Blick auf ihr Schicksal durchlebt. Es geht um das Verständnis, daß gerade im empathischen, oft wortlosen oder musikalischen Begleiten die eigentliche Hilfe für die Patientin liegt! Allzu groß ist die Gefahr zu glauben, mit gut gemeinten, aber letztendlich an der Sache vorbeigehenden tröstenden Worten die Patientin aufheitern zu müssen.

Musikalische Entwicklungsschritte

Besonders den Angehörigen von Frau N. fällt es schwer, ihre Trauer als wichtigen Entwicklungsschritt zu akzeptieren. Immer wieder wollen sie Erklärungen für ihre Wesensveränderung: Sie war doch ein so lebenslustiger, optimistischer

Mensch! Und wie ist sie heute: eine in ihrem Leiden selbstbezogene und depressive Frau, die nicht mehr aufzumuntern ist. Solche Bemerkungen sind zwar verständlich, denn die Angehörigen eines Schlaganfallpatienten werden von der neuen Situation ebenfalls überfordert. Auch sie können die von der Patientin ausgehende „Schwere" kaum ertragen. Doch zeigt sich in der Reaktion der Angehörigen häufig die Abwehr ihrer eigenen Ängste vor Schwäche, Behinderung und Sterblichkeit, die, durch die Krankheit der Patientin, bei den Angehörigen ausgelöst werden. Es entsteht dadurch nicht selten ein zusätzlicher Druck auf den Patienten, möglichst schnell diese Trauerphase zu überwinden, um die Familienmitglieder nicht weiter zu belasten.

Vor diesem Hintergrund wird deutlich, wie wichtig eine einfühlsam-zurückhaltende Haltung des Therapeuten für den Patienten ist und welche Hilfe die Musik darstellt. Das Musizieren ermöglicht eine Form der Begleitung, die genügend Spielraum für beide Seiten läßt. Es bietet einen Schutzraum für den Patienten, der seine Empfindungen erleben darf, und für den Therapeuten zugleich eine Möglichkeit der emotionalen Antwort.

Die Sprache der Musik

Trotz aller musikspezifischen Hilfe und Ausdrucksmöglichkeiten bringen die ersten mühsam gestammelten Worte von Frau N. eine große Erleichterung und Fortschritte in der Musiktherapie mit sich. Parallel zur Rückgewinnung ihrer Sprache beginnt sie nämlich, wieder musikalisch zu „sprechen", denn sie hat seit unserer ersten Stunde kein Instrument mehr selbst gespielt. Vielleicht war dies ein sinnvoller Selbstschutz, der sie vor einem Zuviel an bewältigbarem Erleben bewahrt hat. Wenn ich für sie musizierte, mußte sie beispielsweise eine Distanz zu ihren Defiziten einnehmen, die ihr bei eigenem Tun bewußt geworden wären. Mit ihren wiedergewonnenen Fähigkeiten ist Frau N. bereit, sich der Realität zu stellen.

In ihrer neunzehnten Musiktherapiestunde will Frau N. auch wieder selbst Klavier spielen. Ihren gelähmten Arm kann sie nun schon etwas bewegen. Sie setzt sich mit viel Mühe vom Rollstuhl auf den Klavierstuhl und beginnt, mit ihrer gesunden Hand eine Melodie zu suchen. Als das glückt, erprobt sie dies auch mit der noch geschädigten Hand. Es mißlingt. Hartnäckig wiederholt sie diesen Versuch immer wieder, bis sie erschöpft und frustriert aufgibt. Anschließend erzählt sie stammelnd, daß sie die Angst quält, ihrem Ehemann mit der Behinderung zur Last zu fallen. In ihrem Klavierspiel habe sie gerade wieder gemerkt, daß es bei allen Fortschritten wohl nie mehr so wie früher gehen werde. „Was kann mein Mann noch an mir finden", fragt sie.

Klavierspiel zu vier Händen

Frau N. hat große Angst, ihren Ehepartner zu verlieren. Ich biete ihr zu diesem Thema ein vierhändiges Partner-Spiel am Klavier an, bei dem lediglich eine Regel zu beachten ist: Jeder Spieler darf nur zwei Töne hintereinander spielen, dann ist der andere dran. Frau N. will dies versuchen, wenngleich sie mir mit einer abfälligen Handbewegung signalisiert, daß sie das Ganze für ziemlichen Kinderkram hält. Es entsteht ein vorsichtiges, aber allmählich immer freier werdendes Wechselspiel. Bald wirft Frau N. die Spielregel keß über Bord und spielt provokativ mal drei, vier oder fünf Töne, mal auch nur einen und beobachtet, wie ich mich dabei verhalte. Auch ich antworte daraufhin, wie es mir gerade gefällt. Wir enden in einem geradezu ausgelassenen Spiel. Im Anschluß daran verfällt Frau N. wieder in ihre alte Schweigsamkeit. Sie wirkt wie betäubt von dieser Erfahrung, und ich spüre, wie sie sich innerlich zurückzieht.

Häufig zeigen sich im musikalischen Tun bereits die Vorboten von später erfolgenden Entwicklungsschritten, die jedoch noch nicht gleich verwirklicht werden können. Ich frage sie, wie es ihr jetzt gehe und wie es ihr während unseres Spiels gegangen sei? Als sie nicht reagiert, biete ich ihr meine Interpretation unseres musikalischen Tuns an. Ich erzähle von meiner Freude an unserem Zusammenspiel und gebe ihr zu erkennen, daß ich dabei auch sie zunehmend frecher, ja fast beschwingt erlebt habe. Das Weniger an technischen Möglichkeiten in unserem Spiel habe nach meinem Empfinden sogar zu einem Mehr an Kontakt zwischen uns geführt. Abschließend stelle ich ihr die Frage, ob sie dies auf ihre körperlichen Einschränkungen und die befürchteten Auswirkungen in ihrer Ehe übertragen kann. Möglicherweise müsse sie gar nicht so viel bieten, damit sie mit ihrem Mann auch weiterhin eine gute Beziehung haben kann? Frau N. reagiert zunächst erstaunt und wird dann nachdenklich ...

Dies war ein erster bedeutender Schritt in Richtung neuer Lebensfreude. Die in unseren Improvisationen gewonnenen Erkenntnisse brauchen noch ihre Zeit, bis Frau N. sie auch emotional integrieren kann. In den folgenden Stunden bis zu ihrer Entlassung mußte sie noch manches Tief durchleben, und auch danach wird sie noch einige Grenzen ihrer Genesung zu akzeptieren haben. Ich bin jedoch sicher, daß die in der Musiktherapie gemachten Erfahrungen hilfreich waren und Frau N. im Rückgriff darauf den Verlust ihres alten Lebensgefühls hinreichend kompensieren kann. Im Abschiednehmen von alten Vorstellungen wird sie ihren Weg zur Entdeckung neuer Lebensstrategien finden und eines Tages ihr altes Leben als „schöne Erinnerung" positiv besetzen – wenn auch wohl nie ganz „sehnsuchtsfrei".

Literatur

Canacakis, Jorgos: Ich sehe deine Tränen, Zürich 1987.
Kast, Verena: Trauern, Stuttgart 1982.
Mitscherlich, Alexander und Margarete: Die Unfähigkeit zu trauern, München 1967.
Tüpker, Rosemarie: Ich singe, was ich nicht sagen kann, Regensburg 1988.

Vergessen, wo ich bin ...
Musiktherapie mit Krebspatienten während der Chemotherapie

Von Susan Weber

Krebspatienten sind mit einem dreifachen Problem konfrontiert: erstens der Diagnose und den Symptomen der Krankheit, zweitens der Aussicht auf die Therapie, die schlimmer sein kann als die Krankheit selbst, drittens der Furcht, daß die Krankheit wiederkehrt, auch wenn sich der Patient in Remission[1] befindet. Die Patienten fürchten vor allem die Nebenwirkungen der Chemotherapie, wie Übelkeit, Erbrechen, Haarausfall oder Angst, Atembeschwerden und Schlaflosigkeit. Hinzu kommen oft Familienprobleme und die Unsicherheit, ob die Arbeitsfähigkeit erhalten bleibt. Es gibt keine hundertprozentige Garantie auf Heilung. Wenn ein Rückfall eintritt, sind die Patienten noch mehr demoralisiert, da sie wissen, was auf sie zukommt.

Daß Musik geeignet ist, Ängste sowohl kurz- wie langfristig abzubauen, ist in verschiedenen Gebieten der Medizin nachgewiesen: während der Geburt,[2] bei Frühgeborenen,[3] vor und während chirurgischer Eingriffe,[4] während Zahnbehandlungen.[5] Hinzu kommt, daß die Forschung herausgefunden hat, daß beruhigende Musik dem Patienten erlaubt, sich zu entspannen, und er damit die Therapie als weniger bedrohlich erlebt.[6] Der positive Effekt der Musik verstärkt sich, wenn der Patient die Musik seiner Wahl hören kann.[7]

Das Klinikum Großhadern, in dem ich als Musiktherapeutin arbeite, ist eine Universitätsklinik mit zweitausend Betten. Unser Musikprojekt läuft seit über drei Jahren auf einer Privatstation mit zwanzig Betten. Das Alter der Patienten liegt zwischen 17 und 80 Jahren, der Durchschnitt bei 51 Jahren, Frauen überwiegen leicht. Alle leiden unter schweren Krebserkrankungen und erhalten Zytostatika.[8] Eine Behandlungseinheit umfaßt drei bis vier Tage. Jedoch können der Krankheitsverlauf und die Chemotherapie den Aufenthalt um mehrere Wochen, bis hin zu mehreren Monaten, verlängern. Für die Betroffenen bedeutet dies eine lange Zeit der Isolation.

Jeder Patient wird bei seinem Eintreffen gefragt, ob er an dem Projekt teilnehmen möchte. Musik wird auch den Patienten angeboten, die aus anderen Krankenhäusern kommen und vorher Chemotherapie ohne Musiktherapie erhielten, sowie Patienten in Remission.

Schmerzminderung und Entspannung

Bevor die Therapie beginnt, füllen die Teilnehmer einen Fragebogen aus, um die Gründe zu ermitteln, aus denen sie Musik hören wollen, zum Beispiel Angst- und Schmerzminderung, Entspannung, Ablenkung, Aufheiterung oder Bewältigung der Resignation. Wir erfragen auch ihre musikalischen Wünsche. Die Patienten wählen dann aus unserem Bestand von etwa vierhundert CDs die Musik aus, die sie hören wollen: deutsche Volkslieder, Pop, Rock, Jazz, Klassik, Opern und Operetten sowie langsame klassische Musik, die speziell für die Entspannung produziert wurde. Patienten, die häufig zur Therapie kommen oder sich lange im Krankenhaus aufhalten, haben die Möglichkeit, die Musik häufig zu wechseln, so daß ein Zusammenhang zwischen der gehörten Musik und der Therapie in der Regel nicht entsteht, wenn sie das Krankenhaus verlassen. Jeder Patient erhält einen tragbaren CD-Spieler und den Rat, fünfzehn Minuten vor Beginn der Therapie mit dem Musikhören zu beginnen, um so seine Spannungen und seine Angst zu reduzieren.

Am Ende der Therapie füllen die Patienten wieder einen kurzen Fragebogen aus, mit dem wir ihre Zufriedenheit mit der Musik sowie deren Wirkung während der Chemotherapie ermitteln. Die Patienten berichten in den Fragebögen, daß sie sich zu Beginn der Chemotherapie beunruhigt fühlten, ängstlich und deprimiert waren, daß sie Nebeneffekte der Behandlung fürchteten, manchmal alles zusammen, und daß sie trotzdem auf Heilung hofften. Wenige haben sich Gedanken darüber gemacht, wie sie sich auf die Chemotherapie vorbereiten und wie sie mit deren Auswirkungen umgehen könnten. Einige meditierten, Autogenes Training und Progressive Muskelentspannung waren mehr verbreitet, manche versuchten die Simonton-Visualisationstechnik.[9] Jedoch haben alle Schwierigkeiten, diese Techniken während der Chemotherapie durchzuführen. Allein die Ankunft im Krankenhaus und das Warten erzeugt soviel Angst, daß es fast unmöglich ist, sich zu entspannen, während ermittelt wird, wo der Tumor sitzt, ob er sich ausgebreitet hat, welche Therapiemöglichkeiten es gibt.

Wir haben immer wieder Patienten, die alleine ins Krankenhaus fahren und selten Besuch bekommen. Die Musik hilft ihnen, ihre Einsamkeit zu ertragen. Wenn die Therapie verschoben wird, benutzen viele die Musik als Zerstreuung während des Wartens und um ihre Angst unter Kontrolle zu halten. Patienten erzählen, daß ihre Ängste und Depressionen stark davon beeinflußt sind, so viele kahlköpfige, dünne und sterbende Menschen zu sehen. Sie sind unsicher, was sie erwartet, und befürchten, daß all dies auch auf sie zukommt. Die Musik hilft ihnen, wieder Boden unter den Füßen zu bekommen, einen hoffnungsvolleren und optimistischeren Ausblick und ihre eigenen Kräfte wiederzufinden. Auf der einen Seite blockt die Musik alles ab, was um sie herum läuft, und hilft ihnen, eine Nacht zu überstehen, in der sie nicht schlafen können oder ihr Zimmernachbar sehr unruhig ist. Musik hilft vor allem denen, die lange im Krankenhaus bleiben müssen, besonders in der Isolation. Patienten berichten: „Es hielt mich davon ab, verrückt zu werden", „Ich lernte Musik wirklich lieben und schätze sie wie nie zuvor", „Es ist eine wunderbare Ablenkung", „Ich konnte mich auf anderes konzentrieren, auf glückliche Erinnerungen", oder „Ich war so entspannt, daß ich einschlafen konnte und für eine kurze Zeit vergaß, wo ich war", „Musik bringt das Innere zum Schwingen und löst Verkrampfungen", „Es fängt an, in meinem Kopf zu sprudeln".

„Musik ist so hilfreich"

Die Zufriedenheit der Patienten durch die von ihnen ausgewählte Musik ist grundsätzlich sehr gut, und sie steigert sich, wenn sie entdecken, welche Musik ihnen am meisten hilft. Die Durchschnittsnote auf einer Skala von eins bis zehn bewegt sich konstant zwischen acht und neun. Die durchschnittliche Hördauer beträgt über zwei Stunden pro Tag während der laufenden Therapie.

Die Wirksamkeit des Musikhörens ist augenscheinlich bei Patienten, die bereits eine Chemotherapie ohne Musik erhalten hatten. Sie sind verwundert über den Unterschied, den die Musik macht: „Ich habe nicht erwartet, daß sie so hilfreich sein kann". Manche fragen ziemlich aggressiv: „Warum haben sie das vorher nicht gemacht?" Schlußendlich haben alle Teilnehmer, die Musik zum ersten Male hörten, während der folgenden Therapiezyklen von unserem Angebot Gebrauch gemacht.

Während hohen Fiebers oder einer extrem aggressiven Therapiephase bevorzugen die meisten Patienten Ruhe. Sie sind einfach zu krank und wollen nur alleingelassen werden. Jedoch bitten sie, daß man ihnen erlaubt, die Musik für die Zeit zu behalten, in der sie sich besser fühlen. Die Patienten können ihre Musik auch außerhalb der Chemotherapie hören. Je länger die Therapie dauert, um so härter ist es, den Kampf weiterzuführen, beginnende Depressionen bringen Angst vor dem Unbekannten und unvorhergesehene Komplikationen. Der Standardkommentar dazu ist: „Etwas Fröhliches und/oder Lebhaftes bitte."

Nur drei von einhundertzwanzig Patienten hatten zu Hause die Musiktherapie in Verbindung mit ihrer Chemotherapie gebracht. Zwei wählten andere Musik, einer hörte überhaupt keine.

Klassik besonders gefragt

Die Gründe, warum unsere Patienten Musik hören wollen, sind vielfältig. Sie nennen zunächst die Ablenkung, mit fortschreitender Therapie tritt die Entspannung immer mehr in den Vordergrund. Je länger die Therapie dauert, desto größer wird der Wunsch, zusätzliche Musik zur Aufheiterung hören zu können.

Unsere Patienten wählen überwiegend klassische Musik, Klavier und Gitarre sind die populärsten Instrumente und werden für entspannender gehalten als die Musik großer Orchester. Mozart ist der am häufigsten gewünschte Komponist, gefolgt von Aufnahmen, die speziell zum Entspannen produziert wurden. Danach folgt alles von Pop bis zur deutschen Volksmusik. Wir waren anfänglich überrascht, welch hohen Stellenwert die klassische Musik einnimmt. Es stellte sich heraus, daß die Mehrzahl der Patienten älter als vierzig Jahre, musikalisch gebildet ist und eine Universität besucht hat. Wir nehmen an, daß diese Faktoren eine Rolle spielen.

Aber auch unsere Teenager wünschen da ruhige, klassische Musik, zusätzlich zum Rock, den manche mitbringen. Wenn wir nachfragen, warum die Patienten klassische Musik gewählt haben, so hören wir oft, daß sie das Stück oder den Komponisten mögen oder daß diese Musik mehr Substanz und Tiefe hat, mehr Trost und Halt gibt. Einige Patienten sagen, daß sie jetzt fühlen, wie ein Komponist innerhalb der Musik seine Probleme durchleidet, aufarbeitet und löst, und daß sie dies besonders anspricht. Nach meiner Meinung ermöglichen es der Rhythmus und die Struktur klassischer Musik, Ordnung und Halt in die chaotische Zeit der endlosen Tests, des Wartens auf Diagnosen und des emotionalen und körperlichen Leidens zu bringen.

Viele Patienten haben nun endlich Zeit, sich auf ein Stück wirklich zu konzentrieren, während sie bisher Musik nur während anderer Tätigkeiten angehört haben. Dieses intensivere Hören hilft ihnen, zeitweise ihre Krankheit und die Behandlung zu vergessen. „New Age"-Musik wurde bisher noch kaum ausgewählt und nie ein zweites Mal gewünscht.

Unmittelbarer Kontakt zum Patienten

Als Psychologin ist es mir möglich, über Musik schnell Kontakt zu Patienten zu gewinnen, ohne daß ein unmittelbarer Bezug zur Krebserkrankung besteht. Indem wir über ihre Lieblingsmusik sprechen, ermöglichen wir es den Patienten, ihr Leben unbeschwert mitzuteilen. Oder es kann der Beginn eines Gesprächs über schwerwiegendere Angelegenheiten sein und auf diese Weise emotionale Entlastung bringen.

Wir haben begonnen, auch Leukämie-Patienten und Patienten, bei denen Knochenmarktransplantationen durchgeführt werden, in unser Musikprojekt einzubeziehen. Diese Patienten sind besonders dankbar, da sie oft Monate in Isolation verbringen müssen. Sie sind häufig so schwer erkrankt, und die Behandlung ist so intensiv, daß das Musikhören zu den wenigen Beschäftigungen gehört, die ihnen noch Freude machen. Fernsehangebote werden in dieser Phase nicht mehr gewünscht.

Frau T. war sechsunddreißig Jahre alt, litt an Brustkrebs mit Metastasen in der Leber, war aber in der Lage, ihr Psychologiestudium fortzusetzen. Sie hatte bereits in einem anderen Krankenhaus über ein Jahr lang Chemotherapie bekommen und wurde mit dem Ziel nach Großhadern verlegt, eine andere Therapieform zu versuchen. Sie hatte sehr schwierige Zeiten hinter sich mit enormer Angst und Übelkeit, und sie befürchtete, daß noch weitere schlimme Dinge passieren könnten. Sie hatte Autogenes Training gelernt, um besser mit der Therapie umzugehen, erzählte aber, daß es ihr nur wenig geholfen habe: „Wenn die Anspannung zunimmt, versagt bei mir diese Technik, ich bin dann von allem überfordert." Sie hatte nie daran gedacht, während der Chemotherapie Musik zu hören, und war erpicht darauf, es zu versuchen. Ablenkung und Entspannung waren ihre vorherrschenden Gründe für das Hören, und sie wählte beruhigende klassische und romantische Musik aus. Nach der ersten Chemotherapie schrieb sie, daß sie es sich nicht hatte vorstellen können, daß Musik eine so große Hilfe sein könnte. „Meine Gedanken wanderten angenehm, ich war in Gedanken außerhalb der Klinik und hätte fast das Leerwerden der Infusionsflasche übersehen."

Als sie das nächste Mal kam, sagte sie mir, daß dieser Klinikaufenthalt für sie einfacher und weniger beängstigend sei als vorher, da sie wisse, daß sie Musik hören würde. Sie erlebte weniger Nebenwirkungen und war in der Lage, sich zu entspannen und einzuschlafen. Ihre Erfahrungen mit der Musik waren so positiv, daß sie schrieb: „Musik sollte allen Patienten zur Verfügung stehen!"

Wir wollen den Vereinigungen ‚Musik in der Onkologie e.V. München' und ‚Leukämie Hilfe e.V. München' dafür danken, daß sie dieses Programm mit ermöglicht haben.

Anmerkungen

1 Remission: vorübergehendes Nachlassen von Krankheitssymptomen bei einer chronischen Erkrankung.
2 Schwarz, F.: Prenatal Stress Reduction. Music and Medical Cost Savings. Pre- and Perinatal Psychology Journal, 1998 (im Druck); Lex, J., Rebollo Pratt, R., Abel, H. und Spintge, R.: Effects music of listening and biofeedback interventions on cardiac chronotopic control of women in childbirth, in: Rebollo Pratt, R. und Spintge, R. (Hrsg.): Music Medicine, Bd. 2, 1996, S. 182–193.
3 Nöcker-Ribaupierre, M.: Auditive Stimulation nach Frühgeburt, Stuttgart 1995.
4 Spintge, R. und Droh, R.: Musikmedizin. Physiologische Grundlagen und praktische Anwendungen, Stuttgart 1992.
5 Stern, R.: Musiktherapie in der zahnärztlichen Praxis, in: Droh, T. und Spintge, R. (Hrsg.): Angst, Schmerz und Musik in der Anaesthesie, 1983, S. 167–172.
6 Berner, M. und Herrlen-Peltzer, S.: Rezeptive Musiktherapie mit Krebspatienten, in: Klinikarzt 7, 8/1996, S. 243–247.
7 Davis, W. und Thaut, M.: The influence of relaxing music on measure of state anxiety, relaxation, and physiologicancer responses, in: Journal of Music Therapie, 36 (4), 1989, S. 168–87.

8 Zytostatika: Stoffe, die das Zellwachstum bei bösartigen Geschwülsten hemmen.
9 Simonton, C.O.: Auf den Wegen der Besserung, Hamburg 1993.

Das Leben ist wie ein Regenbogen
Musiktherapie mit alten Menschen

Von Wolfgang Staudinger

Frau K., heute fast neunzig Jahre alt, lebte lange Zeit allein in ihrer kleinen Stadtwohnung und konnte sich bis ins hohe Alter selbst versorgen. Plötzlich jedoch hörte sie auf, regelmäßig zu essen, und wurde immer apathischer. Als sie äußerte, nicht mehr leben zu wollen, wurde sie in unsere Klinik aufgenommen, mit der Diagnose „Depression". Isoliert saß sie auf der Station und nahm keinen Kontakt zu ihren Mitpatienten auf.

In der Gruppenmusiktherapie zog sich Frau K. zunächst ebenfalls zurück und beteuerte nach dem Versuch, mit ihr ein Lied zu singen, wie schlecht es um ihre Stimme bestellt sei. Als wir aber zu den Instrumenten wechselten, überzeugte sie in der Gruppe durch ihr sehr bestimmtes und rhythmisches Spiel. Sie nahm Blickkontakt zu ihren Mitspielerinnen auf und schenkte ihnen ein Lächeln, wenn das Zusammenspiel glückte. Anschließend erhielt sie Bewunderung für ihr beherztes Trommeln. Frau K. wirkte nun viel gelockerter, heiterer und wacher, und sie war erstaunt, daß ein Spiel von Nichtmusikern so wohlklingend sein kann und ihr Freude machte. Eine Musiktherapiestunde hat also genügt, um sie aus ihrer Isolation zu holen und den Kontakt zu anderen Patienten herzustellen. Auf der Station ging sie wieder mehr auf andere Menschen zu, sowohl im Gespräch als auch beim gemeinsamen Spielen.

Alter ist keine Krankheit

Dieses Beispiel zeigt deutlich, daß Musik den Menschen noch erreichen und bewegen kann, wenn dies aufgrund körperlicher, seelischer oder intellektueller Einschränkungen auf anderem Wege kaum mehr möglich ist. Musiktherapie wird deshalb bei Erkrankungen im Alter sowie in der Seniorenarbeit mit großem Erfolg eingesetzt.

Das Alter an sich ist kein behandlungsbedürftiger oder krankhafter Zustand. Im Gegenteil: In manchen Kulturen, vor allem Asiens, gilt es als höchstes Gut. Alte Menschen sind dort hoch angesehen, es werden ihnen Respekt und Ehrfurcht entgegengebracht. In der westlichen Welt ist dies anders: Die Alten werden von vielen als eine Randgruppe angesehen (auch wenn diese zahlenmäßig immer stärker wächst) und von der Leistungsgesellschaft oft als Last empfunden. Die Ressourcen des Alters, der Reichtum an Lebenserfahrung und die persönliche Reife, werden nicht gewürdigt. So kommt es bei den Senioren neben Alterserkrankungen zu zusätzlichen Belastungen. Denn Menschen, die nicht mehr leistungsfähig sind und sich deshalb als sozial unerwünscht und nicht mehr gebraucht erleben, die durch fortschreitende Technisierung an Orientierungslosigkeit und durch veränderte Wohnverhältnisse an sozialer Isolation leiden, können an dieser Situation erkranken. Diese Krankheitsursachen berücksichtigt die Musiktherapie mit alten Menschen.

Musikalischer Dialog

Herr M., sechsundfünfzig Jahre alt, leidet an einer Alzheimer Demenz. Er war Fernfahrer, als sich plötzlich, vor wenigen Jahren, die ersten Symptome wie Gedächtnisstörungen, Orientierungsschwierigkeiten und emotionale Verflachung zeigten. In seiner Arbeit wurde er unzuverlässig und konnte die geforderten Leistungen nicht mehr erbringen. Seine Frau bemerkte, daß er nur noch wenig erzählte und sich auch nicht mehr für ihr Leben interessierte. Er mußte seinen Beruf aufgeben und war nach kurzer Zeit auf Pflege angewiesen. Als er zu den alltäglichen Aktivitäten des Lebens, wie Waschen oder Essen, nicht mehr in der Lage war, sich plötzlich nachts im Haus herumtrieb und tagsüber schlafen wollte, war seine Frau völlig überfordert. Diese Probleme führten zur Aufnahme von Herrn M. in unsere Klinik.

Ich übernahm Herrn M. zunächst in Einzelmusiktherapie, da er durch sein lautes und ständiges Hallo-Rufen, abwechselnd mit ebenso lautem Vor-sich-hin-Singen, zu einer starken Belastung für die Mitpatienten geworden war. In vielen Sitzungen gelang es mir, allmählich eine Beziehung zu Herrn M. herzustellen. Anfangs wiederholte ich seine lautlichen Äußerungen und flocht dabei Worte der Anrede und Zuwendung ein. Dadurch entstand ein erster Kontakt. Immer öfter hielt er inne und blickte mich an. Durch mein Singen erreichte ich ihn besser als durch Sprechen, da er sich auf dieser Ebene kaum mehr ausdrücken konnte. Den musikalischen Dialog ergänzte ich mit Phrasen, in denen ich ihm sanfte und beruhigende Töne vorspielte, sowie durch Klänge, deren Schwingungen er auch als körperliche Vibrationen spüren konnte.

Herr M. hatte seine Erinnerungsfähigkeit aufgrund der Erkrankung verloren. Doch durch einfache musikalisch-rhythmische Elemente war er ansprechbar. So manches Lied aus seiner Kindheit war dem Gedächtnisschwund nicht zum Opfer gefallen und diente als Anknüpfungspunkt für das Leben im Hier und Jetzt.

Auf einer Trommel, die ich in die Gruppenstunde mitgebracht hatte, spielte Herr M. auf sehr elementare und laute Weise, ohne jedoch andere zu sehr zu beeinträchtigen. Er stabilisierte sich in seinem emotionalen Verhalten immer mehr und fand, durch pflegerische Maßnahmen und durch Medikamente, wieder zu einem geordneten Tag-Nacht-Rhythmus. Bis zu seiner Entlassung nach Hause konnte er auch am Gruppensingen teilnehmen. Dabei halfen besonders die Lieder, die ihm aus seinen frühen Kinder- und Jugendjahren vertraut waren. Sie gaben ihm eine Möglichkeit, mit anderen Patienten zu kommunizieren. Da es viele Menschen auf der Station gab, die wie Herr M. an Unruhe litten, waren diese Therapiestunden oft die einzigen, in denen im Tagessaal seltene Momente von Sammlung, Konzentration und auch wohltuender Stille entstanden. Diese Stille war freilich kein einsames Vor-sich-hin-Dösen, sondern ein waches Bei-sich-Sein, nachdem in der Gruppe beim gemeinsamen Singen und Musizieren die Sinne aktiviert, Erinnerungen geweckt und Gemeinschaft erlebt worden waren.

Verbesserung der Lebensqualität

Bei der Behandlung von alten Menschen stehen oft nicht mehr Heilung und völlige Gesundung im Mittelpunkt, sondern die Linderung der Leiden, die Verbesserung der Lebensqualität und das Entdecken neuer Ziele und Wertigkeiten. Wer unter seiner nachlassenden Leistungsfähigkeit leidet, kann in der Musiktherapie erfahren, was es heißt, Zeit zu haben, für sich und andere, und dies zu genießen. Eine Aufgabe des Alters ist es, sich ohne Verbitterung von nicht gelebten Möglichkeiten zu verabschieden, diese, wie auch den Verlust geliebter Menschen, zu betrauern und sich mit dem Lebensschicksal auszusöhnen. Nur dann wird die verbleibende Zeit nicht in Erstarrung münden.

Frau L., Anfang Siebzig, befand sich bereits in einer solchen Erstarrung, als sie von ihrem Altenheim in unsere Klinik überwiesen wurde. Dort war sie in immer größere Bewegungslosigkeit verfallen und hatte nicht mehr an gemeinsamen Aktivitäten teilgenommen. Das Stationsteam entschied, Frau L. zur Gruppenmusik-Therapie einzuteilen, da sie sich nie mit jemanden unterhielt und auch in anderen Therapien nicht zum aktiven Mitmachen zu bewegen war. Ihr Gesichtsausdruck war zunächst wie versteinert, und sie sagte im wesentlichen nur abwesend und stereotyp „ja" und „nein". Es schien, als gäbe es keinen Weg, an ihre verschlossene Persönlichkeit heranzukommen.

Frau L. sollte an der Musiktherapiegruppe teilnehmen, ohne etwas tun zu müssen, und dennoch, über das Hören, aktiv mit dem Geschehen verbunden sein. In dieser Gruppe wandte ich verschiedene musiktherapeutische Methoden an, wie gemeinsames Improvisieren auf Instrumenten, Singen von bekannten Liedern sowie das Vorspielen von Musikstücken. Es gab Stunden mit unterschiedlicher Stimmung und wechselnder Beteiligung der Patientinnen. Frau L. beteiligte sich aber lange Zeit nicht, obwohl ich sie oft einlud mitzumachen und versuchte, sie in die Gruppe einzubeziehen. Sie konnte keinen Sinn für sich in der Musiktherapie finden. Sie bezeichnete sich als unmusikalisch und unbegabt, und es wäre völlig unnütz, daß sie dabei sei. „In meiner Jugendzeit habe ich schon etwas für Musik übrig gehabt, auch gerne getanzt, aber das ist lange her", sagte sie. „Später habe ich keine Zeit mehr dafür gehabt, und heute bin ich zu alt."

Also Ablehnung und Rückzug auf der ganzen Linie. Die Einwände von Frau L. waren von einer gewissen Plausibilität, was ihr subjektives Empfinden anging. Doch eines irritierte mich: ihr stets versteinerter, maskenhafter Gesichtsausdruck und die fehlende emotionale Schwingungsfähigkeit. Es mußte sehr viel „da sein", was mit großem Druck und großer Anspannung zurückgehalten wurde, aus Angst vor dem, was zutage treten könnte, aus Angst vor Verwundbarkeit. Mein therapeutischer Plan bestand darin, Frau L. Zeit zu lassen, ihre Abwehr nicht zu durchbrechen, sie aber dahingehend zu bestärken, an der Therapie weiter teilzunehmen. Ich versicherte ihr, daß sie dableiben könne, ohne etwas machen zu müssen. Ich richtete meine Hauptaufmerksamkeit auf die Gruppe und behielt sie gleichsam nebenbei im Blick. Dabei beobachtete ich, wie Frau L. beim Singen von Liedern von Mal zu Mal ihre starre Mimik etwas lockerte und der Musik Neugier und Interesse entgegenbrachte.

Ein Weg zu den Gefühlen

Eines Morgens herrschte in der Gruppe eine sehr sensible und aufmerksame Stimmung. Die Patientinnen hatten Volkslieder ausgesucht, von denen einige von Tod, Sterben und Abschied handelten, und viele wurden nachdenklich und traurig. Ich gab noch etwas Zeit, die Stimmung wirken zu lassen, und spielte auf der Gitarre ein Stück in gleichmäßigem Rhythmus und mit einer tröstlichen, besänftigenden Melodie. Frau L. war ganz Ohr. Ihre Gesichtszüge wurden weich, und ihre Mimik lockerte sich, Tränen standen in ihren Augen. Nach einer kurzen Zeit der Stille fragte ich sie, wie es ihr gehe. „Ich kann nicht darüber reden", sagte sie. Beim Zuhören sei ihr ein schlimmes Ereignis in Erinnerung gekommen, das einige Jahrzehnte zurückliege, von dem sie aber noch nie einem Menschen erzählt habe. Frau L. sagte in dieser Stunde nicht viel mehr dazu, aber es war das erste Mal seit ihrer Aufnahme, daß sie ein Gefühl zuließ und durch ihre versteinerte Fassade hindurch zeigte. Ja, sie konnte sogar ein Ereignis, das sie im Stillschweigen über Jahrzehnte hin belastet hatte, erstmals andeutungsweise erwähnen. Damit war in der Therapie mit Frau L. ein wichtiger Schritt getan. Möglich wurde er nur durch Beharrlichkeit und die Wirkung der Musik. Diese durchdrang gleichsam die emotionale Panzerung der Patientin und legte einen Weg zu ihren Gefühlen frei.

In den nächsten Stunden ließ sich Frau L. mehr auf die Musik ein und nahm ihre Gefühle allmählich wahr. Parallel dazu versuchte eine Psychologin, sich in einer einfühlsamen Gesprächstherapie dem Erlebnis in der Vergangenheit zu nähern. In einer der folgenden Musiktherapiestunden wünschte sich Frau L. das Lied ‚Tief in dem Böhmerwald'. Kaum waren die ersten Takte erklungen, fing sie heftig an zu weinen. Sie stammte aus dem Sudetenland und hatte mit knapp zwanzig Jahren ihre Heimat verlassen müssen und dabei ihren Verlobten verloren. Ich wollte unterbrechen, doch sie bat mich weiterzuspielen. Auch beim nächsten Lied weinte sie hemmungslos. Aber es schienen keine Tränen der Traurigkeit zu sein, sondern Tränen, die sie über lange Zeit zurückgehalten hatte und die endlich von ganz tief „unten" hervortraten. Als ich sie fragte, wie es ihr gehe, sagte sie mit einem Lächeln: „Ich habe jahrelang nicht mehr geweint, jetzt muß ich lachen. Es geht mir prima!" „Schau'n Sie", sagte ich zu ihr, „die Tränen und Ihr Lachen, die sind zusammen wie ein Regenbogen, der ja erst entsteht, wenn Regentropfen und Sonnenstrahlen sich treffen. Und so ein Regenbogen ist etwas Wunderschönes." „Ja, wie ein Regenbogen", wiederholte sie und strahlte.

Diese drei Beispiele zeigen, daß Musik bei alten Menschen heilsam ist, zusammen mit Einfühlsamkeit, Geduld und Respekt. Besonders die Reaktivierung der Stimme und des Körpergefühls kann zu mehr Lebendigkeit verhelfen. So ging Frau L. wieder in ihr Heim zurück, und Herr M. wird bis auf weiteres von seiner Frau gepflegt. Frau K. wollte nicht allein in ihre Wohnung zurückkehren, denn in der Musiktherapie war sie zunehmend aktiver geworden und hatte erkannt, wie gern sie unter Menschen ist. In einem schönen Heim nimmt sie nun regelmäßig an Freizeitaktivitäten teil und fühlt sich wohl.

Literatur

Blanckenburg, Albrecht v.: Musiktherapie mit Senioren. Reihe 3: Fachbereich Geriatrie Band 1, Idstein 1994.
Bright, Ruth: Musiktherapie in der Altenhilfe, Stuttgart 1984.
Füller, Klaus: Musik mit Senioren. Theoretische Aspekte und praktische Anregungen, Weinheim/Basel 1994.
Harms, Heidrun und Dreischulte, Gaby: Musik erleben und gestalten mit alten Menschen, Stuttgart/Jena/New York 1995.
Musiktherapie mit alten Menschen. Altenpflege: Aus- und Fortbildung durch Video, Therapeutische Intervention. VHS-Kassette, Vincentz-Verlag, Hannover 1993.

Trösten, beruhigen, begleiten
Musiktherapie mit Sterbenden im Hospiz

Von Susan Weber

Was ist ein Hospiz? Schon bei der Namengebung vermied Cecily Saunders, die Gründerin der Hospizbewegung, jede Assoziation an ein Krankenhaus, sie knüpfte vielmehr an mittelalterliche Traditionen an. „Hospize nannte man damals Herbergen, die von kirchlichen Orden geführt wurden und Pilgern auf ihrer Reise Unterkunft, Rast, Pflege und Stärkung anboten."[1] Die ersten modernen Hospize wurden von Saunders im Jahr 1967 in England gegründet, und die Hospizbewegung breitete sich weltweit aus.

Heute sind Hospize medizinische Einrichtungen, die sich am Prinzip der Linderung, der sogenannten Palliation,[2] orientieren und sich der Kranken auf ihrem letzten Wege annehmen. „Hospize bejahen das Leben und machen es sich zur Aufgabe, Menschen in der letzten Phase einer unheilbaren Krankheit zu unterstützen und zu pflegen, damit sie in dieser Zeit so bewußt und so zufrieden wie möglich leben können. Hospize wollen den Tod weder beschleunigen noch hinauszögern. Hospize leben aus der Hoffnung und Überzeugung, daß sich Patienten und ihre Familien soweit geistig und spirituell auf den Tod vorbereiten können, daß sie bereit sind, ihn anzunehmen", schreibt P. R. Torrence im Hospizbuch.[3]

Das Johannes-Hospiz der Barmherzigen Brüder in München ist inmitten eines Parks erbaut. Die Fenster wurden in den Krankenzimmern so angebracht, daß die Patienten auch im Liegen auf den alten Baumbestand sehen können und den Eindruck haben, mitten in der Natur zu sein. Es gibt Zimmer für Familienangehörige, die übernachten wollen. Es wurde alles getan, um ein sanftes und würdiges Umfeld für den Sterbenden zu schaffen. Ganz wesentlich ist der günstige Personalschlüssel, der eine umfassende individuelle Betreuung der Patienten erlaubt.

Ein Stück Normalität

Zweimal in der Woche bin ich im Johannes-Hospiz als Musiktherapeutin tätig. Ich werde häufig gefragt, warum ich in diesem Rahmen mit Musik arbeite. Für mich als Musikerin ist dies einfach zu begründen: Musik kann dem Leben des Patienten ein Stück Normalität zurückgeben. Denn Musik begleitet uns, und sei es auch unbewußt, durch unser ganzes Leben. Für mich als Psychologin ist Musik ein heilkräftiges Medium, das Menschen jeden Lebensalters und jeder Herkunft anspricht. Meine Hospizpatienten, von denen die meisten bald sterben werden, haben kaum noch Kräfte und können oft nur schwer sprechen. Dies sind keine guten Voraussetzungen für Psychotherapie. Trotzdem brauchen viele von ihnen emotionale Hilfe, insbesondere bei Familienproblemen. Je mehr Sorgen und Nöte gelöst sind, desto gelassener sterben sie. Mit Musik kann ich einen Patienten oft besser als mit Worten erreichen, sie gewährt einen direkten Kontakt, und zwar auf eine Weise, die er nicht als zudringlich empfindet. Die Menschen sind dann eher in der Lage, sich zu öffnen und über ihre Sorgen und Probleme zu sprechen. Denn etwas Positives, das keinerlei Bezug zu ihrer Krankheit hat, ist ein gutes Fundament für eine Beziehung. Die Musik bietet einen Weg für die Begleitung während der letzten Tage bis zum Tod. Schon der schlichte, gemeinsame Musikgenuß ist für uns beide wie ein Geschenk. In Anbetracht all dieser Gründe ist es sinnvoll, Musik bei Sterbenden einzusetzen.

Der durchschnittliche Aufenthalt im Johannes-Hospiz dauert sechzehn Tage. Zeit ist ein Luxus, der nicht mehr zur Verfügung steht. Musik ermöglicht oft unmittelbar einen Kontakt mit den Patienten, der mit herkömmlicher Psychotherapie frühestens nach einigen Tagen herzustellen wäre. Ich verwende Musik bei meinen Patienten auf vielerlei Weise. Zu Beginn bringe ich einen Kassettenrecorder mit und die vom Patienten gewünschte Musik. Musik zu hören ist keineswegs nur eine passive Tätigkeit. Fast immer wollen mir die Patienten erklären, wann und inwiefern diese einmal sehr wichtig für sie war. Wiederholt haben sie, ohne zu zögern, ihre ganze Lebensgeschichte erzählt – als habe die Musik eine tiefe Sehnsucht nach Kommunikation in ihnen geweckt und zugleich einen Weg eröffnet, ihre Erfahrungen mitzuteilen. Wie oft habe ich beim Spielen von Volksliedern erlebt, daß der Patient begann, mitzusingen oder zu erzählen, wie gern er sich an das Singen in seiner damals noch vollzähligen Familie erinnere. Für ältere Menschen, die viel durchgemacht haben, gehören diese frühen Lieder zu den schönsten Erinnerungen; sie spiegeln die Zeit wider, „bevor all das Schwere kam".

Oase des Friedens

Entspannungshilfen sind ein wesentlicher Teil meiner Arbeit. Unsere Patienten leiden seit langer Zeit, sie haben ihr Heim und alles Persönliche zurückgelassen in dem Wissen, daß sie im Hospiz sterben werden. Sie sind oft emotional und körperlich erschöpft, deprimiert und voller Schmerzen, wenn sie ankommen. Für sie suche ich eine Oase des Friedens und der Harmonie zu schaffen. Ich stelle ihnen keine Fragen, ich spiele einfach auf dem Klavier oder der Veeh-Harfe meist leise, zarte Musik. Sie können sich währenddessen ganz der Musik überlassen, sich fallen lassen, entspannen und vielleicht das eine oder andere Gefühl, die eine oder andere Sorge in Worte fassen. Wenn es sie drängt, haben sie jemanden, mit dem sie reden können. Oft weinen sie leise vor sich hin, schlafen ein, und selbst wenn wir nicht viel miteinander geredet haben, hat ihnen die Musik gutgetan.

An einem anderen Tag ist es vielleicht angebracht, die Musik behutsam etwas lebhafter zu gestalten. Rhythmische Anreize lockern Muskelverspannungen. Die Füße beginnen zu wippen oder ein wenig auf den Boden zu klopfen, die Finger heben an, sanft zu dirigieren, ein Lächeln stellt sich ein.

Das alles kann dazu beitragen, den Patienten aus seinem Kreisen um sich selbst zu holen und ihm die Augen für die Geschehnisse um ihn herum zu öffnen. Wenn er wieder das Leben dort spürt und etwas Heiteres erfährt, ist er oft eher bereit, seine negative Einstellung wenigstens etwas zu verändern und sich aufgeschlossener seiner Familie zuzuwenden.

Manchmal kommt auch die Ehefrau oder der Ehemann dazu, wenn ich bei einem Patienten bin. Ich spiele dann Musik, an der sie sich gemeinsam erfreut haben. Oft erzählt mir danach der Patient, daß die Musik und die damit verbundenen Erinnerungen es erleichtert haben, das Gespräch in der Familie wiederaufzunehmen, oder daß es einfach schön war, ruhig dazusitzen und der Musik zuzuhören, zu beidem war ja früher nie Zeit. Nicht alle Ehen sind gut, und die Musik bietet zerstrittenen Ehepartnern die Möglichkeit, zusammen zu sein, ohne miteinander sprechen zu müssen. Manchmal führt sie zu Gesprächen, manchmal nicht. Manchmal habe ich das Gefühl, daß ich mehr für den niedergeschlagenen Ehepartner spiele, um ihn zu trösten, als für den Patienten, der den kommenden Tod akzeptiert hat.

Beruhigung und Trost

Auch sehr geschwächte Patienten sind bisweilen von großer Unrast ergriffen und arbeiten innerlich unablässig an der Lösung von Problemen. Mit Hilfe von beruhigender Musik kann die Unruhe gedämpft werden, selbst dann, wenn der Patient sich mit schwierigen Fragen auseinandersetzt. Manche Patienten bitten mich, eine Melodie immer wieder zu spielen, denn dies helfe ihnen, Dinge zu durchdenken.

Achtzig Prozent der Krebspatienten haben bei fortschreitender Krankheit Schmerzen. Im Hospiz arbeiten Spezialisten, die darin erfahren sind, gezielt zu helfen. Einige dieser Patienten halten sich bei uns etwa zehn Tage auf, um die Medikamentendosis zu ermitteln, und kehren dann nach Hause zurück. Soweit dies nicht möglich ist, sterben sie bei uns.

Schmerzpatienten distanzieren sich oft von ihrem Körper und sehen ihn als Feind an. Zur Linderung der Schmerzen und zur Steigerung der Lebensqualität ist es jedoch nötig, daß sie wieder eine Beziehung zu ihrem Körper gewinnen. Musik ermöglicht dies in vielfältiger Weise. Sie lenkt sie von ihren Schmerzen ab. Ich zeige dem Krebspatient vor allem Visualisierungstechniken: Wir suchen Musikstücke aus, die ihrem Pulsschlag und Atemrhythmus entsprechen. Indem sie beides bewußt wahrnehmen, können sie lernen, ihren Körper wieder anzunehmen und sich mit Hilfe der Musik zu entspannen. Sie trägt auch dazu bei, das Gefühl völliger Hilflosigkeit zu mindern. Diese Patienten können dann stark genug sein, die Veeh-Harfe zu spielen. Viele haben niemals ein Instrument gespielt und sind erfreut, auf diese Weise Musik zu machen. Wir haben zwei Harfen, so daß ein Begleiter – ich, ein Familienmitglied oder eine Krankenschwester – mit dem Patienten spielen kann. Eine andere beliebte Tätigkeit ist es, während des Musikhörens zu malen. Viele Patienten berichten, daß sich ihre Schmerzen vermindern oder daß sie sie nicht bemerken, solange sie spielen oder malen.

Wenn Patienten im Koma liegen und dennoch unruhig sind, hilft es den Angehörigen, wenn sie sehen, daß die Musik beruhigend wirkt. In diesen Fällen singe ich oft leise, da Menschen am stärksten auf die Stimme reagieren. Ich singe auch für altersverwirrte Patienten, da dies eine der wenigen Möglichkeiten ist, sie aus ihrer Demenz zu bringen, und oft beginnen sie, die Verse deutlich zu singen. Außerdem finden sprachgestörte Patienten, sogenannte Aphasiker,[4] wieder zu Worten, während Musik für sie gespielt wird. Direkt für die Patienten gespielte Musik ist wirksamer als aufgezeichnete. In beiden Fällen bedeutet es eine große Erleichterung für die Familien zu sehen, daß beim Patienten Teile des Gehirns noch intakt sind und er deshalb auf die Musik reagieren kann. Die Familienangehörigen bitten mich oft, bestimmte Stücke zu spielen, an denen sie früher zusammen mit dem Patienten Freude hatten, und sie beginnen mitzusingen.

Musik für die letzten Tage

Je näher die Patienten dem Tode kommen, um so einfacher wird die Musik, die ich verwende, so einfach wie die Wiegenlieder, die eine Mutter für ihr Baby singt. Ich benutze tatsächlich ein Buch mit Wiegenliedern und auch Volksmusik von den Britischen Inseln. Sowohl Patienten wie Familienmitglieder lieben diese schlichten, melodischen Lieder und finden Frieden in ihnen.

Falls ein Patient allein ist oder wenn die Familie darum bittet, spiele ich auch, während er im Sterben liegt, wenn möglich, bis zu seinem Tod. Das Gehör ist das Sinnesorgan, das normalerweise bis zuletzt funktioniert, und ich weiß, daß mich ein Sterbender noch hört, wenn er mich nicht mehr sehen oder mit mir reden kann. Ich spiele gewöhnlich geistliche Musik oder die Musik, von der ich weiß, daß er eine besondere Beziehung dazu hatte, oder auch Musik, die mir selbst viel bedeutet. Daß ich das tun darf, halte ich für ein ganz besonderes Privileg. Manchmal spiele ich auf dem Klavier oder auf der Harfe, manchmal sitze ich einfach bei dem Sterbenden und singe meinen Abschied. Meine Patienten sind mir ans Herz gewachsen. Gleich, was auf der „anderen Seite" auf uns wartet, ich möchte, daß sie auf „dieser Seite" meine Fürsorge und Liebe spüren. Ich weiß nicht, was ich ihnen Besseres mitgeben könnte als die Musik, die wir miteinander erlebt haben.

Fallbeispiele: Frau R. war um die Fünfzig und kam ursprünglich zur Schmerzkontrolle in das Hospiz. Sie litt an Brustkrebs, eine Brust und die entsprechenden Lymphknoten waren entfernt worden. Ein Arm war dadurch sehr geschwollen, und eine Lähmung begann. Ihre Ärztin bat mich, sie zu besuchen.

Frau R. wünschte sich, daß ich alte Liebeslieder und Filmmusik für sie spiele. Da sie mobil war, konnte sie andere Patienten besuchen, und manchmal bat sie sie darum, mit uns gemeinsam zu singen. Manchmal schlossen sich ihre Tochter oder ihr Mann an, und durch die Musik konnten sie sich an glücklichen Erinnerungen erfreuen, diese genießen und entspannen.

Als eine weitere Chemotherapie ohne Ergebnis blieb, kam sie zur Schmerzkontrolle wieder zu uns. Dieses Mal spielte ich sehr sanfte Musik für sie, so daß es ihr leichter fiel einzuschlafen. Sie sagte mir immer wieder, daß die Musik ihr das Gefühl der Geborgenheit gebe und ihre Furcht verringere. Sie besuchte uns regelmäßig zwei Jahre lang und kam schließlich, um zu sterben. Ich spielte während ihres Todes, und es waren besondere Stunden für mich und ihre Familie. Nachdem wir so viele Stunden zusammen Musik gehört und gesungen hatten, war es für mich selbstverständlich, für sie und ihre Familie dieses letzte Mal zu spielen.

Frau M. war 45 Jahre alt, litt an Gebärmutterkrebs und kam in unser Hospiz im November. Sie bat mich, die Harfe für sie zu spielen. Seltsamerweise hören viele Patienten immer dann, wenn es kalt wird und die Tage kürzer werden, gerne die Harfe. Da Frau M. immer noch bei Kräften war, bat sie mich, ihr zu zeigen, wie man sie spielt. Obwohl sie bisher kein Instrument gespielt hatte, lernte sie es schnell. Und obwohl sie nur noch wenige Monate zu leben hatte, kaufte sie sich eine Harfe und spielte mit ihr so lange wie möglich. Ihr Mann begann damit, Musik für die Harfe umzuschreiben, und sie spielte für ihn und das Personal. Sie starb am Weihnachtsabend, während ihr Mann für sie spielte. Mehrere der Krankenschwestern waren so berührt, daß sie anfingen, das Harfenspiel zu erlernen.

Obwohl das Johannes-Hospiz eine umfassende individuelle Pflege anbietet, bringt die Musik zusätzlich Befreiung, Freude und Hilfe für den Patienten. Es wäre schwierig, sich die Stunden ohne sie vorzustellen.

Anmerkungen

1 Binsack, T.: Leben bis zuletzt – Die Hospizidee und ihre Praxis, in: Praktische Theologie, 30. Jg., 1989, Heft 2, S. 175-179.
2 Palliativmedizin ist lindernde Medizin; sie bejaht das Leben und betrachtet das Sterben als natürlichen Prozeß. Sie bietet umfassende Symptom-

kontrolle, insbesondere eine interdisziplinäre Schmerztherapie. Diagnostische Maßnahmen werden auf das Notwendigste reduziert.
3 Torrens, P. R. (Hrsg.): Hospice Programs and Public Policy, Chicago 1985; deutsch in: Student, J. C. (Hrsg.): Das Hospiz-Buch, Freiburg i. Brsg. 1989.
4 *Aphasia* = Sprachstörungen, die durch Erkrankungen des zentralen Sprachapparats bedingt sind. Sie sind mit dem Verlust der Fähigkeit verbunden, Begriffe in Wort- oder Schriftbilder umzusetzen.

IV.

Wie hilft Musik im Alltag?

Die Zukunft beginnt heute
Ein Votum für die Prävention

Von Christian Münzberg

Die Musiktherapie hat sich in den letzten Jahrzehnten zu einem sehr vielseitigen psychotherapeutischen Verfahren entwickelt. Sie ist in der Behandlung von vielen psychischen, psychosomatischen und somatopsychischen Erkrankungen sowie in der Weiterbetreuung nach stationären Aufenthalten eine fundierte und erprobte Therapiemethode.

Prävention hingegen zielt darauf ab, vor dem Ausbruch von körperlichen und/oder psychischen Symptomen durch fachlich qualifizierte Angebote einer Entstehung von Erkrankungen vorzubeugen. Im Bereich der Psychotherapie zählt hierzu die Beratung in Lebenskrisen, vor allem aber die therapeutische Selbsterfahrung, die meist in Gruppen zu thematisch umgrenzten Fragen therapeutische Hilfestellungen gibt. Solche Fragen ergeben sich zum Beispiel aus Problemen in Partnerschaften, der Sexualität, der Lebensorientierung oder aus Streß durch berufliche Überforderung. Einen Schwerpunkt bei der Prävention hat die Musiktherapie in zahlreichen Angeboten zur Wahrnehmungsförderung sowie zur Bewußtmachung von belastenden Beziehungsmustern und emotionalen Blockaden durch die gemeinsame Improvisation. Einige Beispiele, die aus meiner Tätigkeit am Freien Musikzentrum München (FMZ) stammen, sollen dies verdeutlichen.

Das FMZ ist eine gemeinnützige Einrichtung mit dem Ziel, kulturelle Förderung und Gesundheitsvorsorge in einem soziokulturellen Projekt zu verbinden. Ich werde darauf später genauer eingehen. Meine Tätigkeit am FMZ liegt in den Fachgebieten Rhythmus und Percussion, in denen ich für Erwachsene Unterricht gebe, sowie in der Musiktherapie, in der ich als Dozent an der Weiterbildung von Musiktherapeuten beteiligt bin.

Pensionierung als Problem

In einen meiner Trommel-Kurse kam ein siebenundfünfzigjähriger Mann. Seine Hände waren bereits leicht arthritisch, er konnte sich anfangs kaum rhythmisch bewegen und mußte immer sofort aufschreiben und mitlesen, was wir spielten. Er war beruflich sehr erfolgreich als Bereichsleiter im Öffentlichen Dienst und stand am Ende seiner Dienstzeit. Seine Arbeit hatte in der technischen Auseinandersetzung mit Kalkulationen und Bedarfsanalysen stattgefunden. Er wirkte emotional zwar herzlich, aber etwas karg. Unser „Arbeitsvertrag" lautete auf Unterricht, doch hatte er eine tieferliegende Motivation, die insbesondere mit seiner persönlichen Unsicherheit im Übergang zur Rente zu tun hatte. Er nahm an drei aufbauenden Trommelkursen teil und wiederholte sogar manche. Parallel zu seiner zielstrebigen Entwicklung im Trommeln begann er, sich mit seiner Ehefrau, die seit längerem eine leichte Depression entwickelt hatte, auseinanderzusetzen und sich ihr gegenüber abgegrenzter zu verhalten. Er wurde zunehmend freier im Spiel und bekam gleichzeitig in seinem mitmenschlichen Umgang etwas Entspannteres und Gelösteres. Auch seine Hände wurden deutlich beweglicher, und er konnte schließlich völlig ohne Notizzettel, nur durch sein Zuhören, selbst schwierige Rhythmen aufgreifen und mitspielen.

Eines Tages fragte er mich, ob ich nicht mit ihm angesichts der bevorstehenden Pensionierung einige Stunden therapeutisch arbeiten könne. Er wolle sich psychisch abfedern, falls er in ein depressives Loch fallen würde. Wir vereinbarten zehn wöchentliche Sitzungen, die er dann nochmals um fünf erweiterte. In diesem Zeitraum von einem knappen halben Jahr steckte er einige wichtige Ziele für sein weiteres Leben ab, suchte einen neuen Umgang mit seiner Frau und verarbeitete den Wechsel aus der sehr fordernden beruflichen Verantwortung in seinen Ruhestand.

Eine Stunde befaßten wir uns zum Beispiel mit seiner Abschiedsfeier, vor der ihm angst war. Er befürchtete, daß ihn seine Gefühle überwältigen könnten. Er wollte auch etwas vorspielen, weil er zu seiner Verabschiedung Trommeln geschenkt bekommen sollte. Wir spielten die Situation im voraus durch, und er konnte sich später an seinem Erfolg und der Anerkennung sehr freuen. Dieses gelungene Vorspielen hatte für ihn eine hohe symbolische Bedeutung: Er konnte damit das Lob für seine langjährige Leistung annehmen und gleichzeitig seinen Mitarbeitern zeigen, daß er noch nicht zum „alten Eisen" gehörte.

Nach seiner Pensionierung besuchte er noch weitere zwei Semester den Trommel-Kurs und blieb psychisch wie auch körperlich stabil. Er selbst meinte damals, er wäre nicht so gut in die Rente gekommen, wenn er nicht die Kurse und die Krisensitzungen zur Verfügung gehabt hätte. Vielleicht wäre er erkrankt, um sich der Situation nicht stellen zu müssen. Seine Frau war ihm warnendes Beispiel gewesen, und auch er spürte sehr genau seine eigene Veranlagung zur Depression. Er erfreut sich heute weiter guter Gesundheit und spielt für sich zu Hause immer wieder auf seinen Trommeln.

Im Rahmen einer klassischen psychoanalytischen Therapie hätte ich einen solchen Rollenwechsel vom Lehrer zum psychosozialen Berater und dann wieder zurück zum Lehrer nicht vollziehen können. Es ist in der Tat notwendig, die Ebenen der Beziehung klar zu trennen, und selbst eine Krisenintervention sollte nicht von einem Therapeuten durchgeführt werden, der den Patienten früher in einer anderen Funktion betreut hat. Dennoch zeigt das Beispiel, daß die niederschwellige Erreichbarkeit eines Therapeuten demjenigen hilfreich sein kann, der einen inhaltlich und zeitlich begrenzten Kontakt herstellen will, ohne sich gleich als Patient fühlen zu müssen. Ein Wechsel in eine längerfristige psychotherapeutische Behandlung wäre in einem solchen Fall freilich nicht mehr möglich, da eine Vermischung gemeinsamer persönlicher Erlebnisse unvermeidbar wäre. In Frage käme aber die Vermittlung zu einem Kollegen beziehungsweise einer Kollegin.

Veränderung und Orientierung

Das nächste Beispiel zeigt eine weitere gelungene Prävention. In ein Selbsterfahrungs-Seminar kam eine siebenundzwanzigjährige Frau, weil sie sich über ihre Beziehung und ihre weitere Zukunft klarwerden wollte. Sie hatte einen beruflich als Städteplaner sehr erfolgreichen, aber zeitweise ängstlich-depressiven Freund, für den sie sich fast aufgab und neben dem sie nur noch als dessen „Sekretärin" erschien. Sie überlegte, sich von dem Mann zu trennen. Sie teilte sich ihr Leben als Reaktion auf seine Depression in mehrfacher Hinsicht in zwei Bereiche auf: Sie hatte zwei Jobs (als angestellte Architektin bei ihm und in einem zweiten Büro), lebte in zwei Wohnungen (in seiner Stadtwohnung und einem eigenen alten Bauernhaus auf dem Land) und erlaubte sich gelegentlich auch einen Zweitfreund. Schon bald wurde ihr deutlich, daß sie sich ihren Partner gewählt hatte, weil er bestimmte Anteile ihrer Persönlichkeit ergänzte. Sie entschied sich schließlich für eine Therapie, in der sie nicht nur das Verhältnis zu ihrem Partner in Frage stellte, sondern sich auch mit ihrer eigenen Weiblichkeit, ihrer Identität im Beruf und ihren Wiederholungen elterlicher Verhaltensmuster auseinandersetzte.

Die Musik half beim Erkennen der verschiedenen Rollen, die sich in den Improvisationen verblüffend deutlich zeigten. Die junge Frau spielte anfangs viel mit kleinen Klappern, Kinderrasseln und Bongo-Trommeln, wirkte jedoch wenig faßbar, eher wie ein Zirkusjongleur mit Tönen oder wie ein Kind, das im Wald pfeift und singt, um seine Angst zu überspielen. Es ergab sich kein Zusammenspiel, und ihre Aufmerksamkeit schien unsicher auf Bestätigung von außen gerichtet. Langsam bekam die Patientin mehr Ausdruck. Es entstanden kleine Verführungs-Szenarien etwa mit Schellenringen, in denen sie kindlich unschuldig wirkte und sich nach einer solchen Nähe jedesmal große Sorgen machte, ob ich meine therapeutische Rolle auch wirklich wahren könne. Solche Projektionen entstanden mehrfach im Anschluß an therapiefreie Zeiten, in denen sie sich ihrer Verlassenheitsängste nicht bewußt war. Mit der Zeit zogen sie dann tiefere Töne, besonders die des Klaviers, an, in denen sie ihren depressiven Vater sowie ihren Freund erkannte. Diese Töne waren ihr sowohl unheimlich als auch sehr vertraut. Sie spürte, wie sehr sie die elterliche Gefühlswelt aufrechterhielt, und begann, sich davon zu lösen.

Eine Stunde blieb mir als Schlüsselszene im Gedächtnis: Die junge Frau stellte ihre zwei Welten symbolisch mit Instrumenten dar. Die Welt mit dem Freund spielte sie auf akkurat geordneten, eintönigen Metallklangstäben. Dagegen stand ihre eigene Privatwelt, die sie chaotisch kreativ mit Trommeln und teilweise kaputten Zupf- und Blasinstrumenten charakterisierte. Nach und nach konnte sie die selbstgewählte Anpassung im Spielen verändern und fand ihre große Kreativität und Lebensfreude wieder. In der Partnerbeziehung wurde sie deutlich gleichberechtigter. Später führte sie ihren Selbstentwicklungsprozeß mit ihrem Freund in einer Paartherapie weiter.

Diese Patientin kam, wie viele andere, durch die musikalische Selbsterfahrung zu dem Schluß, daß eine Therapie für sie sinnvoll sei. Sie lernte nicht nur, ihre eigene Beteiligung in der Partnerbeziehung zu erkennen, sondern auch, daß sich erst durch die Bearbeitung ihrer eigenen Beziehungsmuster die Partnerschaft verändern kann. Die junge Frau hatte einerseits selbst eine vom Vater übernommene Neigung zur Depression (die sie stellvertretend für sich in ihrem Partner wiedererlebte und an ihm zu verändern versuchte), andererseits wiederholte sie gleichzeitig das mütterliche Modell der Problembewältigung durch Anpassung und Selbstaufgabe. Sie hätte mit der Zeit möglicherweise psychosomatische Krankheiten entwickelt, wenn sie nicht in die ambulante Therapie gekommen wäre. Die Musiktherapie hatte über den Zwischenschritt der Selbsterfahrung einen frühzeitigen therapeutischen Kontakt ermöglicht, der ihre soziale und seelische Situation deutlich verbessern half. Auch hier stand ein präventives Angebot rechtzeitig zur Verfügung, bevor sich seelische oder körperliche Erkrankungen manifestieren konnten.

Blockaden lösen sich

Nicht selten werden in Selbsterfahrungsseminare persönliche Fragestellungen eingebracht, die schon länger drängen und die ganz gezielt aufgelöst werden sollen. Wie dies gelingen kann, soll ein Beispiel aus meiner eigenen Erfahrung zeigen: Im Rahmen eines Seminars zum musiktherapeutischen Umgang mit Träumen brachte ich einen Traum ein, der mich seit meiner Kindheit immer wieder verfolgte und schockierte. Dieser Traum wurde methodisch in einer Gruppen-Improvisation wie in einem Film „vertont" und veränderte sich dadurch völlig. Ich hatte in dem Traum scheußliche weiße Würmer gesehen, die aus einer Beule an meinem Arm krochen und vor denen ich große Angst hatte. In der Improvisation sollte ich den Gruppenmitgliedern verschiedene Instrumente geben und ihnen zeigen, wie sie zu spielen hätten. Dabei entstanden in meiner Vorstellung aus den Würmern langsam Gesichter und daraus Familienmitglieder sowie eine Szene in der mir als Kind unheimlichen Bibliothek meines Großvaters. Die unverständliche Bedrohung hatte nun einen Sinn bekommen. Als mir dieser szenische Zusammenhang bewußt wurde, verlor der Traum seinen Schrecken. In mir hatte sich eine tiefsitzende Blockade gelöst, die ich bis dahin nicht hatte verstehen können.

Eine Selbsterfahrung kann eine Therapie nicht ersetzen, das soll hier ausdrücklich betont werden. Doch ist sie eine Möglichkeit, eingegrenzte Fragestellungen in neue Zusammenhänge zu bringen, so daß ein spontanes Gefühl von Entlastung und ein erster vertrauensvoller Kontakt zu einem (möglichen) Therapeuten entstehen können. In der Musik werden psychische Verhältnisse von Maß, Ordnung und inneren Strukturen durch Klang, Rhythmus und dynamische Veränderungen für die Hörenden und die Spielenden selbst erkennbar. Dies setzt, wie

Tonius Timmermann sagt, der Entfremdung die Selbsterfahrung entgegen und ermöglicht eine Integration bis dahin nur unbewußt wirksamer seelischer Mechanismen.

Es ist nicht zu unterschätzen, wieviel persönliche Engpässe und Nöte über Selbsterfahrungskurse aufgefangen werden. Eine Bezuschussung von nachweisbar wirksamen Verfahren, wie der präventiven Musiktherapie im Rahmen von Kursen und Seminaren, sollte den Krankenkassen daher auch nach der Gesundheitsreform im Einzelfall möglich bleiben, um den Weg zu niederschwelligen Angeboten zu erleichtern. Immer noch fehlen flächendeckende Einrichtungen, die im Grenzbereich zwischen der künstlerischen Förderung und dem Gesundheitswesen gerade diese individuellen kreativen Fähigkeiten zur Krankheitsbewältigung mobilisieren und nutzen. Eine solche Institution besteht seit vielen Jahren in München: das Freie Musikzentrum München e.V. (FMZ). Meine Erfahrung aus mittlerweile zehnjähriger Dozententätigkeit am Freien Musikzentrum zeigt, daß viele Menschen die Kursangebote nicht nur aus Interesse an Musik, sondern auch aus „psychohygienischen" Gründen besuchen. Im Bereich der Percussion finden sich zum Beispiel bestimmte Personengruppen überproportional wieder: die Berufe der Computer-Arbeitsplätze, ebenso Lehrer und andere „Kopf-Arbeiter", desgleichen Frauen, die auf der Suche nach beruflicher Identität oder persönlicher Veränderung sind oder die nach längeren Mutterpausen wieder sozialen Anschluß suchen. In letzter Zeit kommen vermehrt auch Menschen mit gesundheitlichen Problemen wie Bluthochdruck, Krebs oder psychischen Erkrankungen, die durch das vegetative Ausbalancieren oder das körperliche Ausarbeiten in den Trommelkursen einen seelischen Ausgleich finden wollen und dies ganz offen im Kurs mitteilen. Viele Kurse haben demnach neben der Förderung der musikalischen Fertigkeiten auch eine psychosoziale Komponente.

Es bleibt zu wünschen, daß Einrichtungen wie das FMZ konzeptionell in die gesundheitspolitische Planung Eingang fänden und als Modell für ähnliche, dezentrale Institutionen dienen könnten, in denen der ganze Mensch mit seinen Potentialen gesehen und gefördert wird und Gesundheit vor der Verwaltung von Krankheit steht.

Literatur

Decker-Voigt, Hans-Helmut: Aus der Seele gespielt, München 1991.
Timmermann, Tonius: Die Musik des Menschen, München 1994.

Entspannung und Spaß – Musik mit Kindern und Jugendlichen

Von Frauke Schwaiblmair

Die vielfältigen Einsatzmöglichkeiten von Musiktherapie führen zur Frage, inwieweit wir uns im Umgang mit Kindern und Jugendlichen methodische Aspekte der Musiktherapie nutzbar machen können. Hier nun umfangreiche Anleitungen zu Spielliedern, den Einsatz von kindgerechten Instrumenten oder zum Musizieren im Jugendalter zu geben würde den Rahmen des Beitrages sprengen. Ich möchte Ihnen aber Lust und Mut machen, sich auf Ihre kreativen Fähigkeiten zu besinnen. Vielleicht haben Sie als Kind gerne gesungen oder sogar mal ein Instrument gelernt?

Beim Spielen, auch beim Musizieren, können wir aus unserer Haut schlüpfen. Das gibt Kindern die Möglichkeit, die Erwachsenen, insbesondere ihre Eltern, anders zu erleben. Im Spiel können es sich diese erlauben, die Erziehungspflicht hintanzustellen, albern zu sein und Quatsch zu machen mit dem Ziel, gemeinsam viel Spaß zu haben.

Kinder (und Erwachsene) genießen diese Distanz zum Alltag mit seinen Anforderungen. Spielen weckt und fördert die Kreativität. Sie werden immer wieder erfahren, daß man aus Altem beziehungsweise Altbekanntem etwas Anderes, Verändertes und Neues machen kann: etwa Lieder umtexten, neue Spielregeln festlegen, Instrumente erfinden oder Tänze ausdenken. In jeder Altersstufe kann das Spiel mit Musik und Klang anders aussehen.

Bewegung, Berührung, Klang

Säuglinge und Kleinkinder erleben ihre Umwelt besonders intensiv in der Kombination von Bewegung, Berührung und Klang. Die alten Krabbel- und Spiellieder bieten hierfür Impulse: „Kommt eine Maus die Treppe rauf (Arm), macht klingelingeling (Ohr), klopf, klopf, klopf (Stirn). Guten Tag, Herr Nasemann, haben Sie Latschen an? (Nase)", „Hoppe Reiter" mit dem beliebten Schaukeln auf den Knien oder „Heile, heile Segen", um zu trösten. Die Möglichkeiten, sich zu Bewegungsspielen eigene Verse und Sprüche auszudenken, sind unerschöpflich. Reime sind dabei nicht wichtig, wichtig ist für die Kleinen vielmehr die Wiederholung, sie brauchen immer wieder den gleichen lustvollen Ablauf, vielleicht mit kleinen Variationen. Achten Sie darauf, was das Kind Ihnen „sagen" will: Lacht es, quietscht es aufmunternd, oder schaut es weg, dreht sich zur Seite oder wirkt unbeteiligt? Nehmen Sie das Kind ernst, lassen Sie es spüren, daß Sie es verstehen. Das Kind erfährt sich in solchen Spielsituationen zunehmend als eigenständige Persönlichkeit und erlebt entsprechend seinen Mitspieler als ein Gegenüber, dem es nicht ausgeliefert ist.

Kleinkinder lieben es, gemeinsam zu singen. Sie genießen es auch, wenn für sie gesungen wird. Dabei sind sie dankbare Zuhörer, Sie müssen nicht „richtig" oder „schön" singen. Aber Spaß soll es machen! Bestimmte Lieder oder auch Verse können dabei Orientierung im Tageslauf geben, zum Beispiel Wiegenlieder wie „Guten Abend, gute Nacht" beim Ins-Bett-Gehen. Die Mutter eines geistig behinderten Mädchens erzählte mir, daß sie ihrer Tochter beim Zähneputzen immer die drei Strophen von „Summ, summ, summ. Bienchen summ herum" vorsinge, damit die Tochter wisse, wie lange sie putzen müsse. Als die Mutter eines Tages keine Zeit dazu hatte und damit die zeitliche Orientierung fehlte, summte die Tochter das Lied selbst während des Zähneputzens. Dies ist nur ein kleines Beispiel dafür, wie Kinderlieder und -verse im Alltag helfen können.

Spiele und Ruhepausen

Der Bewegungsdrang der Kinder nimmt mit dem Alter zu. In Räumen, wo dem Grenzen gesetzt sind, können Spiel- und Tanzlieder („Schau dich nicht um, der Fuchs geht um", „Brüderchen, komm tanz mit mir") dem Austoben einen Rahmen geben. Auch Reaktionsspiele für Ältere, wie Tanzen und Toben zu Musik (Radio/CD) und sofortiges Stehenbleiben beim Abschalten, erfüllen diesen Zweck. Nach so bewegten Spielen ist es wesentlich leichter, Ruhephasen anzubieten, etwa ein Buch vorzulesen.

In den letzten Jahren kommen immer mehr CDs und Kassetten, oft mit Begleitbüchern, speziell für Kinder auf den Markt. Sie können wertvolle Anregungen liefern, liegen doch die Zeiten, in denen Sie sich mit Kinderliedern und -spielen beschäftigt haben, meist schon Jahre zurück. Vielen nutzen Liederbücher nichts, weil sie keine Noten lesen können. Besonders wertvoll ist das gemeinsame Anhören und Mitspielen. Wenn wir kleinen Kindern im Miteinander vermitteln, daß auch das Anhören von CDs gemeinsames Spielen sein kann, vermitteln wir eine erste wichtige Erfahrung im Umgang mit Medien. Und die Kinder erleben, wie sie sich mit der Musik vom Band selbst beschäftigen können. Das schafft den Erziehenden Freiräume und Pausen. Sehr hilfreich sind Kassetten auch darin, übermüdete und quengelnde Kinder zur Ruhe zu bringen oder die eingezwängte Situation im Auto zu entspannen. Die Eltern brauchen nicht ständig zu reden oder zu singen. Nutzen Sie die Musikkonserven als Anregung, aber lassen Sie sich vom professionellen Niveau dieser Produktionen nicht unter Druck setzen: Das gemeinsame Spielen, Singen und Tanzen ist wichtiger als das Anhören von schön interpretierten Kinderliedern.

Mit Kindern im Vorschul- und Schulalter können Sie Lieder zunehmend freier ausgestalten, wahrscheinlich ist dies sogar notwendig, um ihr Interesse immer wieder neu zu wecken. Kinderlieder wie zum Beispiel „Dornröschen war ein schönes

Kind" lassen sich etwa szenisch darstellen. Den Kindern macht das Verkleiden Spaß, und sie gewinnen auf diese spielerische Weise Erfahrungen mit unterschiedlichen Rollen. Das Abwandeln von vorgegebenen Texten und Strophen bietet den Kindern die Möglichkeit, den Ablauf der Geschichte selbst zu beeinflussen. So können Themen, die sie beschäftigen, einen Ausdruck im Spiel finden. Dies kann wiederum dazu beitragen, daß Sie Ihre Kinder besser verstehen. Sie werden sehen, daß Kinder meist mit Begeisterung Texte und Melodien erfinden. Darüber hinaus können Sie mit Kindern in diesem Alter – je nach eigener Bastelerfahrung – auch Instrumente sehr einfach selbst bauen, beispielsweise Trommeln aus Waschmitteleimern oder Rasseln aus Joghurtbechern mit unterschiedlichem Inhalt wie Kronkorken, Nudeln, Steinen oder Reis. Ob und wie intensiv Sie mit dem zunehmenden Alter der Kinder noch musikalische Impulse in das gemeinsame Spiel integrieren, hängt nicht nur von Ihrer eigenen Musikbegeisterung ab, sondern auch von den Interessen Ihres Kindes und denen seiner Freunde.

Projektgebundenes Musizieren

Für Jugendliche wird die Orientierung nach außen, die Hinwendung zu Gleichaltrigen bestimmend. Entsprechend interessieren sie sich weniger für familiäre Aktivitäten. Selbst wenn die Jugendlichen Instrumente spielen, ist das gemeinsame Musizieren in der Familie nicht immer gefragt. Auch wenn Sie nicht aktiv musizieren, sollten Sie sich nicht scheuen, zum Beispiel bei Familienfesten Aktionen mit Musik „projektgebunden" zu realisieren; ähnliches ist in Jugendgruppen möglich. Das kann vom Umtexten alter Schlager reichen bis hin zur Pantomime zu einer Musik. In solchen gemeinsamen Aktivitäten erleben alle Beteiligten die Gruppe sowie die Familie – allen altersbedingten Auseinandersetzungen zum Trotz – als Einheit. Das kann zur Entspannung in der Beziehung zwischen Eltern und Jugendlichen beitragen –

lösen wird es das Problem des Generationenkonflikts freilich nicht.

Die Tatsache, daß die musikalischen Vorlieben von Eltern und Jugendlichen meist weit auseinander liegen, bringt häufig Spannung ins Zusammenleben. Sie sollten den Musikgeschmack Ihrer Kinder akzeptieren und tolerieren, wenn auch nicht in jeder Lautstärke. Wie in vielen anderen Bereichen müssen Sie die Eigenständigkeit Ihrer Kinder in solchen Entscheidungen respektieren.

Literatur

Arndt, M. und Singer, W.: Das ist der Daumen Knuddeldick, Ravensburg 1987.

Biebricher, H. und Brauer, S.: 10 kleine Zappelfinger. Spiel- und Anleitungsbuch, Augsburg 1992.

Holzheuer, R.: Praxishilfen zur Musik- und Bewegungserziehung für Kindergarten und Grundschule, 1, Sensibilisierung, Donauwörth 1992.

Holzheuer R.: Praxishilfen zur Musik- und Bewegungserziehung für Kindergarten und Grundschule, 2, Gestaltung, Donauwörth 1987.

Janosa, F. und Köhne, A.: Die Pop-Rock-Ambulanz, Lilienthal b. Bremen 1990.

Jöcker, D.: Ich bin der kleine Zappelmann. Neue Fingerspiellieder und Fingerspiele für die Kleinsten und Kindergartenkinder, Münster 1996; auch als CD/Kassette erhältlich.

Martini, U.: Musikinstrumente erfinden, bauen, spielen, Stuttgart/Dresden 1993.

Müller, R.: Rock- und Poptanz mit Kindern und Jugendlichen, Regensburg 1992.

Schwabe, M.: Musik spielend erfinden, Kassel 1992.

Stöcklin-Meier, S.: Eins, zwei, drei, ritsche ratsche rei, Regensburg 1987.

Storms, G.: Spiele mit Musik, Frankfurt a. M. 1984.

Musik für den Alltag
Anregungen und Übungen

Von Tonius Timmermann

Musik war bis zum Beginn der technischen Revolution und der Entwicklung elektrisch betriebener, mechanischer Tonträger etwas Besonderes, eine Ausnahmeerscheinung, die sicher von außerordentlich starker Wirkung auf die Menschen war. Dagegen werden wir heute fast ständig, vielfach ohne unsere Entscheidung, von Musik umgeben: beim Einkaufen, beim Essen im Restaurant, im Schwimmbad, beim Telefonieren (statt „Bitte warten"). Viele von uns umgeben sich, mehr oder weniger bewußt, selbst permanent mit Musik: Das Radio weckt, in der Küche läuft es dann zum Frühstück weiter, im Auto setzt es mit dem Umdrehen des Zündschlüssels ein, in den öffentlichen Verkehrsmitteln behilft man sich mit dem Walkman.

Musik als Ambiente, als Kulisse, als Dauerberieselung, als unbewußtes Hören – dies soll hier gerade nicht propagiert werden. Bewußtes Hören bedarf der begrenzenden Stille, denn Musik ist begrenzt von „Nicht-Musik" (vorher, nachher, in verschieden langen Pausen), nur darin kann ich letztlich ihre Form erkennen, wie ich auch eine Skulptur in ihrer Form nur erkenne in der Grenze zum sie umgebenden Raum, der „Nicht-Skulptur".

Bewußtes Hören bedarf eines Settings, das heißt einer inneren Einstellung, die allerdings durch bestimmte äußere Faktoren (bequeme Körperposition, Entspannungsübungen usw.) gefördert, für manche Menschen erst möglich wird. Dazu gebe ich im folgenden einige Anregungen. Gleichzeitig möchte ich betonen, daß es sich hierbei nicht um therapeutische Angebote handelt, da Therapie immer auf einer therapeutischen Beziehung basiert. Die Anregungen sollen Ihnen helfen, auch ohne

Therapien Ihre Befindlichkeit und Wahrnehmungsfähigkeit zu verbessern und sich damit selbst mehr Lebensqualität zu verschaffen.

Mit sich allein

Als erstes schlage ich Ihnen vor, sich auf eine bequeme Unterlage zu legen. Spüren Sie zunächst einfach nur, wie Sie daliegen. Lassen Sie sich vom Boden tragen, so daß Sie sich nirgends mehr festhalten müssen. Öffnen Sie Ihr Bewußtsein für die akustische Dimension, lauschen Sie auf das, was um Sie herum tönt. Alle Geräusche, Töne, Klänge im Haus und von draußen bilden eine „freie Improvisation", eine Musik des Hier und Jetzt. Erweitern Sie Ihren Gehörkreis, soweit es geht, und spüren Sie seine Grenzen.

Wieder im Liegen oder auch im Sitzen oder Stehen: Nehmen Sie Ihren Atem wahr, so wie er gerade ein- und ausströmt, ohne etwas verändern zu wollen. Seien Sie einverstanden mit seinem momentanen Fließen, seinem momentanen Rhythmus, und schwingen Sie sich da ein. Lauschen Sie auf das Geräusch des Atems, wenn Sie den Ausatem durch den Mund fließen lassen. Allmählich lassen Sie im Ausatem die Stimmbänder mitschwingen und heißen jeden dabei entstehenden Stimmklang willkommen. Sie nehmen wahr, wie aus dem Atem allmählich ein Ton entsteht. Sie spielen und experimentieren mit diesem Ton, bis Sie ganz stimmig mit ihm sind und sich wohl fühlen. Sie tönen, solange Sie Lust dazu haben.

Auf der gleichen Basis lassen sich die verschiedenen Vokale erfahren: A, E, I, O, U sowie deren Zusammensetzungen Ä, Ü, EU, AI ... Experimentierend können Sie dabei erleben, wie diese Stimmklänge in verschiedenen Körperräumen schwingen und sie von innen erfahrbar machen. Gleichzeitig treten verschiedene Obertöne des gesungenen Tones durch die Vokale hervor.

Eine andere körperorientierte Erfahrung ist der eigene Pulsschlag. Man kann es mit Spüren und Lauschen probieren, leichter ist es natürlich, ihn mit den Fingern zu ertasten. Zu diesem Rhythmus können Sie sich bewegen, indem Sie ihn vielleicht zunächst mit den Füßen aufgreifen, dann eine Bewegungsform mit den Armen, dem ganzen Körper dazu entwikkeln. Schließlich können Sie die im Körper gespürte Pulsation auch noch mit der Stimme aufgreifen: Schnalzen und andere rhythmische Stimmgeräusche sind ebenso möglich wie rhythmischer Gesang. Tanzen und singen Sie im Einklang mit Ihrem persönlichen Grundrhythmus.

Diese Erfahrungen bereiten den Boden für die Improvisation. Suchen Sie wieder einmal mit der Stimme den Ton, der Ihnen gerade entspricht. Wenn Sie ihn gefunden haben, dann spüren Sie, wohin der Ton weiterwandern will. Folgen Sie diesem Impuls, erklingt ein zweiter Ton und, wenn Sie dieses Spiel weiterführen, ein dritter, ein vierter und so fort: eine Folge von Tönen, eine Melodie. Diese wandert immer weiter. Oder es entsteht ein Muster, das sich wiederholt oder variiert. Sie improvisieren mit der Stimme ...

Wenn Sie ein Instrument besitzen, gleichgültig, ob Sie es beherrschen oder nicht, können Sie ihm Töne entlocken. Auf die gleiche Weise wie mit der Stimme finden Sie eine eigene Melodie, die aus Ihnen herauskommt. Jeder Mensch kann das – unabhängig davon, ob er musikalisch begabt oder unbegabt ist. Sie sind am Ursprung des Musizierens. Die Meinung von Kritikern und anderen Musikexperten ist dabei unerheblich. Sie erleben die Freude am schöpferischen Sein. Sie drücken in einfacher Form Ihre momentane Stimmung aus.

Mit anderen zusammen

Wenn Sie für sich allein Erfahrungen mit dem Improvisieren gesammelt haben, probieren Sie es einmal mit einem anderen Menschen, der sich dafür interessiert und zu dem Sie Vertrauen haben. Beispielsweise beginnt einer und spielt einige Töne, der andere antwortet mit wiederholten oder anderen Tönen. So entsteht ein Dialog. Irgendwann bekommen beide vielleicht

Lust, gleichzeitig zu spielen. Nehmen Sie meine Vorschläge nicht zu streng, nicht als Regeln, sondern als Anregungen, mit denen Sie kreativ umgehen können.

Improvisieren macht Spaß, vor allem mit anderen Menschen zusammen. Es gibt viele Möglichkeiten, auch wenn kein großartiges Instrumentarium zur Verfügung steht. Streichholzschachteln können als leise Rasseln, eine Tischplatte als Trommel dienen, Löffelchen Gläser zu *bells* machen. Mit der Stimme kann man singen, aber auch perkussive Geräusche oder verfremdete Töne produzieren.

Auch hier kann ich Ihnen nur Anregungen geben, vielleicht das Vertrauen in die Ihnen innewohnende Kraft der Phantasie stärken. Wenn Sie sich einlassen auf einen schöpferischen Prozeß, werden Ihnen auch kreative Energien zufließen, und Ihre Entdeckerfreude wird wachsen. Vor allem werden Sie den Musiker in sich entdecken – jenseits von pädagogischen Etikettierungen wie „begabt" und „unbegabt", „musikalisch" und „unmusikalisch". Selbst wenn Sie kein Instrument beherrschen, niemand verbietet Ihnen, damit zu spielen in dem ursprünglichen Sinne, wie ein Kind spielenderweise die Welt entdeckt und erforscht.

Sollte Ihnen die freie Form der Improvisation nicht behagen, können Sie zu verschiedenen Möglichkeiten der Strukturierung greifen. Wenn man beispielsweise am Klavier nur auf den schwarzen Tasten spielt, musiziert man im pentatonischen Raum, in dem alle starken Dissonanzen wegfallen. Sie können aber auch eine der weißen Tasten als Grundton wählen, sie links im Baß als Kontinuum spielen, etwa indem Sie diese Taste rhythmisch pulsierend anschlagen oder sie als Liegeklang mit Pedal klingen lassen. Mit der rechten Hand können Sie dazu Töne und Tonfolgen auf den anderen weißen Tasten erkunden, die dazu passen. Das sind weltweit verbreitete ursprüngliche Formen des improvisierten Musikmachens, die Ihnen, wie jedem Menschen, innewohnen unter der gar nicht so dicken Schicht musikalischer Enkulturation. Es geht nur darum, sie zum Leben zu erwecken und sie für sich selbst zu kultivieren.

Auch bei anderen Instrumenten gibt es die Möglichkeit der Vorstrukturierung. Stimmt man bei der Gitarre beispielsweise die tiefe E-Saite nach D herunter, die G-Saite nach A hoch, dann hat man einen grundlegenden sogenannten Bordunklang, über dem man auf den beiden obersten Saiten improvisieren kann. Bei der Vielfalt der Instrumente sind Ihrer Phantasie keine Grenzen gesetzt.

Improvisieren als schöpferischer Ausdruck der eigenen Befindlichkeit ist eine uralte praktische Psychohygiene (das ist kein schönes Wort, aber der äquivalente deutsche Begriff Seelsorge ist bereits anderweitig besetzt), die sowohl Laien als auch musikalisch Gebildeten zugänglich ist. Wer niemanden Interessierten kennt, sich allein nicht traut oder wem dazu die Lust fehlt, dem seien Improvisations-Gruppen für Laien oder Anfänger empfohlen, wie sie in München seit fast zwanzig Jahren am Freien Musikzentrum (Ismaninger Str. 29) angeboten werden. Inzwischen gibt es vereinzelt Angebote in dieser Richtung auch an Volkshochschulen und ähnlichen Einrichtungen.

Heilung aus der Musik-Konserve?

Mit der Rubrik „Hörtips" beginnt für mich der schwierigere Teil dieses Beitrags. Welche Musik soll ich Ihnen empfehlen? Der Musikgeschmack ist so individuell und so stark geprägt von biographischen Erfahrungen und Prägungen. Was dem einen wie der Gesang der Nachtigall, klingt dem anderen wie der Schrei der Eule.

Im Hinblick auf das Thema dieses Buches, die heilenden Kräfte der Musik, beginne ich mit einigen kritischen Gedanken. Wo auf Tonträgern musikalische Hilfe gegen Kopfschmerzen, Verdauungsstörungen und andere Leiden versprochen wird, da ist äußerste Skepsis angebracht, auch wenn ein Herr Dr. med. es empfiehlt und ein studierter Komponist es per Eingebung extra so hergerichtet hat. Wenn auch die Musik Sie vermutlich zwar nicht schädigen wird, höchstens finanziell, so wird doch Ihre Hoffnung auf eine Verbesserung der Gesundheitsprobleme vermutlich enttäuscht werden. Wenn Sie fest genug an eine Besserung glauben, wird sie womöglich sogar wirken. Der Glaube versetzt ja bekanntlich Berge, warum sollte er keine Verdauung in Gang bringen. Die Placebo-Forschung spricht in diesem Punkt Bände.

Auch der Behauptung, bekannte und anerkannte Musik könne „heilende" Zwecke erfüllen, stehe ich sehr zurückhaltend gegenüber. Die „musikalische Hausapotheke", aus der man sich bei Bedarf nach Anleitung bediene, um mit bestimmter Musik gezielt zum Beispiel auf eine depressive Verstimmung einzuwirken, ist ein kühner Entwurf, der wissenschaftlich nicht zu beweisen ist (siehe hierzu auch meinen Beitrag auf Seite 50 ff.). Jeder Mensch weiß wohl selbst am besten, was ihm guttut; welche Musik ihm im Alltag helfen kann, muß er durch Hören selbst erfahren.

Es gibt heute Sammelalben, in denen beispielsweise ein Adagio auf das andere folgt. Für viele Musiker (insbesondere Komponisten) ist es ein brutaler Akt, wenn Einzelteile aus musikalischen Gesamtgestalten herausgerissen und in funktionaler Weise aneinandergereiht werden. Für manchen laienhaften Liebhaber klassischer Musik mag eine solche CD jedoch der ideale Weg zur Entspannung sein und eine (die Leber und anderes schonende) Alternative zum gesteigerten Genuß von Schlafmitteln. „Wer heilt, hat recht": Dieser Spruch kann auch für individuelle Selbsthilfe gelten.

Für den gleichen Zweck mag eine individuelle Auswahl von Meditationsmusik oder meditativer Musik geeignet sein, die in einschlägigen Geschäften heute in großer Auswahl und mit breitem Qualitätsspektrum angeboten wird. Nachdem die orthodoxe Psychoanalyse insofern nicht zwischen Schlaf und Meditation unterscheidet, als sie alles unter dem Begriff Regression zusammenfaßt, was sie nicht als „normales Alltagswachbewußtsein" ansieht, sollte auch dem hörenden Laien die Entscheidung vergönnt sein, ob er mittels Musik in Richtung transzendentes Überbewußtes oder in das unterbewußte Reich von Schlaf und Traum reisen möchte. Die Musik selbst legt den Hörer im allgemeinen hierbei viel weniger fest als dessen eigene Einstellung. Wenn ich eine Musik gefunden habe, mit der ich persönlich eine bestimmte Wirkungsweise verknüpfe, dann gestalte ich mir auch eine entsprechende Atmosphäre. Will ich entspannen oder schlafen, werde ich mich niederlegen. Will ich meditieren, entwickle ich unabhängig von der Musik eine bestimmte Art des Sitzens. Die Musik kann mir dann entweder helfen, in eine meditative Stimmung zu kommen, oder sie ist Gegenstand der Meditation selbst. Dies mag Mönchsgesang oder andere religiöse Musik aus verschiedensten Kulturen sein. Die Musik muß aber nicht offiziell als „religiös" etikettiert sein. Entscheidend ist, ob sie vom Hörer als hilfreich für seine Meditation empfunden wird.

Die gleichen Freiheiten gelten für aktivierende Musik. Ihr Kennzeichen ist im allgemeinen eine stärkere Dynamik, eine Bewegtheit im musikalischen Geschehen, die zur Bewegung im Körper anregt, ein Rhythmus, der mitreißt ... Auch hier sind die Neigungen verschieden: afrikanische Trommeln, Barock-Trompeten, Hard-Rock oder leicht beschwingt – die Auswahl an musikalischen Möglichkeiten ist ja heute größer denn je.

Probieren Sie einfach Verschiedenes aus, und entwickeln Sie Ihren persönlichen Geschmack. Das ist die beste Art und Weise, Musik im Alltag hilfreich wirken zu lassen.

Literatur

Hamel, Peter Michael: Durch Musik zum Selbst, Kassel 1980.
Timmermann, Tonius: Musik als Weg, Zürich 1987.

V.
Anhang

Wer bildet aus, wer hilft weiter?

Von Werner Kraus

Die Ausbildungssituation in der Bundesrepublik

Den umfassendsten Überblick über die Studienlandschaft in der Bundesrepublik Deutschland, Österreich, der Schweiz sowie den Niederlanden bietet die Broschüre ‚Studienlandschaft Musiktherapie, Inhalte, Qualifikationen', die herausgegeben wird von der StudentInnenvertretung in der Deutschen Gesellschaft für Musiktherapie e.V. (DGMT). Sie kann zum Preis von fünfzehn Euro bezogen werden über die Geschäftsstelle der StudentInnenvertretung der DGMT, Libauerstr. 17, 10245 Berlin, Tel. 030/29 49 24 93, Fax 030/29 49 24 94, info@musiktherapie.de, www.musiktherapie.de

Die Broschüre beschreibt die einzelnen Ausbildungsstätten detailliert hinsichtlich Dauer und Struktur der Ausbildung, Kosten, Aufnahmeprüfung, Abschlußqualifikation und anderem mehr. Wer ein Studium beziehungsweise eine Ausbildung aufnehmen möchte, ist deshalb gut beraten, auf diese Broschüre zurückzugreifen und sich gegebenenfalls noch detaillierter bei der StudentInnenvertretung zu informieren.

Nachfolgend geben wir, der Gliederung der Broschüre folgend, einen Überblick über die Ausbildungsinstitutionen mit Kontaktadressen. Abschließend wird die Situation in Bayern dargestellt.

Wer den Beruf des Musiktherapeuten neu aufgreift, zum Beispiel im Anschluß an das Abitur, beginnt eine grundständige Ausbildung. Soweit er die Ausbildung an ein abgeschlossenes Studium oder eine Berufsausbildung anschließt, handelt es sich um eine Aufbau-Ausbildung beziehungsweise einen Aufbau-Studiengang. Daneben gibt es noch die Möglichkeit, innerhalb anderer Studiengänge, insbesondere der Sozial- oder Sonderpädagogik, musiktherapeutische Lehrangebote zu belegen. Die Absolventen erlangen dabei freilich keinen musiktherapeutischen Abschluß, sondern die Qualifikationen des zugrundeliegenden Studienganges, eventuell zusätzliche Zertifikate. Noch auf eine weitere, für den Arbeitsmarkt wichtige Unterscheidung ist hinzuweisen: Es gibt staatliche beziehungsweise staatlich anerkannte Studiengänge an Fachhochschulen oder Hochschulen sowie nichtstaatliche Aus- und Fortbildungen an privatrechtlich organisierten Einrichtungen. In der Bundesrepublik Deutschland besteht derzeit nur ein einziger grundständiger Studiengang in Musiktherapie, nämlich an der Fachhochschule in Heidelberg. Aufbau- oder Zusatzstudiengänge werden an den Hochschulen in Berlin, Hamburg, Münster, Witten/Herdecke angeboten. Die nichtstaatlichen Institutionen können nur Zertifikate verleihen. Für einen möglichen Arbeitgeber stellt sich das Problem, daß er in der Regel keine Informationen über das musiktherapeutische Ausbildungsniveau dieser Institutionen hat und den Wert des Abschlusses nicht einschätzen kann. Deren Absolventen müssen deshalb mit (zum Teil) schlechteren Anstellungsbedingungen rechnen als Musiktherapeuten, die einen staatlich anerkannten Abschluß vorweisen können.

In Bayern gab es bislang keine Einrichtung, die einen staatlich anerkannten Abschluß bietet. Diese Situation wurde seit langem beklagt. Der Bayerische Musikrat sowie der Verband der bayerischen Bezirke haben deshalb ein Konzept für einen Studiengang ausgearbeitet. Dieser Vorschlag, eine kommunale Musikhochschule Augsburg/Nürnberg zu gründen und das Fach Musiktherapie in Augsburg zu etablieren, wurde mittlerweile realisiert. Diese, in der bundesdeutschen Hochschullandschaft einmalige Einrichtung, wird getragen von den Bezirken Mittelfranken und Schwaben sowie den Städten Nürnberg und Augsburg. Ein berufsbegleitender Musiktherapie-Studiengang in Augsburg steht kurz vor der Vollendung. Der Lehrbetrieb beginnt voraussichtlich im Wintersemester 2002/2003.

Grundständige Ausbildungsgänge

Berlin, Institut für Musiktherapie
Waldhüterpfad 38, 14169 Berlin,
Tel./Fax 030/813 50 80

Berlin, Musiktherapeutische Arbeitsstätte e. V.
Kladower Damm 221, Hs 8a, 14089 Berlin,
Tel. 030/36 80 81 45, Fax 030/36 80 81 46

Hamburg, Anny-von Lange-Schule
(staatlich anerkannte Fachschule für Musiktherapie auf
anthroposophischer Grundlage)
Alfredstr. 37, 20535 Hamburg, Tel. 040/25 69 69,
Fax 040/251 25 63

Siegen, Universität Gesamthochschule*
Hölderlinstr. 3, 57076 Siegen, Tel. 02 71/40 32 12

Schloß Rosenau, Institut für Ethnomusiktherapie
Niederneustift 66, A-3924 Schloß Rosenau,
Tel. 00 43-28 22/512 48

Grundständige Studiengänge

Amersfoort, FSAO
Faculteit Sociaal Agogische Opleidingen
Hooglandsweg 140, Postbus 1128, NL-3800 BC Amersfoort,
Tel. 00 31-33/4 79 13 00

Berlin, Institut für Gestalttherapie und Gestaltpädagogik e. V.
Wielandstr. 43, 12159 Berlin, Tel. 030/859 30 30

Enschede, Hogeschool Enschede
Sector-Conservatorium,
Van Essensgaarde 10, Postbus 70 000,
NL-7500 KB Enschede, Tel. 00 31-53/487 17 23

Heidelberg, Fachhochschule Heidelberg
Staatlich anerkannte Fachhochschule der SRH-Gruppe
Maaßstr. 26, 69123 Heidelberg,
Tel. 062 21/88-41 50/51 (Zentralsekretariat), Fax 062 21/88-41 52
www.fbmth.fh-heidelberg.de

Hückeswagen, Europäische Akademie für Psychosoziale
Gesundheit und Kreativitätsförderung
Wefelsen 5, 42499 Hückeswagen,
Tel. 021 92/85 80, E-Mail Ifrohne@aol.com

Köln, Heilpädagogische Fakultät der Universität zu Köln*
Frangenheimerstr. 4, 50931 Köln, Tel. 02 21/40 53 18

Leuven, College for Science and Art
Campus Lemmeninstitut
Herestraat 53, B-3000 Leuven, Tel. 00 32-16/23 39 67,
Fax 00 32-16/22 24 77

Magdeburg, Fachhochschule Magdeburg-Stendal
Breitscheidstr. 2, 39114 Magdeburg, Tel. 03 91/88 64-307,
Fax 03 91/88 64-293, www.sozialwesen.fh-magdeburg.de/
musik/

Nijmegen, Hogeschool van Arnhem en Nijmegen Faculteit
GGM, Creatieve Therapie Opleidingen
Hugo de Grootstraat 43, Postbus 6960, NL-6503 GL Nijmegen
Tel. 00 31-24/327 72 13, Fax 00 31-24/360 43 72,
www.ggm.han.nl/ct_opl.htm

Sittard, Hogeschool Zuyd
Postbus 69, NL-6130 AB Sittard, Tel. 00 31-46/420 72 72
Fax 00 31-46/420 72 79, E-Mail h.smeijsters@gm.hsl.nl

Wien, Hochschule für Musik und Darstellende Kunst
Rennweg 8, A-1030 Wien, Tel. 00 43-1/711 55-25 15

Aufbau-Ausbildungen

Berlin, Institut für Gestalttherapie und Gestaltpädagogik
e.V. (IGG)
Erasmusstr. 17, 10553 Berlin, Tel. 030/345 27 97

Bad Klosterlausnitz, Akademie für angewandte Musiktherapie
Crossen der Deutschen Musiktherapeutischen Vereinigung
Ost e.V.
Unterrichtsstätte: Akademie für angewandte Musiktherapie
Crossen, c/o Fachklinik Klosterwald, Bahnhofstr. 33,
07639 Bad Klosterlausnitz, Tel./Fax 03 66 01/859-77

Dortmund, Universität Dortmund
Fachbereich 13
Emil-Figge-Str. 50, 44227 Dortmund, Tel. 02 31/755 23 45

Frankfurt, Fachhochschule Frankfurt*
Nibelungenplatz 1, 60318 Frankfurt, Tel. 069/15 33 28 36,
E-Mail Almut.Seidel@t-online.de

Luzern, Projekt bam c/o Geschäftsstelle bam
Unterlachenstr. 12, Postfach 12142, CH-6000 Luzern,
Tel. 00 41-87/880 80 20, bamschweiz@bluewin.ch

München, Freies Musikzentrum
Berufsbegleitende Weiterbildung Musiktherapie
Institut für Musiktherapie / Freies Musikzentrum e.V.
München
Ismaninger Str. 29, 81675 München, Tel. 089/470 63 14,
Fax 0 89/4 70 69 19

München, Orff-Musiktherapie
Orff-Institut, Kinderzentrum München,
Deutsche Akademie für Entwicklungs-Rehabilitation e.V.,
Heiglhofstr. 63, 81377 München, Tel. 089/710 09-186 /-0
(Zentrale)

Neukirchen-Vluyn, Zukunftswerkstatt Tanz, Musik und
Gestaltung
Balderbruchweg 35, 47506 Neukirchen-Vluyn,
Tel. 028 45/94 49 74, E-Mail zukunft.tmg@t-online.de

Rendsburg, Institut für Musiktherapie, Psychotherapie
und Beratung
Berliner Str. 1, 24768 Rendsburg, Tel. 043 31/276 77

Würzburg, Fachhochschule Würzburg Schweinfurt*
Münzstr. 12, 97070 Würzburg, Tel. 09 31/30 40

Zeist, Stiftung Akademie „de Werfel"
Choisyweg 2, NL-3701 TA Zeist,
Tel. 00 31-30/692 31 94 od. 692 33 76, Fax 00 31-30/693 91 52

Aufbau-Studiengänge

Berlin, Universität der Künste
Fakultät 3 – Musik-Seminar Musiktherapie
Mierendorfstr. 30, 10589 Berlin
Geschäftsstelle: Barbara Boeck-Viebig, Mo.-Fr. 9.00 h – 12.00 h,
Tel. 030/31 85-25 53, Fax 030/31 85-26 80

Hamburg, Institut für Musiktherapie der Hochschule für
Musik und Theater*
Harvestehuder Weg 12, 20148 Hamburg,
Tel. 040/441 95-6 66

Münster, Westfälische Wilhelms-Universität
Institut für Musikpädagogik
Philippstraße 2, 48149 Münster, Tel. 02 51/832 94 67 od.
832 92 46, E-Mail Musiktherapie@uni-muenster.de

Witten, Universität Witten/Herdecke
Institut für Musiktherapie
Alfred-Herrhausen-Str. 50, 58448 Witten,
Tel. 023 02/926-782, Fax 023 02/926-783,
E-Mail lutzn@uni-wh.de

*Musiktherapeutische Angebote innerhalb anderer
Studiengänge

Weiterführende Adressen

Die 1973 gegründete Deutsche Gesellschaft für Musiktherapie
e.V. (DGMT) ist ein gemeinnütziger Verein, der es sich zur
Aufgabe gemacht hat, die Musiktherapie als festen Bestandteil
in Gesundheitswesen und -vorsorge zu verankern. Dazu fördert sie den Erfahrungsaustausch unter den Therapeuten, Institutionen und Verbänden, unterstützt Projekte, führt Fort-

bildungsveranstaltungen durch oder berät bei berufsrechtlichen Fragen. Wer an Ausbildungsfragen interessiert ist, findet hier kompetente Ansprechpartner. Ausführliche Informationen bietet der eingangs erwähnte Führer ‚Studienlandschaft Musiktherapie'. Außerdem gibt die DGMT die Zeitschrift ‚Musiktherapeutische Umschau' heraus. Diese widmet sich den Problemen der Grundlagen- und Methodenforschung, dokumentiert den Alltag der Musiktherapie anhand von Fallbeispielen, berichtet über Veranstaltungen und weist auf wichtige Termine hin.

Neben der Deutschen Gesellschaft für Musiktherapie e.V. (DGMT), die als Interessenverband die größte Mitgliederzahl aufweist, entstanden im Laufe der Zeit, entsprechend den unterschiedlichen musiktherapeutischen Richtungen, verschiedene Berufsverbände. Deren wichtigste Aufgabe ist die Qualitätssicherung, sowohl hinsichtlich der Therapie wie der Ausbildung. Sie haben sich 1994 in der sogenannten Kasseler Konferenz zusammengeschlossen, um die Verbandslandschaft neu zu ordnen. Ihr Hauptziel ist es, auf einer gemeinsamen inhaltlichen Basis die anstehenden berufspolitischen Fragen einvernehmlich zu klären.

Mitglieder der Kasseler Konferenz sind:

Deutsche Gesellschaft für Musiktherapie e.V. (DGMT)
Bundesgeschäftsstelle: Libauer Str. 17, 10245 Berlin,
Tel. 030/29 49 24 93, Fax 030/29 49 24 94, E-Mail
info@musiktherapie.de, www.musiktherapie.de

Berufsverband der Musiktherapeutinnen und
Musiktherapeuten in Deutschland e.V. (BVM)
c/o Bianca Thünemann, Steinfurter Str. 4,
48268 Greven, www.musiktherapie-bvm.de

Deutsche Musiktherapeutische Vereinigung Ost e.V. (DMVO)
c/o Dr. Wulfarth von Grüner, Freienwalder Str. 2,
13055 Berlin, Tel. 030/982 62 75

Sektion des Berufsverbandes für anthroposophische
Kunsttherapie (BVAKT)
Urachstr. 44, 79102 Freiburg, Tel. 0761/71658, Fax 0761/74672

Verein zur Förderung der Nordoff/Robbins Musiktherapie e.V.,
c/o Dr. Lutz Neugebauer, Beckweg 4, 58313 Herdecke,
Tel. 023 02/92 67 82, Fax 023 02/92 67 83

Schlußwort

Musiktherapie läßt Kommunikation dort entstehen, wo Worte ihren Dienst versagen und, dank des sensiblen Umgangs mit dem Medium Musik, Patienten wieder in einen Prozeß von Aktion und Reaktion im Sinne eines gegenseitigen Sich-Mitteilens eingebunden werden. Glücklicherweise sind die Zeiten vorbei, in denen sich die strikte Schulmedizin und nicht minder dogmatische Musiktherapeuten argwöhnisch beobachteten. Inzwischen macht sich jede der beiden Seiten mehr und mehr die Erkenntnisse der anderen zunutze; Musik und Medizin verbinden sich zu einem Miteinander zum Wohle des Patienten.

Dies bedeutet freilich auch, dem wachsenden Bedarf an Musiktherapeuten, die einer umfassenden Ausbildung bedürfen, durch entsprechend qualifizierte Fachleute Rechnung zu tragen. Eine solche Ausbildung muß künstlerisch-kreative Potentiale genauso umfassen wie medizinische und psychotherapeutische Inhalte. Da Musiktherapie oder, besser gesagt, eine psychologisch ausgerichtete Betreuung von Menschen mittels Musik, auch außerhalb des rein medizinischen und klinischen Bereichs erfolgreich zum Einsatz gelangt, beispielsweise bei der Behandlung von Drogensüchtigen oder im Strafvollzug, ist die Einbeziehung sozialpädagogischer Ausbildungsinhalte ebenso wichtig.

Der Bayerische Musikrat hat sich stets für die Erweiterung der Ausbildungsmöglichkeiten für das Fach Musiktherapie eingesetzt. 1995 konnte er bei einer Tagung Konzepte für einen künftigen grundständigen Studiengang in diesem wichtigen Fach erarbeiten. Kernaussage dieses Projekts ist folgende gemeinsam erarbeitete Definition: „Musiktherapie hat sich zum eigenständigen Heilberuf entwickelt, auch wenn eine entsprechende gesetzliche Regelung noch aussteht. Es handelt sich um ein Verfahren, das mit den Wirkungsweisen von Musik und Psychotherapie arbeitet. Aufgabe ist die gezielte Behandlung diagnostizierter Erkrankungen in einem klinischen Rahmen. Dazu ist ein medizinisch-psychologisches und psychotherapeutisches Wissen erforderlich, das befähigt, aufgrund einer ärztlichen Diagnose eine musiktherapeutische Indikation zu erstellen, die Diagnose zu spezifizieren und sie zielgerichtet in eine methodisch begründete musiktherapeutische Intervention umzusetzen; d.h. selbständige Planung, Durchführung, Auswertung und Dokumentation der Musiktherapie. Interdisziplinäre Arbeitsweise macht Teamfähigkeit erforderlich. Im Rahmen der Ausbildung müssen Lehre und Forschung sinnreich zusammenarbeiten."

Nach unseren Überlegungen soll an einer kommunalen Musikhochschule, im Zusammenwirken mit der örtlichen Universität und den Bezirkskliniken, die Möglichkeit geboten werden, das interdisziplinär ausgerichtete Fach Musiktherapie auf Hochschulebene zu studieren. Dieses fächerübergreifende Studium ist aus unserer Sicht nur in engster Kooperation zwischen den drei genannten Institutionen möglich, um die notwendige fachliche Breite wie auch die Praxisnähe von Anfang an zu gewährleisten. Neben dieser wissenschaftlich und praktisch höchst anspruchsvollen Ausbildung verfolgt der Musikrat auch eine Profilbildung auf einer zweiten Ebene, in der Art von Assistenz-Heilberufen, um insbesondere Heilpädagogen zu qualifizieren, in ihre Arbeit musiktherapeutische Elemente einzubeziehen.

Es ist immer wieder erstaunlich, daß ein bereits in der Antike bekanntes ganzheitliches Verfahren wie die Musiktherapie erst am Ende unseres Jahrhunderts allmählich den Stellenwert in Forschung, Lehre und Praxis erfährt, der ihm von der Bedeutung her seit langem zusteht. Der Bayerische Musikrat stellt deshalb mit Dankbarkeit und Freude fest, daß mit dieser neuen Publikation der Öffentlichkeit ein Themenkreis nahegebracht wird, der für unsere Gesellschaft von großer Wichtigkeit ist.

Wilfried Anton
Präsident des Bayerischen Musikrates

Literaturhinweise

Alvin, Juliette: Musik für das behinderte Kind und Musiktherapie für das autistische Kind, Jena 1988.
Batel, Günther: Spiellieder und Bewegungsspiele in der Musiktherapie, Jena 1992.
Beilharz, Gerhard (Hrsg.): Erziehen und Heilen durch Musik. Heilpädagogik aus anthroposophischer Menschenkunde, Stuttgart 1989.
Benezon, Rolando O.: Einführung in die Musiktherapie, München 1983.
Blanckenburg, Albrecht von: Musiktherapie mit Senioren, Idstein 1994.
Brückner, Jutta u. a.: Improvisieren, Kommunizieren, Bewegen, Berlin 1991.
Decker-Voigt, Hans-Helmut: Aus der Seele gespielt. Eine Einführung in die Musiktherapie, München 1991.
Decker-Voigt, Hans-Helmut u. a.: Lexikon Musiktherapie, Göttingen 1996.
Decker-Voigt, Hans-Helmut und Maetzel, Friedrich-Karl: Musiktherapie bei Herzpatienten, Göttingen 1998.
Deest, Hinrich van: Heilen mit Musik. Musiktherapie in der Praxis, München 1997.
Evers, Stefan: Musiktherapie und Kinderheilkunde. Eine Analyse zur Geschichte, Situation, Indikation und Akzeptanz. Heidelberger Schriften zur Musiktherapie, Jena 1991.
Füller, Klaus: Musik mit Senioren. Theoretische Aspekte und praktische Anregungen. Pflegen & Betreuen, Weinheim 1997.
Grießmeier, Barbara und Bossinger, Wolfgang: Musiktherapie mit krebskranken Kindern, Jena 1994.
Haardt, Anne-Marie und Klemm, Harald: Musiktherapie. Selbsterfahrung durch Musik. Texte, Spiele und Übungen für Erwachsene, Wilhelmshaven 1982.
Haffer-Schmidt, Ulrike; v. Moreau, Dorothee und Wölfl, Andreas: Musiktherapie mit psychisch kranken Jugendlichen, Göttingen 1998.
Hegi, Fritz: Musik, Wort, Wirkung. Die Komponenten der Musiktherapie, Paderborn 1998.
Heimrath, Johannes: Das Sonogramm der Persönlichkeit. Gongs als Modulatoren der Körperenergie. Irisiana, München 1989.
Irle, Barbara und Müller, Irene: Raum zum Spielen, Raum zum Verstehen. Musiktherapie mit Kindern. Materialien zur Musiktherapie, Münster 1996.
Kapteina, Hartmut und Hörtreiter, Hans: Musik und Malen in der therapeutischen Arbeit mit Suchtkranken, Jena 1993.

Keemss, Thomas: Werkstatt: Perkussion. Anleitungen und Hörbeispiele zur Spielpraxis, Stuttgart 1986 (mit 1 Toncassette).
Krüger, Irmtraud: Bulimie und Widerstand. Ein musiktherapeutisch orientierter Ansatz, Heidelberg 1990.
Küntzel-Hansen, Margrit: Musik und Sprache als Therapie. 27 Stunden mit sprachgestörten Kindern, Seelze 1993.
Latz, Inge: Musik im Leben älterer Menschen. Singen und Musizieren, Spielanleitungen, Klangerlebnisse. Lehrbücher und Arbeitsbücher Altenpflege, Bonn 1995.
Loos, Gertrud K.: Spiel-Räume der Magersucht. Musiktherapie und Körperwahrnehmung mit frühgestörten Patienten, Jena 1994.
Munro, Susan: Musiktherapie bei Sterbenden, Jena 1986.
Nordoff, Paul und Robbins, Clive: Schöpferische Musiktherapie. Individuelle Behandlung für das behinderte Kind, Jena 1986 (mit 1 Cassette).
Orff, Gertrud: Schlüsselbegriffe der Orff-Musiktherapie. Darstellung und Beispiele, Weinheim 1990.
Plahl, Christine: Entwicklung fördern durch Musik. Evaluation musiktherapeutischer Behandlung, Münster 2000.
Pontvik, Aleks: Der tönende Mensch. Gesammelte musiktherapeutische Schriften. Heidelberger Schriften zur Musiktherapie, Jena 1996.
Priestley, Mary: Analytische Musiktherapie. Vorlesungen am Gemeinschaftskrankenhaus Herdecke. Konzepte der Humanwissenschaften, Stuttgart 1983.
Rueger, Christoph: Die musikalische Hausapotheke. So nutzen Sie die Heilkraft der Musik in jeder Lebenslage und Stimmungslage, München 1994.
Ruland, Heiner: Musik als erlebte Menschenkunde, Jena 1990.
Ruud, Even und Mahns, Wolfgang: Meta-Musiktherapie. Wege zu einer Theorie der Musiktherapie, Jena 1992.
Schroeder, Wolfgang Chr.: Musik, Spiegel der Seele. Eine Einführung in die Musiktherapie, Paderborn 1995.
Schumacher, Karin: Musiktherapie mit autistischen Kindern. Musikspiele, Bewegungsspiele und Sprachspiele zur Integration gestörter Sinneswahrnehmung, Jena 1994.
Schumacher, Karin und Schäfer, Magdalene J.: Theaterspiel und Musik, Gruppentherapie mit Problemkindern, Heidelberg 1984.
Schwabe, Christoph: Aktive Gruppenmusiktherapie für erwachsene Patienten, Stuttgart 1991.
– Entspannungstraining mit Musik. Regulatives Musiktraining. Anleitung zur gezielten Selbstentspannung, Stuttgart 1991.
– Methodik und Musiktherapie und deren theoretische Grundlagen, Leipzig 1991.
Schwabe, Christoph und Röhrborn, Helmut: Regulative Musiktherapie. Entwicklung, Stand und Perspektiven in der psychotherapeutischen Medizin, Jena 1996.

Smeijsters, Henk: Musiktherapie als Psychotherapie. Grundlagen, Ansätze, Methoden, Jena 1994.
Spintge, Ralph und Droh, Roland: Musik-Medizin. Physiologische Grundlagen und praktische Anwendungen, Jena 1992.
Strobel, Wolfgang und Huppmann, Gernot: Musiktherapie. Grundlagen, Formen, Möglichkeiten, Göttingen 1997.
Timmermann, Tonius: Musen und Menschen. Musik in Selbsterfahrung und Therapie, Stuttgart 1998.
– Die Musik des Menschen. Gesundheit und Entfaltung durch eine menschennahe Kultur (Wege zur Ganzheit), München 1994.
Tüpker, Rosemarie (Hrsg.): Konzeptentwicklung musiktherapeutischer Praxis und Forschung. Materialien zur Musiktherapie, Münster 1996.
– Ich singe, was ich nicht sagen kann. Zu einer morphologischen Grundlegung der Musiktherapie. Materialien zur Musiktherapie, Münster 1996.
Vogel, Berndt: Lebensraum: Musik, Jena 1991.
Voigt, Melanie: Musiktherapie nach Gertrud Orff – eine entwicklungsorientierte Musiktherapie, in: Hans-Helmut Decker-Voigt (Hrsg.): Schulen der Musiktherapie, München 2001.

Die AutorInnen

Wilfried Anton, Präsident des Bayerischen Musikrates, Maria-Theresia-Str. 20, 81675 München

Gabriele Engert-Timmermann, Diplommusikerin, Atemtherapeutin (AFA-Diplom), freie Praxis, Oberwieser Weg 5, 82405 Wessobrunn

Christian Galle-Hellwig, Diplom-Musiktherapeut; Psychiatrische Klinik des Bezirks Oberbayern am Krankenhaus Agatharied, Schlierseestraße 16, 83734 Hausham; freie Praxis, Bergham 15, 83624 Otterfing

Sabine Hellwig, Diplom-Musiktherapeutin, Psychotherapeutin (HPG), Psychiatrische Klinik des Bezirks Oberbayern am Krankenhaus Agatharied, St. Agathastraße 1, 83734 Hausham; freie Praxis, Bergham 15, 83624 Otterfing

Werner Kraus, Kulturreferent im Verband der bayerischen Bezirke, Knöbelstraße 10, 80538 München

Wolfgang Lackerschmid, Jazzmusiker und Komponist, Dominikanergasse 4, 86150 Augsburg

Gisela M. Lenz, Musiktherapeutin (DBVMT), freie Praxis, Goethestraße 54 Rgb., 80336 München

Christian Münzberg, Diplom-Musiktherapeut, Diplom-Sozialpädagoge, Interne Klinik von Argirov, Abt. für psychotherapeutische Medizin, Münchner Straße 23–29, 82355 Berg

Dr. Monika Nöcker-Ribaupierre, Diplom-Musiktherapeutin, freie Praxis, Wehrlestraße 22, 81679 München

Ute Rentmeister, Diplom-Sozialpädagogin, Akademisch geprüfte Musiktherapeutin, Bezirkskrankenhaus Haar, Vockestraße 72, 85540 Haar

Frauke Schwaiblmair, Diplom-Psychologin, Musiktherapeutin, Kinderzentrum München, Heiglhofstraße 63, 81377 München

Wolfgang Staudinger, Akademisch geprüfter Musiktherapeut, Bezirkskrankenhaus Haar, Vockestraße 72, 85540 Haar

Dr. Tonius Timmermann, Diplom-Pädagoge, Musiktherapeut (DBVMT), freie Praxis, Oberwieser Weg 5, 82405 Wessobrunn

Dr. Melanie Voigt, Orff-Musiktherapeutin (Ph. D./Univ. Texas), Kinderzentrum München, Heiglhofstraße 63, 81377 München

Susan Weber, M. A., Diplom-Psychologin, Diplom-Musikerin, Musiktherapeutin (RMT), Clemensstraße 84, 80796 München

Hanns-Günter Wolf, Akademisch geprüfter Musiktherapeut, Psychotherapeut (HPG), Klinik St. Irmingard, Osternacherstraße 103, 83209 Prien

Lebenspraxis und Ratgeber

Werner Kraus (Hrsg.)
Die Heilkraft des Malens
Einführung in die Kunsttherapie
2., durchgesehene Auflage. 1998. 180 Seiten mit 46 Abbildungen.
Paperback
Beck'sche Reihe Band 1157

Harro von Senger
Die Kunst der List
Strategeme durchschauen und anwenden
3. Auflage. 2002. 196 Seiten mit 2 Abbildungen. Paperback
Beck'sche Reihe Band 1442

Rolf Haubl
Neidisch sind immer nur die anderen
Über die Unfähigkeit, zufrieden zu sein
2001. 325 Seiten mit 13 Abbildungen. Broschiert

Reinmar du Bois
Kinderängste
Erkennen – verstehen – helfen
3., durchgesehene Auflage. 1998. 228 Seiten. Paperback
Beck'sche Reihe Band 1137

Christiane Nevermann/Hannelore Reicher
Depressionen im Kindes- und Jugendalter
Erkennen, Verstehen, Helfen
2001. 257 Seiten mit 3 Abbildungen und 6 Tabellen.
Beck'sche Reihe Band 1440

Reinhard Werth
Legasthenie und andere Lesestörungen
Wie man sie erkennt und behandelt
2001. 166 Seiten mit 24 Abbildungen. Paperback
Beck'sche Reihe Band 1422

Verlag C. H. Beck München

Frau und Gesellschaft

Julia Onken
Wenn du mich wirklich liebst
Die häufigsten Beziehungsfallen und wie wir sie vermeiden
50. Tausend. 2001. 212 Seiten. Paperback
Beck'sche Reihe Band 1415

Ulla Fölsing
Nobel-Frauen
Naturwissenschaftlerinnen im Porträt
4., erweiterte Auflage. 2001. 230 Seiten mit 14 Abbildungen.
Paperback
Beck'sche Reihe Band 426

Barbara Hahn (Hrsg.)
Frauen in den Kulturwissenschaften
Von Lou-Andreas Salomé bis Hannah Arendt
1994. 364 Seiten mit 15 Abbildungen. Paperback
Beck'sche Reihe Band 1043

Claudia Czerwinski/Ursula Sottong (Hrsg.)
Kinder kriegt man zusammen – keine auch
Sexualität, Empfängnis, Familienplanung
2001. 123 Seiten mit 14 Abbildungen. Paperback
Beck'sche Reihe Band 1429

Elisabeth Beck-Gernsheim
Was kommt nach der Familie?
Einblicke in neue Lebensformen
2., durchgesehene Auflage. 2000. 196 Seiten mit 2 Abbildungen,
2 Graphiken und 4 Tabellen. Paperback
Beck'sche Reihe Band 1243

Cathrin Kahlweit (Hrsg.)
Jahrhundertfrauen
Ikonen – Idole – Mythen
2. Auflage. 2001. 331 Seiten. Paperback
Beck'sche Reihe Band 1301

Verlag C. H. Beck München